林安梧

古典今读系列

论语讲解

慧命与心法

林安梧 著

图书在版编目(CIP)数据

论语译解：慧命与心法 / 林安梧著. —上海：上海古籍出版社，2023.10
ISBN 978-7-5732-0867-5

Ⅰ. ①论… Ⅱ. ①林… Ⅲ. ①《论语》—研究 Ⅳ. ①B222.25

中国国家版本馆 CIP 数据核字(2023)第 177473 号

论语译解
慧命与心法
林安梧 著

上海古籍出版社出版发行
(上海市闵行区号景路 159 弄 1-5 号 A 座 5F 邮政编码 201101)
(1) 网址：www.guji.com.cn
(2) E-mail：guji1@guji.com.cn
(3) 易文网网址：www.ewen.co
上海展强印刷有限公司印刷
开本 890×1240 1/32 印张 11 插页 2 字数 315,000
2023 年 10 月第 1 版 2023 年 10 月第 1 次印刷
印数：1—2,100
ISBN 978-7-5732-0867-5
B · 1343 定价：52.00 元
如有质量问题，请与承印公司联系
电话：021-66366565

序　言

年少十五，喜读《论语》，至乎今日，已逾四十年。不只是自己读《论语》，后来也教学生读《论语》。读之、讲之，感其意味，体其意韵，明其意义，常有快然不可以已的证会。

讲读《论语》，其意味温润如玉，其意韵绵绵悠长，其意义明白透辟。每次阅读，或者每次讲论，都觉欢喜。这里有的是鸢飞鱼跃的悦乐，有的是青山绿树的生机，有的是宽广深平的智慧之海。

读《论语》，不能太过理性，而是要存在契入，存在有觉知，觉知有生意，觉知其生意盎然者，方为善读。当然，也不能只停留在存在的觉知，而要进到概念的反思，有了概念的反思才能从生活世界中拟括出个意义的脉络来。进一步，在这脉络的构图中，慢慢浮现整个儒学的样貌。总的来说，要是存在的读，而不是论理的读。或者，更准确地说，先由存在的读，慢慢可以有概念的反思，可以有理论的建构，这时便可以论理，甚至分析。论理的读，必须基于存在的读，没有生命存在的契入，就不能有适当的理论建构。

读《论语》要先诵读、粗读、略读、通读，而后进一步细读。须得注意的是，细读不是琐碎的、细腻的、文献的读，而是深切的、契入的、证会于身心的读。用古人的话来说，是要能“切于己”。总而言之，就是要有感的读，不能是无感的读。感之、味之、体之、验之、知之、明之，读之欢喜、读之悦乐，读着读着，不知手之舞之，足之蹈之，其乐何极也耶！其乐何极也耶！

诵读以通其音声，书声朗朗，音吐清响，自有意味；意味既得，意韵以生；意韵既生，意义逐渐因之而明也。这诵读，也有个过程，由粗读、略读、通读，最后则进到细读。盖粗读以得其朴质，朴质自然，自然无华。略读以得其大体，大体脉络，脉络分明。通读以得其贯通，贯通无碍，把握总体。就此总体，再细细读之，细读便要是契入的读、存在的读，当然也要合乎声韵训诂，解释清楚。这时候，经典的诠释、存在的契入，以及意义的彰显，可以说脉络通达，字义清楚，一体明白。用我在《中国人文诠释学》中的说法，经典诠释可以“道、意、象、构、言”五阶论之，言为话语，构为结构，象为图像，意为意向，道为根源。从话语的训诂，到结构的掌握，到图像的想象，进而到意向的体会，最后则是根源的证悟。这是一深远悠长的历程，是由模糊而日进乎高明的历程。

《论语》二十篇，自有理序，首尾通贯，脉络分明。但这样的分明并不是论理逻辑的分明，它是生命声息的互动感通。我教读《论语》，一向主张顺着既成的二十篇，逐章逐句阅读，有学者另作一《论语》分类去读它，我总觉不浃洽、不适切、不妥贴。因为《论语》二十篇自有分类者在，只是它的分类不是科学逻辑的分类，不是分析论理的分类；它重视的是存在的脉络，生命的气息、精神的意韵的类聚，经由一种“云从龙、风从虎，水流湿、火就燥”的类聚方式，构筑累积而成。

读《论语》重要的是生命的感悟、精神的体会、存在的契入，读之既久，就能真切领略到个中滋味。用熊十力先生的体用论来说，“即体而言，用在体；即用而言，体在用”；即用显体、承体达用，体用一如。用如众沤，体如大海水，众沤不离大海水，大海水不离众沤。就经典语义的脉络来说，部分不离其整体，整体不离其部分，要了解部分，必得了解整体；要了解整体，必得了解部分，此中隐含着一诠释学的循环（hermeneutical circle），首尾融贯。融会贯通，诵读既久，自能一根而发，调适而上遂于道矣！

前说读《论语》有法，由诵读、粗读、略读、通读，而细读，细读而得契入于道。由话语的训诂，进而结构的掌握，继而图像的想象，又而意向的体会，最后则到达根源之道的证悟。读《论语》须得有法，这样的有法，是由分别相，逐渐契入到无分别相的境遇。借用佛教的语汇来说，先是“山、河、大地，自有等分”，最后则到达“心、佛、众生，三无差别”，这便是由分别相，入于无分别相。无分别相并不是有甚么神秘，其实正是存在的契入尔矣！借用佛教的诠释学来说，这是“依法不依人，依义不依语，依了义不依不了义”，如何为究竟了义，谁也不能声称他已经达到了，但谁都知道要预设着这样的一个究竟了义，究竟了义者，明心见性，通达于道也。“道”不是一个定点，道是总体的根源，是根源的总体，含藏一切、包蕴一切，是最为原初的始源，也是最为终末的究竟。就理论上必须作如此之预设，就实存上它不只是预设，它是实实在在的，真真实实的。

《论语》像是一曲乐章，“始作，翕如也！从之，纯如也，皦如也，绎如也，以成”。这样的一曲乐章，就像是一生命的生长历程，“吾十有五而志于学，三十而立，四十而不惑，五十而知天命，六十而耳顺，七十而从心所欲、不逾矩”。这里有着“兴于诗、立于礼、成于乐”的过程，这也是生命的“始、壮、究”，从初始创造、茁壮生长，而终究完成。这也像是《易经》八卦，三画成卦，这三画为“始、壮、究”，两卦相叠，八八六十四卦，每个卦分有内外、上下，既有结构性，也有历程性，这里就隐含着一个源泉滚滚、沛然莫之能御的生活世界。天地之大德曰“生”，活泼泼、了无挂碍是为“活”，就这样构成了《论语》的生活世界。细读《论语》，参赞孔老夫子及弟子的生活世界，真是处处有场景、处处有生活。“肫肫其仁！渊渊其渊！浩浩其天！”处处皆乃世界也。

读《论语》不离生活世界，感之、体之，如有源头活水，理解之、诠释之，自成境界。理解有诠释，诠释有转化，转化有创造，创造有生长，终始通贯、本末如一。像是一首乐章，像是一棵大树，绵绵若存，生生不息。二十篇意旨，或可勾勒如下：

《学而》第一：为学悦乐、君子自反。《为政》第二：为政以德、养其性情。

《八佾》第三：礼乐教化、人文化成。《里仁》第四：里仁为美、君子怀德。

《公冶长》第五：不罪无过、道器不离。《雍也》第六：南面居敬、文质彬彬。

《述而》第七：述作默识、志道据德。《泰伯》第八：礼让为国、民可使由。

《子罕》第九：承命立统、岁寒后凋。《乡党》第十：乡党宗庙、时处以礼。

此为《论语》上卷，始于《学而》，终于《乡党》，这是从为学之始，到乡党之立。

《论语》下卷，自《先进》的质朴礼乐，最后则完成于《尧曰》的执中君子。

《先进》第十一：先进质朴、礼乐可成。《颜渊》第十二：克己复礼、天下归仁。

《子路》第十三：勇者力行、以正治国。《宪问》第十四：知耻明德、修身居藏。

《卫灵公》第十五：恭己南面、忠恕一贯。《季氏》第十六：礼乐征伐、君子三畏。

《阳货》第十七：出处进退、兴观群怨。《微子》第十八：陪臣柄政、贤臣远隐。

《子张》第十九：道德宏笃、仲尼日月。《尧曰》第二十：允执其中、知命君子。

读之既久，讲之既久，讲之、习之，通之、达之，体之、验之，契入于身心，上达乎神明，《论语》之道朗然在目，真有不可以已者。阅读《论语》，先之以有法，由有法而入于无法，无法之法，方为上上法。这是由“言”（话语）而“构”（结构），继而“象”（图像），进而“意”（意向），最终则调适而上遂于道，“道”是存在的根本，是智慧的源头，是价值的始生之处。存在与价值和合为一，智慧即此而朗现也。显然，解读《论语》

除了“方法”之外，更重要的是“心法”，心法者，明心见性，契入造化，生生不息，默契道妙，无法之法也。

吾之解读《论语》，随缘顺道而解也，非饾饤考据之解也。随我本心，入于场景，如其处所，就此生动之活泼，而体会天地之情而解之也。虽非饾饤考据，而实有参赞于前贤者，宋朝朱熹《论语集注》，自不可免，但不必为其所限也。间或有不同，或有转化，也不及细讲，我只是随缘顺道而解，依文解义，就此义理，调适之、上遂之，使之契乎道也。王天恨《四书白话句解》、钱宾四《论语新解》、蒋伯潜《四书广解》、杨伯峻《论语译注》，乃至李泽厚《论语今读》，以及清代刘宝楠《论语正义》，东汉时期何晏《论语集解》，也是免不了的。再说，王船山的《四书训义》《读四书大全说》，看似没有直接影响，但这些书，读之既久，不可能不影响。其实，船山“两端而一致”的思维方式，对于我来说，可以说是入乎身心，无所不在的。当然，我认为李炳南先生的《论语讲要》真可以说是充实而不可以已。《论语讲要》一书是我喜欢阅读，而且常常推荐给学生及同道友人的。

我读《论语》、《论语》读我，在生活中读，也读进了生活，解读《论语》只要是随得了缘，就顺道解来，能通就是了。通者，入乎身心，上契于道也。能通就能达，“其生色也，睟然见于面，盎于背，施于四体，四体不言而喻”，不只达乎四体，并且推而扩充之，推恩足以保四海，达于邦国天下。孟子说“圣人之于民，亦类也。出于其类，拔乎其萃。自生民以来，未有盛于孔子也”，子贡有言“夫子之不可及也，犹天之不可阶而升也”。不过，我总想《论语》可能就是去了解孔老夫子学问与人格境界的阶梯。

人的身家性命是有限的，知识也是有限的，人生处处都是有限的。身命有限，然而慧命无穷；学业、事业都有限，但道业真可谓如火焰之流传，需要更多薪材的投入，投入了才能薪火相传，不可以已矣！慧命者，因慧而成命也，由此命而传此慧也。命之在身者，身命也。命之在天者，天命也。身命免不了业力习气的限制，但却也正是这些限制，让我们能落实而具体，让我们能接地气，接得地气，才能真正通天命。天命是本，而身命却是根，如此通天接地，才能传此慧命也。

身命有限，慧命无穷，读法有别，心法如一。吊诡的是，这无穷的慧命却须这有限的身命去参与、去传续，才成就其为慧命。这心法原是从训诂明而后义理明，依文解义，一步步豁显开来，才能从话语的分别入于无分别，契于存在、证入道之本源。道之本源者，不离生活世界也。

生命原只是简易，“乾以易知，坤以简能”，斯为简易也。《论语译解》，“译”原来只是依文解义，步步豁显，字句分明，如斯尔矣！“解”只是如其因缘，随顺其道，旭日东升，明昭天下。圣贤大道，慧命心法，某或有未契；劳形用心，念兹在兹，却是用过工夫的。愿以此，继续燃烧这身命的材火，参赞宇宙慧命的光辉。《论语译解》一书，果将诞生也。愿其生生不息也。是为序。

辛丑之夏，阳历七月十二，于台北元亨居

凡　例

一、此书名为《论语译解》，《论语》者，圣人之经典也。

二、所传慧命，皆本先圣先哲之传述，体之身心，验之伦常，既彰显自然气命之限制，又标指人世运势之起落，而显示宇宙造化生生之无穷也。

三、理事不二、道器合一，对比两端，阴阳翕辟，开阖跌宕，参造化之微、审心念之几、观历史之势，此中自有心法也。心法不可宣，而可秘点也。

四、《论语》乃生命感通、天人合德之经典，诸篇多以首句二字标为篇名，本书每篇皆另冠以两句八字，彰显其义理，以彰明其深卓之脉络系统也。

五、本书写作，多历年所，语句笔法，容有差异，稍加统稿，并于每篇之末，标以写作成稿时间，志其念也。

六、本书列有主要参考书目，然不为所限也。盖本书非饾饤考据之书，然必依其文字声韵训诂也，加之义理思想之辨证也。盖训诂明而后义理明，义理明而后训诂明也。

目　录

学而第一：为学悦乐、君子自反

1 子曰："学而时习之，不亦说乎？有朋自远方来，不亦乐乎？人不知而不愠，不亦君子乎？"

【翻译】

孔子说："从师问学，时时练习，岂不满心愉悦呢？良朋佳友，志同道合，远方而来，岂不陶然称乐呢？学德兼具，人所不知，无所愠怒，所谓君子，岂不如此呢？"

【说解】

1.《论语·学而》一篇，务本崇德，学而习之，习之而觉，觉之而悦也。志同道合，相与往来，契乎其道，是所乐也。确乎不拔，遁世无闷，不在人知，斯为君子。此章所述，可谓儒学之根本也。

2. 本章首句，"学而时习之，不亦说乎"，讲明教育权、学习权之解放也。因其解放，故平民可以参与宇宙造化之源，可以进到文化价值之创造。如此愉悦，可以说是一根源性的喜悦，道喜充满，不可以已。

3. 第二句，"有朋自远方来，不亦乐乎"，讲明井田制度已然瓦解，游士阶层渐兴，人身自由权起现，相与往来，论学志道。如此之乐，生命身心，互乐共乐，交与为仁，其乐何如。

4. 第三句，"人不知而不愠，不亦君子乎"，讲明"君子"之人格，是一内在自我完善的生长，不是外在他人势位的称谓。"君子"本为社会阶层之概念，孔子作一旋乾转坤之转化，从"在上位者"转成"有德者"，转成一"德行的位阶"概念。德行位阶是一自我完善之历程，是内在的、根源的，而不是外在的、末节的。

2 有子曰："其为人也孝弟，而好犯上者，鲜矣；不好犯上，而好作乱者，未之有也。君子务本，本立而道生。孝弟也者，其为仁之本与！"

【翻译】

有子说："彼之为人，孝顺父母、友爱兄弟，如此而冒犯长上，少之又少矣；不好冒犯长上，而却好作乱的，那是没有的事。君子务求根本，根本建立，道理自生。孝顺父母、友爱兄弟，这可说是实践仁义的根本啊！"

【说解】

1. 有子，姓有名若，字子舆，孔子弟子，鲁人。依《孔子家语》，小孔子三十三岁，史传有若形象似孔子，孔子殁后，弟子有议立其为第二代掌门者，曾子及其弟子以为不妥，未果。依韩非子言，孔子殁后，儒分为八。然大要者有子、曾子也。此传经之儒、传心之儒有所别也。

2. "孝"在文字构造上从"老"从"子"，是子女对父母的孝顺，引而申之，可说是对生命根源的追溯与崇敬。相对来说，"悌"是顺此生命根源而作一横面的展开。再进一步说，"慈"是顺此生命根源落实而进一步纵面的延展与生长。有了"孝、悌、慈"，生命便有深度、有高度、有厚度、有广度，它可以说是中华民族传统永生的奥秘。

3. "君子"所重在人伦孝悌，唯此人伦孝悌才能有一德行的内在自我完善历程，这是修己安人的起点。

4. 值得注意的是，有子所说太偏重上下长幼尊卑，而较忽略社会责任，较忽略文化传承，较忽略人与人之间的真实感通，这与曾子是有所区别的。正因如此，选拔第二代接班人时，曾子并不支持有子。

5. 有子之言，列为第二章，可见其位分，亦可见孝悌人伦乃仁义道德之本。这本是本始之本，不是本质之本。又值得注意的是，"孝"是自觉的，"慈"是自然的，而"悌"则更接近于教养的。

3 子曰："巧言令色，鲜矣仁！"

【翻译】

孔子说："华巧的言语，谄媚的脸色，那仁义可就少之又少了！"

【说解】

1. 言不实，是为"巧言"。色不如，是为"令色"。言色不如、不实，仁心遮蔽，难以显发。

2. "仁"是内在的如实的生长，不是外在的修饰；但并不是不修饰，而是内外通达，身心一如。

3. 儒学所重在"觉"，觉其如实也。能觉，就能如，就能实。言不为巧言，而是如实之言，修辞立其诚也。色不为令色，而为如实之本色，所以依乎本心之色也。

4. "鲜"者，言其少也。不是空无，不是没有，而是鲜少。随俗而下，则趋于无。

4 曾子曰："吾日三省吾身：为人谋而不忠乎？与朋友交而不信乎？传不习乎？"

【翻译】

曾子说："我每天拿三件事来省察自己：为人谋划事务，是否有不忠诚负责的地方？与朋友交往，是否有不信实的地方？传承的学问教养，是否有不认真练习的地方？"

【说解】

1. "为人谋而不忠乎"所重在"职责""责任"之"忠"。这可以说是一"责任伦理"之表现。

2. 西方汉学家有谓儒家无责任伦理者，若深入此言，当不作此论。可论者，何以如此的责任伦理居然沉湮而不起？而不当本质地去论定中国人无责任伦理。

3. "与朋友交而不信乎"所重在"信实"，在"互信"。这可以说是一"存心伦理"之表现。

4.“忠”者，从中从心，重在“尽己”，说的是回返生命作一主体的确立。“信”者，从人从言，重在“交往”，说的是人与人生命主体间的互信，由此互信而来的确立。

5.“传不习乎”所重在“学问教养”之传习，“传”重在“继志述事”，“习”重在“温故知新”。传习重在人文教养，所教所养，孝悌忠信也，生生不息也。

5 子曰：“道千乘之国，敬事而信，节用而爱人，使民以时。”

【翻译】

孔子说：“治理一千辆车乘的大国，做事要专注虔敬，信实确定；财用要俭约节省，爱恤民众；使用民力，要选择适当时机。”

【说解】

1.“道千乘之国。”道者，导也，治理之义。千乘，一千辆车乘，此大国也。老子有云，“治大国，若烹小鲜”，重在道法自然。孔子则重在人之自觉，觉其敬信，觉其节用，觉其使民也。

2.“敬”有“专注”“虔敬”之义。前者是方法，后者是态度。孔子答仲弓，有“居敬行简”之义，可通。“敬事”者，态度坚定、方法通达，自始至终，完成其事也。敬在己，信在人，“敬”为持续，“信”是确立。

3.“节用”所以“厚生”也。“爱人”所以“广仁”也。厚生所以培德，广仁所以达道也。前者立其本体以内圣，后者承体启用以外王。

4.“使民以时”所重在“时”，指的是农余之暇。“时”之义，是中华文化之根本。

6 子曰：“弟子入则孝，出则弟，谨而信，泛爱众而亲仁。行有余力，则以学文。”

【翻译】

孔子说："为人子弟，回到家里，要孝顺父母，出门在外，要恭敬长上；治事严谨，说话信实；广博地爱恤民众，且能亲近有仁德的人。身体力行之后，还有余暇闲力，就用来学习《诗》《书》六艺之文。"

【说解】

1."入则孝，出则悌"，这是从家庭人伦到社群公义。家庭人伦重在纵面的追溯与崇敬。社群公义重在横面的开展与育成。

2."谨而信"如同前所说"敬事而信"，"谨"重在端己以治事，"信"重在互信而确立。

3."泛爱众"所以养其恩义也。"亲仁"所以确认内在之法则也。爱众乃治事之本。亲仁是王道之根。

4."行有余力，则以学文"，盖实践所以长其器识也，先器识而后文艺也。

7 子夏曰："贤贤，易色；事父母能竭其力，事君能致其身，与朋友交言而有信。虽曰未学，吾必谓之学矣。"

【翻译】

子夏说："尊敬贤德，以取代爱好美色；事奉父母能竭诚尽力，事奉君主能委致其身，与朋友交往，话语信实。这样的人，虽说没进学读书，我却一定要说他已经在实践学问了。"

【说解】

1."贤贤易色"，尊敬贤德以取代爱好美色，有了价值的认定，便可克制感性的贪欲。这是总提的说，以下统属于此以为论。

2."事父母能竭其力"，事奉父母能竭诚尽力，重在家庭人伦，所以养其内在之品德也。此家庭人伦也。

3."事君能致其身"，事奉君主能委致其身，重在政治职场，所以养其责任之担负也。此政治职场也。

4.“与朋友交言而有信”，与朋友交往，话语信实，重在人与人之互动，所以养其朋友道义也。此社会养成也。

5. 家庭人伦，政治职场，真情感通，事事如实，“虽曰未学，吾必谓之学矣”，就此为学，学是生命真正的唤醒，是人格的觉醒。学者，觉也。

6. 儒家是具体学习，是性情之教，重在感动。其心性修养，有天地人三维度，天→文化传统，地→社会总体，人→政治管理、家庭伦常。

8 子曰：“君子不重，则不威；学则不固。主忠信。无友不如己者。过，则勿惮改。”

【翻译】

孔子说：“君子若不笃厚庄重，那就没有威严；学问也就不能坚固。为人处事主要在忠诚信实。交往朋友不要学习他不好的。有了过错，不要怕改。”

【说解】

1. 君子内在厚重，自有威严，自成威仪，学问自有其确当处。

2.“忠”在职责，此是责任伦理。“信”在话语，此是社群之公义。“忠”是立其大体，“信”是承体启用。

3.“无友不如己者”，“无”作动词，并不是说“不要结交不如自己的朋友”，而是说“交往朋友不要学习他不好的”。盖“三人行，必有我师焉，择其善者而从之，其不善者而改之”，交友当学其优，不当学其劣。

4.“认错”可彻底放下，是改过的起点。认错而后能改过，改过而迁善，德之始也。

9 曾子曰：“慎终追远，民德归厚矣。”

【翻译】

曾子说：“要敬慎处理临终丧礼，要诚心祭祀追念祖先，万民百姓，德性自然归于淳厚。”

【说解】

1.“慎终”旨在告别死者，让他无所牵挂。“追远”旨在连结生者，让他生命绵延。总的说，这便是“养生丧死无憾，王道之始也”。

2. 我们要体验生命有本、有源。生命经过慎终、追远，必是清明之气，选择了清明之气的时间点作为清明节。清明祭祖，所以溯其本源，源头既清，其道必明也。

3. 丧礼，安顿死者，所谓慎终，以死者为主。祭礼，祭祀之礼，所谓追远，以生者为主。

4. 慎终追远，能如此，便有深沉的文化土壤，能得发荣滋长，自能共存共荣。儒家是人伦，是大我，以整体为重。问人“贵姓”“籍贯”正亦体现慎终追远。

10 子禽问于子贡曰：“夫子至于是邦也，必闻其政，求之与？抑与之与？”子贡曰：“夫子温、良、恭、俭、让以得之。夫子之求之也，其诸异乎人之求之与！”

【翻译】

陈亢问子贡说：“夫子每到一个国家，一定会参与听闻那个国家的政事，这是自己求得的，还是国君告诉他的？”子贡说：“夫子因其温和、良善、恭敬、简朴、谦逊得来的。即使要说夫子是求来的，这也不同于别人求得的方法呀！”

【说解】

1.“温、良、恭、俭、让”足为典范，成其人格，自然与闻大政。温，温润。良，正直。恭，庄敬。俭，节制。让，谦逊。

2. 这五者都充分体现君子自我内在充实节制的德行，能如此，必受器重，必得人之敬重与信任。

3. 求之，是有所逐于外。得之，是有所立于内。逐于外，必媚其俗，谄佞邪妄，因之而生。立于内，则能己立立人，己达达人。

4. 此章所论看似平淡，其实说的是：讲学修德，内圣之本也。有了这本，才有外王之可能。道之所生，德之所成，用功其在我；政治施行，权力居之，取予其在人。

11 子曰：“父在观其志；父没观其行；三年无改于父之道，可谓孝矣。”

【翻译】

孔子说：“父亲健在时，看他的志向；父亲过世了，就看他的行事；一个人能三年不改先父所行大道，可算得上孝子。”

【说解】

1. “志”是心有定向，观其志，是看其继善述事否。志者，志于学，志于道也。这是理想的落实与发展。

2. “行”是日常实践，观其行，是验察其人伦义理精审否。行，言谈举止为行，人伦日用为行。这是生活世界日常之事。

3. 古来以父为天，父就理想层面说，父之道，说的是那理想的大道。这不能只落在现实上说。

4. 古人守丧三年，所以尽其孝也。盖人生三年，始免于父母之怀也。这是生命最后的反哺，经由此仪式，得以内化其德性也。

5. “三年无改于父之道”，不是无改于父之习、父之俗，“道”字吃紧。“道”有理想义、普遍义。离了理想义与普遍义，如何谈父之道。

12 有子曰：“礼之用，和为贵。先王之道斯为美，小大由之。有所不行，知和而和，不以礼节之，亦不可行也。”

【翻译】

有子说：“礼仪分寸，论其功用，和谐为贵。古先圣王，依此大道而行，可见其善美，大事小事皆依此为原则。或有所行不通的地方，若只一味贪求和谐，而不能以礼仪的分寸来节制，却也不可行。”

【说解】

1.“礼之用”，重在“用”字。礼之“功用”为“和”，礼之“本体”则为“敬”，礼之“根源”则为“仁”。

2. 礼以别异，乐以和同。礼胜则离，乐胜则流。礼乐是“两端而一致”的。礼，重在节度；乐，重在通流。两者和合为一。

3. 礼仪三百，威仪三千，皆本乎性情。礼乐之教，就是性情之教。离了性情之教，便无礼乐之教，礼乐之教就空洞了。

4.“礼”所以显其威仪，“和”所以显其和易，有此和易才能近人，才能有其实践的起点。威仪形之于外，养之于内，内者求其敬也，敬之以仁，自然和谐，是为仁和。敬之在内，和之在外，此为仁之方也。

13 有子曰：“信近于义，言可复也；恭近于礼，远耻辱也；因不失其亲，亦可宗也。”

【翻译】

有子说：“话语信实切合正义公理，诺言就可实践力行；态度恭敬切合礼仪节度，就可远离羞耻受辱；承继传统而不失创新，这就值得归仰尊崇。”

【说解】

1.“近”宜解为“切近”“切合”“合于”，盖中文有一含蓄之表达方式，以具体来阐明抽象，以接近来阐明等同，以最后来阐明时间的否定，以极微来阐明人事物的否定。

2.“性相近，习相远”即是“性相同，习相异”，这是以“远近”来说“异同”。“梁惠王即魏惠王”，这“即”就是“等同”。“岁寒然后知松柏之后凋”，这“后凋”就是“不凋”。“微斯人，吾孰与归”，这“微”就是“没有”。

3.“信近于义”，信之在人，义者在己，人己内外，通而为一。如此，言语可复，复者，履也，实践力行之义。“恭近于礼”，恭之在内，礼者在外，内外合一，人格风范，由斯确立，所以能远耻辱也。

4.“因不失其亲”之“亲”有两解，一者，作“亲”解，全句谓：所依者不失其可亲之人，则亦可以宗而主之也。二者，作“新”解。全句谓：承继传统而不失创新，这就值得归仰尊崇。因，因袭、承继也。因袭而不失创新，此即“继志述事”。“因不失其新，亦可宗也”与“温故而知新，亦可以为师矣”可比拟而解之。

14 子曰：“君子食无求饱，居无求安，敏于事而慎于言，就有道而正焉，可谓好学也已。”

【翻译】

孔子说：“君子食不求饱，居不求安，做事敏勉，话语慎重，亲近有道之士而请求教正，这可称得上是好学了吧！”

【说解】

1. 衣食住行是“需求”，非“欲求”，故无求饱、无求安，适度可也。

2. 人当重视文化生命之教养学习。“敏于事”者，所以长才智能力也。“慎于言”者，所以长德行风义也。得有道之士之教正，所以成人格教养也。

3. 食无求饱，当饱之以学。居无求安，当安之以仁。学为道之食粮。仁是人之安宅。这样生命就不只是自然的生命，而进一层为自觉的生命。

4.“敏于事”，乃就人伦社群共同体之努力来说。“慎于言”，乃就个人身心共同体之实践来说。“就有道而正焉”，乃就人文教养共同体之生长来说。人离不开这三个共同体：人伦社群共同体、个人身心共同体、人文教养共同体。

15 子贡曰：“贫而无谄，富而无骄，何如？”子曰：“可也。未若贫而乐，富而好礼者也。”子贡曰：“《诗》

云‘如切如磋，如琢如磨’，其斯之谓与！”子曰：“赐也！始可与言《诗》已矣！告诸往而知来者。”

【翻译】

子贡说：“贫贱而不谄媚，富贵而不骄慢，这样可以吗?”孔子说：“可以的。但不如贫贱而明道自乐，富有而敦好礼仪这样的人啊!”子贡说：“《诗经》有言‘如切如磋，如琢如磨’，那讲的就是这意思吧!”孔子说：“阿赐啊！从今起我可与你谈论《诗经》道理了！我告诉你以往的（前者），你就能知将来的（后者）。”

【说解】

1.“贫而无谄，富而无骄”，是自了汉，是求之在己，是基本款。“贫而乐，富而好礼”，是菩萨道，是人己不二，内外通达，是发展项。

2.“贫而无谄，富而无骄”，这只“升平世”说法。“贫而乐，富而好礼”，这才可能进到“太平世”境地。

3.“如切如磋，如琢如磨”，像治牛角的要切之而磋之，像治玉石的要琢之而磨之，这是对比而思，往前推进，此“闻一以知二”也。

4.《论语》论及思考之话语颇多。盖“闻一以知二”，此对比之思考也。“闻一以知十”，此整体之思考也。“一以贯之”，此融贯式之思考也。“举一反三”，此脉络性之思考也。“一言以蔽之”，此概括性之思考也。这隐含一“本体之诠释学”的方法进路在焉!

16 子曰：“不患人之不己知，患不知人也。”

【翻译】

孔子说：“不用担心别人不理解你自己，该担心的是你不理解别人。”

【说解】

1.“患”者，心有所忧，忧之成串也，是为患。“不患人之不己知，患不知人也”这是说：与其被动地求别人之了解，不如主动地去了解别人。

2. 行出家门，天地为宽，老躲在家，天地局促。去关怀别人，就觉天地宽广；老想别人关怀你，便觉狭隘。

3. 一个人该担心的是个人身心共同体，此所重在“德业”，而德业求之在己，不是求之于人。因此，“不患人之不己知”，不用担心别人不理解你自己。

4. 一个人该担心的是人伦社群共同体，此所重在“共识”，共识重在于相知，相知在于知人。因此，“患不知人也”，该担心的是你不理解别人。

壬辰（2012）七月卅一日初写

丙申（2016）十月十二日修订

为政第二：为政以德、养其性情

1 子曰："为政以德，譬如北辰，居其所，而众星共之。"

【翻译】

孔子说："处理政事用道德教化，就好比北极星一样，居于其所，而众星环拱着它。"

【说解】

1. 周天子之统领天下，是"一统而多元"的宗法封建，强调的是道德仁义、礼乐教化。

2. 道德教化之于政治是必要的，在不同时空背景，产生不同的限制。

3. 这可以说是一符号式的、象征性的、神圣性的、道德性的、教养义下的政治。它不同于命令式的、实体性的、世俗性的、权力性的政治。从此可见其"王道之治"。

2 子曰："《诗》三百，一言以蔽之，曰'思无邪'。"

【翻译】

孔子说："《诗经》三百篇，用一句话来概括，可说是'情思无邪'。"

【说解】

1. 到孔老夫子年代，所传诗有三千余篇，夫子删节为三百十一篇，现存其中六篇有目无词，三百零五篇是全的，约简言之，《诗经》三百篇。

2. “一言以蔽之”，这是“概括性的思考”。《论语》所涉思维方法极为丰富，参见《学而篇》第十五条说解 4。

3. “思”是情思，是情感思想。诗者，志之所之也，“诗言志”，“兴于诗”；又“温柔敦厚，诗教也”。诗教的目的是回到性情，兴发其志气。

4. “兴于诗、立于礼、成于乐”，年少时，可以说是诗兴的年代，纯粹其性情是极重要的。后来的诗传，虽然太强调上下长幼尊卑的关系，但其所论诗教，仍是秉性情之正来立论的。

3 子曰：“道之以政，齐之以刑，民免而无耻；道之以德，齐之以礼，有耻且格。”

【翻译】

孔子说：“治理人民用法制政令，整饬人民用严刑重罚，人民能免于刑罚，但却没有羞耻之心；治理人民用道德教化，整饬人民用礼仪教养，人民有羞耻心且能改革归正。”

【说解】

1. “道”指的是“引导治理”。“齐”指的是“整饬”。

2. “耻”是从群体中生起一股自发的动能。“耻”是一群人约束性所形成的道德气氛，不顺意，千夫所指。我们的传统以“知耻的伦理”为重，西方文化以“责任的伦理”为重。

3. 中国：耻感文化。西方：罪感文化。印度：业感文化。中国文化是“知耻而发”，这是以“气的感通”为主导的文化脉络，它与西方文化之以“话语的论定”为主导的文化脉络有别。

4. 孔子强调内在之德性，强调整个生命实存之总体，要有知耻心。

4 子曰：“吾十有五而志于学，三十而立，四十而不惑，五十而知天命，六十而耳顺，七十而从心所欲，不逾矩。”

【翻译】

孔子说：“我十五岁立定志向、一心向学，三十岁依礼而行、卓然自立，四十岁事理明确、不惑于物，五十岁知其所源、明知天命，六十岁默识心通、耳顺无碍，七十岁顺从本心、如其所欲，不逾规矩、自然天成。”

【说解】

1. 八岁入小学，十五岁入大学，“大学之道，在明明德，在亲民，在止于至善”。“志于学”，志于道也，兴发其志，立志向学也。

2. “志”是心有定向。心所发为“意”（指向），上提而为“志”（定向），是心有存主、有所往。意下委而为“念”（涉着），再下堕则为“欲”（贪取）。

3. “立”是“立于礼”，依礼而立，卓然稳健也。“惑”是心有犹疑，“不惑”者确然明白，这是从“立于礼”进到“明其理”之深化。

4. “天命”之“命”有限制义，有创化义，前者乃自然之气命，后者则为天道之性命；能知“自然气命”之限制，方知“天道性命”创化之无穷。“知”有了知义，有参赞义，了知天命之限制，而参赞天命之无穷也。

5. 耳根至灵，足以通天接人，入于耳者，调适而上遂于道，是乃“耳顺”。参赞天命，逐渐融通，圣学润于其身，践其所形，顺适如如也。

6. “耳顺”是就“默识心通”说，“从心所欲”是就“天理本心，自在流行”说。“心”是“本心”，本心即性，本心即天理。“充实而有光辉之谓大，大而化之之谓圣”也。进一步说“圣而不可知之之谓神”也。“神也者，妙万物而为言者也。”圣人之功，如其圆善，入于化境矣！

5 孟懿子问孝。子曰：“无违！”樊迟御，子告之

曰："孟孙问孝于我，我对曰：'无违！'"樊迟曰："何谓也？"子曰："生，事之以礼；死，葬之以礼，祭之以礼。"

【翻译】

孟懿子请问孝道。孔子说："不可违逆！"樊迟驾着车，孔子告诉他说："孟懿子向我问孝道，我回答他说：'不可违逆！'"樊迟说："这说的是什么？"孔子说："父母在世，事奉要如礼；父母过世，下葬要如礼，祭奠要如礼。"

【说解】

1."孝"是对"生命的根源"作一纵贯的追溯而生的崇敬之情，并落实为奉养之行。

2."礼"有节制义、规范义、仪式义，如其规范、仪式而节制之也。礼之"本"为"仁"，礼之"体"为"敬"，礼之"用"为"和"。

3. 丧祭有别，丧为凶，祭为吉，丧礼重在"别离"，祭礼重在"再连结"。

4. 丧礼为的是告别死者，故以死者名分而治丧；祭礼为的是生者对祖先之再连结，故以生者名分主祭。

6 孟武伯问孝。子曰："父母唯其疾之忧。"

【翻译】

孟武伯请问孝道。孔子说："孟懿子最大的忧患，莫过于（孩子）生命之病痛。"

【说解】

1. 孟武伯，孟懿子之子，姓仲孙，名彘。

2."疾"，病痛义，生命之病痛，身心皆含于其中。

7 子游问孝。子曰："今之孝者，是谓能养。至于犬马，皆能有养；不敬，何以别乎？"

【翻译】

子游请问孝道。孔子说："如今的孝道，说的是能够赡养。就连狗啊马啊，都能得其赡养；要不恭敬，怎么分别呢？"

【说解】

1. 养父母、养犬马，当有所异。养父母者，致其孝敬也；养犬马者，务其效用也。

2. 孝道乃人伦之首要者，溯其生命之源而生之自觉也；重在恭敬，由此敬而依礼落实为温凊之养也。

8 子夏问孝。子曰："色难。有事，弟子服其劳；有酒食，先生馔。曾是以为孝乎？"

【翻译】

子夏请问孝道。孔子说："和颜悦色，是其所难。有事，弟子小辈们为其奔走操劳；有酒食，父兄先生先行饮用。如此这就算孝道了吗？"

【说解】

1. 有诸中，形乎外，和颜悦色者，心存诚敬也。

2. 心存诚敬，尽其赡养，是为孝也。

3. 孝者，溯其源，如其敬也。盖仁心之所启也。孟子说"仁之实，事亲是也"，指的正是这意思。

9 子曰："吾与回言终日，不违，如愚。退而省其私，亦足以发。回也不愚。"

【翻译】

孔子说："我与颜回说了一整天的话，他无所违逆，看似愚钝。告退之后，我省观他私下的人伦日用，察看他的动静语默，却十足地能发明大道义理。颜回啊，可不愚钝。"

【说解】

1."不违"者，依于礼，明其理，达其道也。夫子见其如愚，而省其私，知其足以发，可见其不愚也。

2. 如愚而不愚，此大智若愚也。大智者通达，如愚者浑默，浑者无分别，默者，契于道妙也。

3. 颜回与夫子言，入于道妙，不违如愚也。退而省其私，伦常日用，在生活世界的分别相中，乃大道之发用也，此承体达用也。

10 子曰："视其所以，观其所由，察其所安。人焉廋哉？人焉廋哉？"

【翻译】

孔子说："审视他做的是什么事，观看他做这事的理由，考察他做这事是否心安。那人哪里掩藏得住呢？那人哪里掩藏得住呢？"

【说解】

1."视"为"审视"，重在如事情之实况而审视之。这是"如其现象"而"显现其实况"也。

2."观"为"观看"，重在总体之脉络因果而观看之。这是"回溯总体"，依其因果，而"溯其根源"也。

3."察"为"考察"，重在价值之认定、动机之探求也。这是"本心天理"之相应而对比也，是由格物而上遂于天理之关键处也。当"涵养主敬"而致力于"格物穷理"，如此应之，方可成也。

4."人焉廋哉"者，事实、道理，本心、天理，当下呈现，自不可掩也。

11 子曰："温故而知新，可以为师矣。"

【翻译】

孔子说："温习故旧而知得创新，可以作为老师。"

【说解】

1. "温故"，理解过去、温习故旧，理解之、诠释之，而创新之。此中有一历史之连续性，教师要在此历史之传承中创新发展也。

2. "师者，所以传道、授业、解惑也。"教师，是人类历史文明的传承者、诠释者、转化者、创造者，他重在传递薪火。

12 子曰："君子不器。"

【翻译】

孔子说："君子不为某项专用所限。"

【说解】

1. "形而上者谓之道，形而下者谓之器"，君子赞之，依其道而形著于器也，参于其器，而上溯于道也。

2. "器"有具体义、器用义、限制义。"君子不器"，不似器物之用，只是功用上说，君子必当即其器而上遂于道也。此不只在功用上说，而须上溯于本体也。此是"即用而显体"也。

3. 道器合一，即器而言道，器不可离乎道也。君子不离伦常日用，但不只是伦常日用，须于伦常日用，而见其道也。君子有其本体的溯源，也有其根源之实用也。

13 子贡问君子。子曰："先行，其言而后从之。"

【翻译】

子贡请问君子之道。孔子说："先落实做去，其言论日后自有所依从。”

【说解】

1. 君子当果其行，果行足以育德也。

2.“先行”，所以开发其实践之根源动力也。行之，自然成理也。

3. 成理，而“言”有所依从也。“行”先而“知”后，其知可证乎道也。证乎道之言，此是根源本体之显现也。

14 子曰：“君子周而不比，小人比而不周。”

【翻译】

孔子说：“君子周遍（亲厚）而不亲比（营私），小人亲比（营私）而不周遍（亲厚）。”

【说解】

1.“周”有周遍义、总体义。“比”有亲比义、偏私义。

2. 君子所思者周遍之总体也。小人所念者亲比之偏私也。“君子喻于义”，而“小人喻于利”也，所思所念相异故也。

15 子曰：“学而不思则罔，思而不学则殆。”

【翻译】

孔子说：“只学习而不思考，则迷惘而不明；只思考而不学习，则荒疏而危殆。”

【说解】

1.“学”重在“由外而内”，“思”重在“由内而外”。内外一贯，学思互济。

2.“学”没有了“思”，那将无以陶冶、融铸、构造。“思”没有了“学”，那将堕入空洞、抽象、无实。

3. 西哲康德有言“没有概念的感知是盲的，没有感知的概念是空的”。依此，吾人可说“没有思考的学习是盲的，没有学习的思考是空的”。

16 子曰：“攻乎异端，斯害也已！”

【翻译】

孔子说：“攻伐异端，这是大伤害啊！”

【说解】

1. “攻”有攻治、攻伐两义，此处以攻伐义胜。

2. 圣道重在包容、化解，攻乏敌对，必成祸害。

17 子曰：“由，诲女知之乎？知之为知之，不知为不知，是知也。”

【翻译】

孔子说：“仲由，教诲你的可知道了吗？‘知’就是‘知’，‘不知’就是‘不知’，这就是‘真知’啊。”

【说解】

1. “知”就是“知”，“不知”就是“不知”，简易明白，当下确立。

2. 真知不只是知识的认定，也是价值的确立，以及实践的定向。真知必始于诚。

18 子张学干禄。子曰：“多闻阙疑，慎言其余，则寡尤；多见阙殆，慎行其余，则寡悔。言寡尤，行寡悔，禄在其中矣！”

【翻译】

子张学做官求俸禄，孔子说："多多听闻，暂存所疑，于其所余，谨慎言语，就能减少过错；多多观看，避开危殆，于其所余，谨慎行事，就能减少后悔。话少过错，行少后悔，做官俸禄就在其中啊！"

【说解】

1. 子张，颛孙师，孔子弟子。"干禄"，出仕为官，得其俸禄，这说的是在公务部门做事。

2. "多闻阙疑"，疑或有自解者，或有逐渐消融者，历人历事，循序而进，自然天成。谨慎言语，所以庄重其心，理明而切要也。

3. "多见阙殆"，步步踏实，始能免于危殆。谨慎行事，所以忠信笃敬，负责尽职也。

4. "在其中"者，具体落实，如其情境，如其因缘，自可有成也。

19 哀公问曰："何为则民服？"孔子对曰："举直错诸枉，则民服；举枉错诸直，则民不服。"

【翻译】

鲁哀公问说："怎样做才能使民心悦服？"孔子说："举用正直的人安措在邪佞的人上头，就能使民心悦服；举用邪佞的人安措在正直的人上头，就不能使民心悦服。"

【说解】

1. 鲁哀公，姓姬名蒋，《春秋》十二公最末一位。

2. "错诸"，"错"即"措"，"诸"即"之于"。"举直错诸枉，能使枉者直"，举用正直安措于邪佞之上，能使邪佞者转为正直。盖政者，正也。既率以正，当归于正也。

3. 为政重在民心之悦服，民心之悦服，当从其正道也。政治不只是权力之分配与制衡，政治更是人伦教养、安身立命之事也。

20 季康子问："使民敬、忠以劝，如之何？"子曰："临之以庄则敬；孝慈则忠；举善而教不能，则劝。"

【翻译】

季康子问："要使得人民尊敬、尽忠，而且相互劝勉，这要怎么做？"孔子说："稳健庄重，莅临百姓，百姓就尊敬；上孝父母，下爱子女，百姓就尽忠；举用贤良，而教导不能的人，百姓就相互劝勉。"

【说解】

1. 季康子，鲁三桓大夫，季孙肥。

2. 君侯临民，庄重稳健，可启迪人民之尊敬。这是依位分、礼仪而确定的。

3. "孝"是对生命根源的纵贯追溯与崇敬，"慈"是顺此生命根源纵贯的生长与延伸。上孝父母，下爱子女，有本有源，源远流长，能如此必尽其责，必忠其事。

4. "劝"者，劝勉戮力从事也。举用贤善之人，教其不能，当相勉以善也。

21 或谓孔子曰："子奚不为政？"子曰："《书》云'孝乎惟孝，友于兄弟'，施于有政。是亦为政，奚其为为政？"

【翻译】

有人问孔子："您为什么不去从政？"孔子说："《尚书》说'孝道啊孝道，友爱兄弟'，如此行为，施行于政治。这就是从政，何必要在政界从政？"

【说解】

1. "奚"，为何。《书》即《尚书》。此章以"或曰"借言启义，说不一定得在政界从政，才叫从政。

2. 孝悌人伦，仁义之始，如此道德，是一切政治之根源处。离此，便无善政之可能。此儒家道德人伦之政治也。

3. 孔子之学，其于政治，首重者在人伦共同体之确立，孟子亦然，人人亲其亲、长其长，而天下平，如此之谓也。

22 子曰：“人而无信，不知其可也。大车无輗，小车无軏，其何以行之哉?”

【翻译】

孔子说：“人如果无诚信，真不知他怎么可以立身处世。正好比大车无輗（车前横木），小车无軏（车前曲辕），那牛马怎么拉车行走呢?”

【说解】

1. 以“輗”“軏”作比喻，说明人与人相处，要有个确定点，正如车子有一个动处，一个不动处。

2.“輗”乃“牛”与“车”之连接处，“軏”乃“马”与“车”之连接处，无此连接点，则牛车马车，无可行也。人言为信，这“诚信”就像牛輗马軏一样，这连接处确立了，才得行走天地人间。

3.“信”乃人与人之间必然的连接处，“信”乃共守之确定性。

23 子张问：“十世可知也?”子曰：“殷因于夏礼，所损益，可知也；周因于殷礼，所损益，可知也。其或继周者，虽百世，可知也。”

【翻译】

子张问：“今起十世，可以预知否?”孔子说：“殷商沿袭夏朝礼制，它所减损所增益的，这是可以推知的；周朝沿袭殷商礼制，它所减损所增益的，也是可以推知的。那倘若还有继承周朝礼制的，即使百世之后，也是可以推知的。”

【说解】

1.“礼”有其贞常处，亦有其变动处，变与不变，或损或益，自有轨迹。

2. 从历史的延续中，知其连续与变迁，此“贞一之理”与“相乘之机”之辩证综合也。

3. 历史像是镜子一般，今之视昔，犹后之视今也，此中有其可借鉴之人文法则，在动变不居中，自有贞常不变者在。

24 子曰：“非其鬼而祭之，谄也；见义不为，无勇也。”

【翻译】

孔子说：“不当祭拜之鬼神却祭拜了它，这就是谄媚讨好；看见正义却不勇敢力为，这就是怯懦无勇。”

【说解】

1. 孔子之教敬天而崇奉祖先为主，其于鬼神，采取的是“敬而远之”。敬鬼神而远之，为的是：将鬼神信仰导向道德人伦之层面。

2.“祭神如神在”，祭祀当有真诚之临在感，是真礼敬也。岂可谄媚讨好？

3. 无谄无骄，如临如履，养得几分诚敬，就有几分义气，便生胆力与勇气。

4. 儒教重视人文世界，强调人文教化；这是经由礼敬方式来处理。绝地天之通，才能使“民神异业，敬而不渎”。

5. 此章，可与“君子有三畏”一章参读。

壬辰（2012）之冬十二月十七日

八佾第三：礼乐教化、人文化成

1 孔子谓季氏："八佾舞于庭，是可忍也，孰不可忍也?"

【翻译】

孔子论起季孙氏说："八佾舞是天子之舞，居然舞于大夫庭中，这事件若可容忍，有何事是不可容忍的呢?"

【说解】

1. 周代以礼乐治国，礼以别异，乐以和同，分寸节度，不可乱也。

2. 八佾为天子之礼，季氏为大夫，可为四佾舞，居然为八佾舞，如此僭越，天下无道可知矣。

3. 孔子所宗奉之周礼是宗法封建之基底，破坏了这基底，一切存在就成了问题。值得注意的是，孔子更指出这礼制背后须有一"仁心"的彰显。

4. 政治不能是权力的掠夺，政治是礼乐教化。孔子担心的是，僭越了分寸，人心会败坏。

5. 现今祭孔有用"八佾"者，这是因为孔子被称为"素王"（未王而王），故而以天子之礼祭之。盖有深意焉!

2 三家者以《雍》彻。子曰："'相维辟公，天子穆穆'，奚取于三家之堂?"

【翻译】

鲁国孟孙、叔孙、季孙这三家大夫，祭祀完毕撤席时，唱颂着行天子之礼的《雍》诗。孔子说："其中有'助祭诸侯，主祭天子，容貌庄严'的诗句，三家之堂献唱这诗句，怎么可以？"

【说解】

1.《周颂》当用于天子，三家以大夫之位，居然行之，僭越何其甚也。

2. 三家之行，僭越周礼，其所用之《雍》诗，其内容根本不适当，三家大夫居然不察，可见其无文化之至也。

3. 作为"政治文化评论家"的孔子，依持的是周礼，而更深的是依持于仁义之道。

3 子曰："人而不仁，如礼何？人而不仁，如乐何？"

【翻译】

孔子说："人若不仁，礼之分寸又能对他起什么作用呢？人若不仁，乐之和合又能对他起什么作用呢？"

【说解】

1."礼"重在别异、分寸，"乐"重在和合、同一。"礼"重在"节"，"乐"重在"和"。

2. 礼乐通过具体的仪节及音乐来表达，而孔子点示其内涵在于"仁"。

3. 周公制礼作乐，孔老夫子重订礼乐，其根柢在"仁"。

4."仁"是存在的道德真实感，"仁"是生命气息真实的互动感通，"仁"是一"我与你"的真实交往。

5."仁"是互为主体的融通与和合，为一不可分的整体，是生命之不容自已的行动力所达成的，可用"一体之仁"一语来表达。

4 林放问礼之本。子曰："大哉问！礼，与其奢也，

宁俭；丧，与其易也，宁戚。”

【翻译】

林放请问礼的根本。孔子说：“重大啊，这问题！行礼，与其铺张奢华，毋宁俭约保守；治丧，与其场面周至，毋宁悲伤哀戚。”

【说解】

1.“礼”不能只是表象形式，要真实，要具体，要动乎人，要有切感。可见“礼”之本在“敬”。“敬”就是如实的实践力行。

2. 林放，孔子弟子，鲁人。以其问礼，孔子称之。后人名其堂号为“问礼堂”，盖本乎此也。

3. 要留意不能让“礼”在实践过程中，离其自己，异化其自己；因此宁可保守而具体。

4.“本”为树根，“末”为树梢，重其本末，但重在“以本贯末”“由末返本”，本末相与为一体。

5.“本”是如其树根般的根本，这是生命义、生活义的“本”，这与西方哲学所说的“本质”之“本”是不同的。西哲所说之“本质”重在抽象义、普遍义。

5 子曰：“夷狄之有君，不如诸夏之亡也。”

【翻译】

孔子说：“夷狄之邦尚且知有君长，不像中原诸夏之邦已不知有君长。”

【说解】

1.“礼失求诸野”，城中为国，城外为郊，郊外为野，野外为荒。郊野反存得礼在，城中之礼却已失了。

2. 城中本为“文明”之地，却反为“文蔽”了。郊野质朴之地，反而为真正的文明。

3. 孔子对“人文的异化”“文明的遮蔽”有真切之理解，这可与其“文质合一”论比论而观。

4. 中原诸夏之目无君长，可见其礼坏乐崩，亦可见时代已不能长处在宗法封建也。这里隐含一哲学落实于具体生活世界的再度突破。

5. 此哲学落实于具体生活世界的再度突破，孔子之点示即为“仁”，孟子更阐发其为“怵惕恻隐之心”，并以此而说“性善”。

6 季氏旅于泰山。子谓冉有曰：“女弗能救与?”对曰：“不能。”子曰：“呜呼！曾谓泰山不如林放乎?”

【翻译】

季孙氏要用天子的旅祭之礼去祭祀泰山。孔子对着冉有说：“你不能救阻这事吗?”冉有回答说：“不能。”孔子说：“哎呀！难道泰山山神不如林放知礼吗?”

【说解】

1. 旅，祭祀山川之礼也。古时唯天子与诸侯始可行旅祭，大夫旅祭泰山，僭越之甚也。

2. 孔子之意，泰山之神岂不及林放知礼？岂能接受僭越之旅祭？

3. 季孙氏旅祭泰山，此污辱泰山山神之行也。

4. 此可见孔子重视“封神”的意义。“封神”重在“民神异业，敬而不渎”，这是人文的重要旅程，也是权力依礼如分之约制。

7 子曰：“君子无所争。必也射乎！揖让而升，下而饮。其争也君子。”

【翻译】

孔子说：“君子没什么可争的。一定要说的话，就以射箭之礼为例。其先，作揖相让，拾阶而上，发射其箭；赛后下阶，胜者为败者盛酒而饮。这射箭之礼的竞争，可是君子之争。”

【说解】

1.“射”为“六艺”之一，旨在指向外在目的之确定；以其目的而启动我们的实践，以其终点启动实践之起点也。

2. 射礼之竞争，先以礼让，后以乐和。礼让养出竞争之自律，饮酒所以养成其乐和也。

3. 君子之道，“一张一弛，文武之道”，有礼、有让，有争、有和，两端而一致，阴阳和合为一也。

4.“争”不能是权力的斗争，要是文明的竞争，有礼让、有乐和，这天地有这常道，自然是美好的。

8 子夏问曰：“‘巧笑倩兮，美目盼兮，素以为绚兮’，何谓也？”子曰：“绘事后素。”曰：“礼后乎！”子曰：“起予者商也！始可与言《诗》已矣。”

【翻译】

子夏请问，说：“‘巧笑倩兮，美目盼兮，素以为绚兮’（轻巧巧的笑可真是个美人啊！水莹莹的双眸可真明亮啊！就像那天真的素布可用来采色画饰），这诗可怎么解啊？”孔子说：“采绘画事，得先有素洁的底子，然后才好上色。”子夏说：“这说的是‘礼’应当在人的天真素朴之后啊！”孔子说：“卜商啊，你了解阐发了我的心意啊！现在起，我可以与你谈论《诗经》了。”

【说解】

1.“巧笑倩兮，美目盼兮，素以为绚兮”出自《诗经·卫风·硕人篇》。

2.“诗”重在比兴，“比”是譬喻、模拟，“兴”是引发、兴启，这是经由实存的、具体的、情境的、生命的关联而引生的思考。

3.“诗兴的思考”（poetic thinking）不同于“理性的论辩”（rational argument），前者重在具体而实存之情境，重在如此生命关联的创造生长，后者重在抽象而普遍之论理，重在纯理逻辑关联所成的建立与构筑。

4.“礼义”者，文也，其为后也。“忠诚”者，质也，其为先也。有好的质地，才可能有美丽的彩绘。

5. 志高念纯，心宽地厚，质地为佳，忠诚坚定，行可如理，事可参验。

9 子曰："夏礼，吾能言之，杞不足征也；殷礼，吾能言之，宋不足征也。文献不足故也。足，则吾能征之矣。"

【翻译】

孔子说："夏朝的礼，我能言之，今之杞国已不足为证；商朝的礼，我能言之，今之宋国也不足为证。何以如此？现存之典籍和留存之贤达，两者皆有不足啊！要是这两者完足，我就能引以为证了。"

【说解】

1. "礼"有其制度结构，有其生活仪则，有其分寸节度，有其人文教养，依时而变，依势而迁，即事而成其理也。

2. "礼"有其变，有其不变，"变"在相乘之机，"恒"在贞一之理，恒变之际，可据文献而考之。

3. "文"讲的是"典籍""篇章"以及残存之史料也。"献"讲的是"先人""贤达"以及遗民隐逸也。

4. 此可见孔子不只重视典籍篇章之史料，也重视口述之历史，并参之以历史之变与恒，而深入其中，知几其神也。此乃"究天人之际，通古今之变"之学也。

10 子曰："禘，自既灌而往者，吾不欲观之矣。"

【翻译】

孔子说："禘祭这祭祖大典，在行灌酒迎神之后，我就不愿意再观看下去了。"

【说解】

1. 禘祭乃鲁国每隔五年举行一次之祭祖大典，可说是王者之大祭，此是生命追本溯源之祭，孔子以为当重在礼乐教化，因此感触之深。

2. “灌”者，祭前用郁鬯酒洒地，以迎神也。未行洒酒迎神之前，其诚敬尚有可观，自此以往，其敬不足，故孔子不欲观之矣。

3. 祖先之大祭，这是对生命根源的崇敬与连结；盖疏通生命根源所以条畅生命也。

4. “孝、悌、慈”可说是中华民族永生之奥秘，而“孝”是对生命根源的崇敬，“悌”是顺此生命根源而来横面的展开，“慈”是顺此生命根源而来纵贯的衍展。三者，“孝”尤为要也。

11 或问禘之说。子曰：“不知也。知其说者之于天下也，其如示诸斯乎！”指其掌。

【翻译】

有人请教禘祭的论题。孔子说：“我真不知道何以如此。果真知道禘祭的话，那要治理天下，就如在掌中。”他一面说，一面指着手掌。

【说解】

1. 承前章，或有人见孔子之不欲观之矣，而心生疑惑，故有此问。

2. 孔子以鲁国君臣之无敬而不如礼，因而故意说“不知也”。这样既含蓄而又点示出了问题。

3. “其如示诸斯乎”，说其简易，而今人竟尔不知也。又言其全在掌中也。盖禘祭是生命追本溯源之祭，正本清源，天下无有不治者。

4. “指其掌”，摊开手表示气愤也。鲁之禘祭明明有错，错在无敬，竟尔不知，可哀也矣！

12 祭如在，祭神如神在。子曰：“吾不与祭，如不祭。”

【翻译】

祭祀祖先，要如其祖先之临在；祭祀神明，要如其神明之临在。孔子说：“我若不能亲临参与祭祀，虽找人代祭，就如同没参加祭祀。”

【说解】

1. 祭祀，当有其临在感、实存感，如祖先、神明之光临，虔诚所致，神而明之也。

2. 自古及今，中外祭祀，皆由两手之和合，此收拾精神之谓也，此由分别而和合同一之谓也。

3. 祭祀有其临在之实存感，故不能取代，当亲临而为。

13 王孙贾问曰：“与其媚于奥，宁媚于灶。何谓也？”子曰：“不然。获罪于天，无所祷也。”

【翻译】

王孙贾请问：“与其谄媚讨好正厅西南隅之奥神，不如谄媚讨好灶神。这话怎么说呢？”孔子说：“不是这样。要是得罪了上天，那就没什么好祷告的了。”

【说解】

1. 奥神虽尊而无权，灶神虽不若奥神之尊，而却有权。以奥神喻周天子、诸侯，以灶神喻大夫、权臣。

2. 世俗面，以为努力半天不如跟对人，这是依权依势之所为，此非道理也。

3. 生命当如其生命，依道不依势，依理不依力。世俗看似风光，其实是要付出代价的。

4. 孔子提出“天道”以为更高之评准，并以此警示王孙贾。王孙贾当时为卫国之权臣。

14 子曰：“周监于二代，郁郁乎文哉！吾从周。”

【翻译】

孔子说：“周代礼制，以夏商二代为鉴镜参照，郁美丰盛，文采嘉善！我遵从的是周代的礼制。”

【说解】

1. 周文有承于夏、商两代，因革损益，而有进于两代者。

2. 有云“夏尚忠，殷尚质，周尚文”，真笃之周文是忠质之周文，是郁郁乎文哉的周文，是孔子欲从之周文。这亦是文质彬彬之周文也。

3. 孔子推崇“礼乐教化”，周文可以说是三代之大成。

4. 或有言孔子欲“以殷质救周文”，以仁义之唤醒重订礼乐也。

15 子入太庙，每事问。或曰：“孰谓鄹人之子知礼乎？入太庙，每事问。”子闻之，曰：“是礼也。”

【翻译】

孔子进到太庙，遇逢其事，每件必问。有人就说：“谁说鄹邑大夫叔梁纥之子知道礼制呢？进了太庙，遇逢其事，每件必问。”孔子听到后，说：“凡事谨慎，这就是礼啊！”

【说解】

1.“子入太庙，每事问。”何以每事问？其一，鲁所行之礼，与自己所知不同，故问之，以理解其因革损益。其二，斥鲁君所行之礼，多不合古礼，以每事问，来彰显夫子之不悦。

2. 历来对“是礼也”多解为“凡事谨慎，这就是礼啊！”，如何晏《集解》及朱注都说孔子是知而复问，谨慎之至。然清代俞樾（曲园）于《古书疑义举例》则以为，“是礼也”的“也”字作疑问助词，如同“耶”字。盖鲁君太庙之祭多不合礼，是以有此慨叹也。

3. 译成“凡事谨慎，这就是礼啊！”，亦可有反诘之语气。

16 子曰：“射不主皮，为力不同科，古之道也。”

【翻译】

孔子说：“射箭之礼不重在能穿透靶的皮革，因为人的气力各有不同科别，这里可见古礼之道。”

【说解】

1. 中其靶的，此射礼之要也。这指的是指向对象的确定。

2. 穿透皮革，此是尚力尚势之为，非王者之道也。

3. 射礼，既是习武，又重在养德，重在聚其情气义理，不在气力之较劲，更不在生死之斗争。

4. 尤要者，在礼乐之分寸、节度、韵律也，既有别异，复有和合。亦可说人生所行之事，应恰当中的，而不在力气大小。

17 子贡欲去告朔之饩羊。子曰：“赐也！尔爱其羊，我爱其礼。”

【翻译】

子贡想要免去每月初一祭庙告朔之祭的活羊。孔子说：“赐啊！你爱的是那头羊，我爱的却是那个礼哟！”

【说解】

1. 羊，为牺牲之物，此“小利”也。礼，乃普遍理想，此“大义”也。不可以其小利而废其大义也。

2. 依周礼，天子当颁告朔于邦国，诸侯于每月初一朔日，供一饩羊，祭告太庙，奉而行之。

3. 周幽王之后，此礼渐废弛，徒具形式，故子贡欲去之。孔子则以为若能维持，则礼未全废，则人民至少可知时令，亦可依此时令而知其节度也。

4. 礼若未废，救之以内容，点示仁义，当有再生之可能。盖礼不可废，礼乃大义所在。

18 子曰：“事君尽礼，人以为谄也。”

【翻译】

孔子说："侍奉君上当尽其礼，时人竟以为谄媚。"

【说解】

1. 天下无道，君弱臣强，鲁国三桓大夫，更是傲慢无礼，连天子之礼皆敢僭越。

2. 相形之下，时人趋炎附势，对三桓恭敬，而对国君反而疏怠；因此事君尽礼，人以为谄媚。

19 定公问："君使臣，臣事君，如之何?"孔子对曰："君使臣以礼，臣事君以忠。"

【翻译】

鲁定公请问："国君使令臣子，臣子侍奉国君，该如何处理?"孔子回答说："国君使令臣子要依据礼的节度，臣子侍奉国君要根于本心的忠诚。"

【说解】

1."君臣"是依其职责而相对的，此是一"主宾关系"，不是一"主奴关系"。

2."主宾关系"是一"君礼臣忠"的关系，世俗所说"君要臣死，臣不敢不死"非儒家之言，此乃法术家君主专制之言，不可不知。

3."主宾关系"是对列之局，"主奴关系"则成了绝对的隶属之局。

4."君为臣纲"所依者"道"，所据者"义"，不以"势""利"为依据。

20 子曰："《关雎》，乐而不淫，哀而不伤。"

【翻译】

孔子说："《诗经·关雎》，喜乐而不淫邪，哀戚而不伤损。"

【说解】

1.《关雎》乃《诗经》国风之始，如《诗序》所说“风之始也，所以风天下而正夫妇也”。

2. 喜乐而不淫邪，这喜乐是如其本心，如其性情的，可调适而上遂于道也。

3. 哀戚而不伤损，这哀戚是真存实感，而自有其节度的，自有其天理在。

21 哀公问社于宰我。宰我对曰：“夏后氏以松，殷人以柏，周人以栗，曰：使民战栗。”子闻之，曰：“成事不说，遂事不谏，既往不咎。”

【翻译】

鲁哀公请问社主之事于宰我。宰我回答说：“夏代用松树，商代用柏树，周代用栗树，这说的是：使人民战栗。”孔子听了之后，说：“事局已成，说了白说，不用再说；事势既遂，劝了白劝，不用再劝；既已过往，追咎无益，不用追究。”

【说解】

1.“社”者，祭祀土地也。昔时行社礼，所以聚村落、集民气、长民义也。

2. 古者取树为社主，喻之以示其义理也。“夏尚忠”，而取松为喻；“殷尚质”，而取柏为喻；“周尚文”，而取栗为喻。

3. 取栗为喻，旨在敬畏；而宰我竟告之以战栗，失之远矣！盖敬畏所以养德也，仁义因之而生也。战栗则交争以权、相斗以力，如之何其可也！

4. 夫子对宰我之失言，心生悲恻，不忍再责，只以包容谅解处之。唯包容谅解，方能复其道，使之敬畏天地生民也。

22 子曰：“管仲之器小哉！”或曰：“管仲俭乎？”

曰："管氏有三归，官事不摄，焉得俭？""然则管仲知礼乎？"曰："邦君树塞门，管氏亦树塞门；邦君为两君之好，有反坫，管氏亦有反坫。管氏而知礼，孰不知礼？"

【翻译】

孔子说："管仲的器局果真小了些啊！"有人说："管仲太俭约了吗？"孔子说："管仲他置了三处库藏，官吏职事也从不兼用，怎能说是俭约呢？""如此说来，管仲很知道礼啰？"孔子说："邦国之君树立门前屏风，管氏也树立门前屏风；邦国之君为了两国君王的交往方便，置了归放酒器的坫台，管氏也置了归放酒器的坫台。要说管氏知礼，那谁不知礼？"

【说解】

1. 世俗从奢华排场来说器局，这是不对的；其实，奢华排场说的是权位、势力。

2. 须知器局在胸襟，在度量，在生命的宽度、厚度；一般世俗人看的是外在表象，夫子看的是内里工夫。

3. 管仲生命有其高度、强度，辅佐齐桓公，建功立业，维系华夏道统，功不可没，孔子称之。

4. 管仲虽有功业，但其人格风范、器局度量，皆有不及处。相对言之，颜回功业甚微，却是大器。孟子称"禹、稷、颜子，易地则皆然"，真知人之言也。

23 子语鲁大师乐，曰："乐其可知也：始作，翕如也；从之，纯如也，皦如也，绎如也，以成。"

【翻译】

孔子向鲁国的乐官（太师）谈论乐章之理，孔子说："乐章应可以这样理解：演奏伊始，乐音将发未发，翕合绵绵；逐渐纵放，乐音悠扬，纯粹分明，清浊高下，亮丽莹洁，络绎连延，相续不已，终底成章。”

【说解】

1. 乐章似生命，生命如乐章，有抑扬顿挫，有起伏高低，重点在一实存的律动。

2. “始作，翕如也”，演奏伊始；乐音将发未发，翕合绵绵。此如《中庸》所言“喜怒哀乐之未发谓之中”。

3. “从之，纯如也，皦如也，绎如也，以成。”逐渐纵放，乐音悠扬，纯粹分明，清浊高下，亮丽莹洁，络绎连延，相续不已，终底成章。此如《中庸》所言“发而皆中节谓之和”。

4.《中庸》言“致中和，天地位焉，万物育焉！”此宇宙生化之事，如若生命，如若乐章，其道理通同为一。

24 仪封人请见，曰：“君子之至于斯也，吾未尝不得见也。”从者见之。出曰：“二三子何患于丧乎？天下之无道也久矣，天将以夫子为木铎。”

【翻译】

卫国仪地守官请求晋见孔子，说：“君子来到此地，我从来没有不得晋见的。”随从弟子就让他晋见了夫子。谈完话，出了门，他就说：“诸位同学，何必忧心夫子没有了职位呢？天下无道，昏暗太久了，上天有意拣选夫子，手持警世的大铃，教导化育世人。”

【说解】

1. 此章所述情节，应是孔子自卫返鲁，于卫之封疆仪邑所发生之事也。

2. 卫灵公过世，太孙蒯辄欲即位，而蒯辄之父，即太子蒯聩，时出亡于外，返归争位，被阻于城外，形成父子争国场面。真乃父不父、子不子，有违夫子正名之教，夫子及众弟子遂去卫返鲁。

3. 此章可见封疆仪邑有贤人在焉，彼颇解夫子心意，与夫子谈后，出来所说，于弟子心理多有抚慰之作用也。

4. 夫子自卫返鲁，删述六经，修德立言，其垂教后世，千秋辉耀，非现实世俗功业之可比。语云“天不生仲尼，万古如长夜”。

25 子谓《韶》：“尽美矣，又尽善也！”谓《武》：“尽美矣，未尽善也！”

【翻译】

孔子论说《韶》乐：“全尽其美，又全尽其善啊！”论说《武》乐：“全尽其美，却未全尽其善啊！”

【说解】

1. 音乐反映政治教化，《韶》为虞舜之乐，中正和平；《武》乃周武王时之乐，发扬踔厉。

2. 尧舜禅让，如其本心，顺其天性，自然宽和，美善之至。

3. 汤武革命，不免杀伐之气，然亦顺天应人，故说尽美而未尽善。

4.“美”在宏伟、壮丽、庄严，“善”在宽和、中正、优雅。此中国文化传统之特质，西方文化传统与此适成一对比。吾儒主性善之教养，而彼主原罪之救赎。

26 子曰：“居上不宽，为礼不敬，临丧不哀。吾何以观之哉？”

【翻译】

孔子说：“居上位者不能宽厚，行起礼来未有诚敬，临丧祭吊不见哀恸。论其政风教化，我还有什么好观察的呢？”

【说解】

1. 此章可见夫子认为政治当重风教，而风教重在对尊重生命，使之生长。

2. 居上当宽，宽则得众，就像大池子才能聚得了水；为礼当敬，外礼内敬，文质彬彬，才能生长成君子。

3. 临丧当哀，面对生命的终点有哀戚之感，才能唤醒真切的良心善性，见出生命的庄严。

4. 政治有宽厚、社会有礼敬、生命有尊严，这才见得人伦教化之美善，才见得天地之和平。

癸巳（2013）二月廿二日彻夜完稿于台中湖水岸元亨居

里仁第四：里仁为美、君子怀德

1 子曰："里仁为美。择不处仁，焉得知？"

【翻译】

孔子说："居处仁地，是件美事。择处邻居，不以仁义，怎算智慧？"

【说解】

1. 近朱者赤，近墨者黑。人之长育，习与性成。

2. "居移气，养移体"，生命之长养，人格之育成，离不开生活世界。

3. 人须有些神圣的能量以为生命之护持。它不只是外在的，也是内在的，自来内外是通而为一的，而且是由外而内的。

4. 境识相与为一体，心物能所本为不二，当由外而内，内外交与为一体也。

2 子曰："不仁者，不可以久处约，不可以长处乐。仁者安仁，知者利仁。"

【翻译】

孔子说："不仁之人，不可以长久处于穷困窘迫，不可以长久处于富贵逸乐。仁德之人，安居其仁，身体力行；明智之人，了知其利，追求幸福。”

【说解】

1.“仁”者，人之安宅也。“仁”是生命安居的宅第，能如此，自有关怀，自有感恩。

2. 文中所说之“约”为穷困窘迫，“乐”为富贵逸乐，不仁者难处，而仁者行所无事，无所挂碍，平易处之。

3. 仁者以此为安居之宅第，当有“申申如也、夭夭如也”之悠游。

4. 智者知“仁”乃天下之大利，以故追求，日进不已。

5.“安仁”，从容中道，润泽柔软；“利仁”，奋进不已，兴其大利。

3 子曰：“唯仁者能好人，能恶人。”

【翻译】

孔子说：“惟有仁德之人能喜爱那该喜爱之人，也能厌恶那该厌恶之人。”

【说解】

1. 仁者无私党，无偏匿，有襟怀，有见识，自然柔软温润。

2.“能好人”，能好好人也；“能恶人”，能恶恶人也。有真爱，就真能好好人、恶恶人。

3. 儒家正义观建立在同情与关怀之上、道德实践之上。

4. 正义观念有两个系统：一是法的优先性，一是关怀与同情的优先性。强调关怀与同情是较近于女性式的伦理学。

5.“仁”是柔性的伦理学，所以有不忍人之心；“法”是刚性的伦理学。

6.“三纲”（父为子纲、君为臣纲、夫为妻纲）已经不是原来儒家的伦理观，三纲成为教条的伦理学，逐渐失去了儒家真实关怀的特质。

4 子曰：“苟志于仁矣，无恶也。”

【翻译】

孔子说："果真立志行仁，就不会为恶。"

【说解】

1. 心之所发为"意"，"意"之上提为"志"，"志"是"心有定向，有所主宰"。定向是向道，有此大道，主宰便立得起。

2. 志定心安，身勤家富，立志是溯源工夫，入得根源，自生动力，而且是一纯粹善的动力。

3. "我欲仁，斯仁至矣！"即此当下、即此存在，有感有觉，亲切自然，无不中的，即此"无恶"也。

4. 立志是定盘针，有此定盘针，人生所面对之风浪，自有定向、自有定主，自可启航。

5 子曰："富与贵，是人之所欲也，不以其道得之，不处也；贫与贱，是人之所恶也，不以其道得之，不去也。君子去仁，恶乎成名？君子无终食之间违仁，造次必于是，颠沛必于是。"

【翻译】

孔子说："富有与显贵，是人人所想要的，不依道理却也得到，君子便不居处其中；贫穷与卑贱，是人人所讨厌的，不依道理却也得到，君子却也不抛弃它。君子离去仁德，如何成就君子之名呢？君子不会片刻间违背仁德，仓促急遽间一定是这样，颠簸困顿也一定是这样。"

【说解】

1. 富有贵显，世俗所愿，但必须得之以道，得之以理；有了道理，富有才成富足，贵显才成尊贵。富在自足，贵在自尊。

2. 贫穷卑贱，世俗所恶，但须知：得之有命，就在命中，要把"义"立起来，这叫"即命立义"，这样才能"立命"。孟子说："夭寿不贰，修身以俟之，所以立命也。”

3. 名以求实，君子之名，唯“仁”可以落实之。

4.“仁”是要去实践的，就在实践的过程中陶养而成，是当下的，也是持续的历程。

6 子曰：“我未见好仁者，恶不仁者。好仁者，无以尚之；恶不仁者，其为仁矣，不使不仁者加乎其身。有能一日用其力于仁矣乎？我未见力不足者。盖有之矣，我未之见也。”

【翻译】

孔子说：“我未曾见过真爱好仁德的人，也不曾见过真厌恶不仁的人。真爱好仁德的人，没得说了；真厌恶不仁的人，他实践仁德，不让不仁加在自己身上。真有人能一整天用工夫在仁德上吗？我没见过力量不足的。或许真有这种人，只是我未曾见过。”

【说解】

1.“好仁”者，居于仁，安而行之，在仁中自有乐地。“恶不仁”者，谨严法度，行礼为仁，自有分寸。

2. 实践不在量的多寡，而在切实。阳明强调仁之实践虽有其分量之异，但本质却是一样。

3. 道德实践不在外在种种，而在内在当下，如此，方能圆满自足。

4. 人须经由学习、效法、反思、觉醒，才能达到“仁”的境地。

7 子曰：“人之过也，各于其党。观过，斯知仁矣。”

【翻译】

孔子说：“人的过错，各因其群类而有不同。观看过错，便可体知仁道。”

【说解】

1.“过错”必隐含着仁道，只是仁道的负面表现，要仔细去体察它，不可轻轻看过。

2.“党”者，群类也。党类群分，验之既详，就能入里，入里而如理，就能调适而上遂于道。在这样的学习过程里，就可以契入仁道。

3. 仁道是从实存的相遇中契入的，不是抽象的理性把握。

4. 人的实存有其辩证性，负面可成正面的教材，大体观之，对比之，契入之，乃得。

8 子曰：“朝闻道，夕死可矣。”

【翻译】

孔子说：“早晨闻悟大道，当夜死了，可以无憾。”

【说解】

1.“闻道”，听闻大道，因之而悟也。闻道非讲道，闻道可悟道，讲道常只是讲道，难以悟道。人能晓悟生命大道，生命方得以完满。

2. 闻之、思之、修之，“闻”有感通义，“思”有觉醒义，而“修”则为持久义。

3. 耳根最利，闻之为始，思之以继，修之得成，如此通天接地，大道因之而显，真理因之而现。

4. 这“闻”字非只是耳听而已，而是听之以心、听之以气，通彻天地，参赞化育。

9 子曰：“士志于道，而耻恶衣恶食者，未足与议也。”

【翻译】

孔子说：“士人（知识分子）立志向道，而却又耻于粗衣淡食的，这种人不值得与他议论道理。”

【说解】

1.《说文解字》云："士，事也；数始于一终于十，从一从十。孔子曰：'推十合一为士。'""士"可以说成是知识分子，或者读书人，是人间的秀异分子。"士"常与"君子"和合而用。

2. 士君子当忧道不忧贫，谋道不谋食，以天下为己任，以是之故，不会耻恶衣恶食。"耻恶衣恶食"是求于外在，而非内在的奋发。

3. 士君子不只像一般人，只为稻粱谋，不只是为了自然之气命，更且要为天命、为道义，肩负使命。

4. 君子所求的是"大我"，是整体、根源性的道，而非一己小我之私欲。

5. 世俗人比名牌，开名车，须知：人的尊严是你给车子尊严，而非车子给你尊严。不要被世俗炒作，被世俗掏空，否则只会成就别人的富贵。

6. 士君子自身就是名牌，是"正名以求实"的名牌。乱世时还得"去名以就实"。他要做中流砥柱，不是追求流行。

10 子曰："君子之于天下也，无适也，无莫也，义之与比。"

【翻译】

孔子说："君子对于天下事，没有一定要怎样做，也没有一定不要怎样做，要紧的是怎样做合乎理，就怎么做。"

【说解】

1."适""莫"解法甚纷杂，通看全篇文义，约解如下："适"是非如此不可，"莫"是切不可如此。

2. 此可与"毋意、毋必、毋固、毋我"四毋之说，相通而解。

3. 君子行在当下，即此当下，透入根源，此根源必然合于义也。

4."义"是客观的法则，上溯则为"仁"（真实的感通），落实而为"礼"（具体的规范）。

5. 真实感通之"仁"、客观法则之"义"、具体落实之"礼"，存养为"德"（内在之本性），溯源为"道"。

11 子曰：“君子怀德，小人怀土；君子怀刑，小人怀惠。”

【翻译】

孔子说：“君子怀想着德性实践，小人惦记着土地财富；君子怀想着法度，小人惦记着私惠。”

【说解】

1.“德”是本性，重在内在的生长，所求在己，它可以理解为人格的自我完善历程。

2.“土”是土地，是人生存的基本资具，此居下位之小民所必须，民以食为天，因此怀土。

3.“刑”为法度，这涉及公共性的普遍意志，往上溯则至于“道”，“道”为根源。

4.“惠”指恩惠，这里所涉难免偏私，这涉及个人利益，若无公共性、普遍性，作整体之考虑，则弊害大矣！

12 子曰：“放于利而行，多怨。”

【翻译】

孔子说：“依照着利益而行动，必招来许多怨尤。”

【说解】

1.“利”不能作准，“义”才能作准。义利不相互违背，也不相互矛盾。有“义”，能使利以恰当的方式取得。《易传》有云“利者，义之和也”。

2.“义”字从羊从我，求之在我，使其为善也，“义”是一大家认定的标准，是一客观的法则。“利”字从禾从刀，如秋天之收割，“利”若无节制，过了头会伤到别人。

3. 义利，当以“义”为优先，大家争利就不可能有“义”。“利”连着“欲”，讲求功利，启动贪欲，邦国危矣！

4. “义”，求之在我，使其为善，这是一“知止”的文明（如《周易·贲卦》讲“文明以止”）。“利”，争之在人，贪欲相加，如当前之资本主义社会，这是一“不知止”的文明。

13 子曰：“能以礼让为国乎，何有？不能以礼让为国，如礼何？”

【翻译】

孔子说：“能依礼法谦让来治国吗？这有什么困难的呢？若不能以礼法谦让来治国，那空有个礼仪虚文，又有什么用呢？”

【说解】

1. 古有礼法，重在谦让，是为“礼让”。“礼”是具体的规范，重在约俭；“让”是宽容的生长，重在平易。“礼”重在刑仪制度、结构组织、条理分寸；“让”重在心念柔软、温情善解、德性生长。

2. “礼让治国”不同于“法律治国”，“礼让”有其具体分寸，可上升到客观的法则而为“义”，回到内在真实的感动而为“仁”。“法”则重其型构与限制。

3. 约以言之，“仁、义、礼、智”，“仁”为“实存感动”，“义”为“客观法则”，“礼”为“具体规范”，“智”为“清楚判断”。

4. “礼让”，回到本心真实的感动，以真实之感动为优先，而非以法则为优先。中国与西方之不同，西方从上帝之诫命，爱上帝、爱邻人；中国从人之怵惕恻隐、不忍人之心，实存感动，讲孝悌、重人伦。

14 子曰：“不患无位，患所以立；不患莫己知，求为可知也。”

【翻译】

孔子说：“不必担心没有职位，担心的是如何能做好那职位；不必担心没有人知道你，要力求德业精进，足可让人知道。”

【说解】

1. “君子求诸己，小人求诸人”，能求诸己，才能为人所知、所用。

2. 自己先要是千里马，伯乐来了才有用，亦不可自视为千里马。君子当力求自己生命的完善。

3. “求为可知”，求其德业精进，使人能知，如诸葛亮虽躬耕南阳，然声名以传，故有三请孔明、隆中之对，德业以成。

4. 即若管鲍之交，管仲能得鲍叔牙之赏识举荐，极其难得，更难得的是管仲有匡辅天下之才。

15 子曰：“参乎！吾道一以贯之。”曾子曰：“唯。”子出，门人问曰：“何谓也？”曾子曰：“夫子之道，忠恕而已矣。”

【翻译】

孔子说：“参（曾子之名）啊！我的‘道’，根源总体，本末通贯。”曾子说：“是的。”孔子出了门，弟子们问曾子：“是什么意思呀？”曾子说：“老师的道理，就是‘忠’与‘恕’二字罢了。”

【说解】

1. 论“忠恕”：尽己之谓“忠”，“忠”是回到自己心灵深处作确认，一根源性的确认，上通于“诚”，诚者，天之道；推己及人之谓“恕”，“恕”是体贴同情，他心如己心，人我不二。此与“一体之仁”其义相通。

2. “一以贯之”，“一”是根源总体，“贯”重在本末通贯，“一”为体，“贯”为用，即用显体，承体达用。

3. “忠恕”是就“用”处说，然即用显体，承体达用也。分说用“忠恕”两字，若用一字就是“恕”。夫子答子贡，就如此说之而已。

4. 由此章可见曾子足为孔子接班人。儒门接班，夫子原属意颜回，不幸早逝；后又测试子贡，未能通过；再试之，唯曾参称可。然曾参当时年轻，仍须养望，夫子尚未择定，已归道山，终引发后来有子及曾子之争位。幸有子贡主持，虽未能选出唯一之接班人，然弟子终能恪守夫子之志，传经、传心，教化流传，殊途同归。

16 子曰："君子喻于义，小人喻于利。"

【翻译】

孔子说："君子明晓的是公共的正义，而小人明晓的是个人的私利。"

【说解】

1."喻"是明白、通晓、挂心、清楚。君子明晓义，利害观念不放在心中，而是依道德标准，该怎么做就怎么做。小人以利为重，在乎利益。

2."义"为客观法则，有其公共性、普遍性、总体性、根源性。在此公共总体，如其根源，依于一普遍之理想，完善自己并完善他人。

3."利"为效验利益，容易启动贪取占有，难免其个别性、偏私性，终入歧途，难成大器。

4. 君子之能杀身成仁、舍生取义，只因有真正的柔软与慈悲，就会有自我完善的终极关怀与永恒要求。

17 子曰："见贤思齐焉，见不贤而内自省也。"

【翻译】

孔子说："见到贤者，当想与他看齐；见到不贤者，就要向内省察自己。"

【说解】

1. 人格的教养与道德之实践须有典范，而典范有正面的，也有反面的，所以要见贤思齐，见不贤内自省。

2. 人生无处不可学，贤者可学，学其正，顺受其正；不贤者亦可学，知其非，逆觉其邪，改邪归正。

3. 古人见贤思齐，见不贤而内自省；今人见贤而妒，见不贤而窃自喜也。这全在心念之“觉”与“不觉”而已。

18 子曰：“事父母几谏，见志不从，又敬不违，劳而不怨。”

【翻译】

孔子说：“事奉父母，微有过即当劝谏，见其心意未能信从，仍心怀敬意，继续劝谏，不违道理，虽有忧劳，而不嗟怨。”

【说解】

1.“几谏”有多解，或为“俟几而谏”，或为“婉言相劝”，或为“微有过即当劝谏”，三者亦可括而为一，说其“微有过即当婉言相劝、俟几而谏”。

2.“见志不从”，“志”为“心意”，见其心意不从，当想方设法，使其宽解，宽解自能从容，从容而有善解。

3.“敬”为专注、贯彻，如始如终，敬以治事，此儒者之学也。“违”有悖、离等义，“不违”是就道理处说，不是屈从心意。

4. 事父母如此，待儿女亦当如此，人之大伦，至关紧要，宜在微处、细处用工夫，此诚敬之事也。

19 子曰：“父母在，不远游，游必有方。”

【翻译】

孔子说：“父母在世，不能无故远离家门出游，即若出游，一定要禀明去处。”

【说解】

1. 古时交通不便，生离常若死别，父母在，不宜远游，当承欢膝下，继志述事，代代相传。

2.“游必有方”，免父母之系念也。

3. 父母慈心，此天然之事也，其于子女，常系念不止。子女孝心，此自觉之事也，一时不察，懵然无知矣！违逆了道理还不知呢！

4. 今为电子通信年代，远在天边，近在眼前，现在已经无处是“远”，但情境的亲近才能有柔软的生长，承欢膝下，身心肤慰，才是幸福的。

20 子曰：“三年无改于父之道，可谓孝矣。”

【翻译】

孔子说：“一个人能三年不改先父所行大道，可算得上孝子。”

【说解】

1. 此章重出，原在《学而篇》第十一章，子曰：“父在观其志；父没观其行；三年无改于父之道，可谓孝矣。”

2.“父之道”，“道”字重要，乃所行之大道也。非大道则不限于此也。

3.“孝”是对生命根源之崇敬，是返本报恩，追本溯源，继志述事。“孝”者，盖由末返本，由本贯末也。

21 子曰：“父母之年，不可不知也。一则以喜，一则以惧。”

【翻译】

孔子说：“父母的年岁，不可不知。一者是为福寿而欢喜，二者是为衰老而忧惧。”

【说解】

1. 儒家重视家庭伦理，家庭伦理是人间事理之根本。现代人常离乡背井，与父母相处的时间不长，家庭伦理难以培育。

2. 孝顺父母与爱护子女不同，爱护子女是“自然”，孝顺父母得有“自觉”，自觉得须一点勉强。

3. 人的生命要能往上溯源、往下延伸，越能如此，生命就越完整。现代是追求消费化、商业化的私利社会，很多人未能向上追溯、向下延伸，只求“自我”为中心，求各种自我满足与享受。这样的生命是浮动的，如飘萍。

4. 生命要有脉络，否则易松动，一有松动，家就不易健全。

22 子曰：“古者言之不出，耻躬之不逮也。”

【翻译】

孔子说：“古人话不轻易说出口，他们羞耻的是自己做不到。”

【说解】

1. 古人心口如一，老实做事。念兹在兹，如实而成。老实，“老”，持久义；“实”，落实义。今人饶舌喧腾，心口不一，不知羞耻为何物。

2. 资本主义化、消费化，这是一众口铄金的文化，是一往而不复的文化，是一“不知止”的文化，不老实，只虚浮。

3. 古者重言诺，今者轻诺寡信，轻诺而常诺，终等同于无诺。

23 子曰：“以约失之者，鲜矣。”

【翻译】

孔子说：“用节约、俭束行事而犯过失的，那是少有的。”

【说解】

1. “约”者，要也。以节约、俭束行事，得其要也。

2. “约”有整饬义、节制义、检肃义，“约”则能“收拾精神，自作主宰”也。

24 子曰："君子欲讷于言而敏于行。"

【翻译】

孔子说："君子愿意言语木讷些，行为敏捷些。"

【说解】

1. "讷"者，言将出而不轻易出也。儒家重自己生命本源，并强调伦理道德要在自己土地上生根。

2. "讷"不是故意不说话，而是自然不轻易说话。这是生命的实存原则，也是道德的实践动能。

25 子曰："德不孤，必有邻。"

【翻译】

孔子说："有德行的人必不孤立，必定有亲近的人。"

【说解】

1. 德若不孤，一定有志同道合的朋友。德之为德，善解包容，令与人同，能真正体贴别人，关爱别人，才是有德，自然会有志同道合的朋友。

2. 德不能孤离地树立，而要与他人互动交往。所谓"德"便是多做一些，但并非"委曲求全"，求全可以，但不要委屈，要得当。

3. "有德者"是在"我与你"的情思下生长，不是在"我与它"的计较下过活。因此之故，必有其邻也。

26 子游曰："事君数，斯辱矣；朋友数，斯疏矣。"

【翻译】

子游说："事奉君上，繁琐细碎，则会招致羞辱；对待朋友，繁琐细碎，则必反趋于疏离。"

【说解】

1.“数”，言语细碎、喋喋繁琐也。

2. 君臣以义相合，君待臣以礼，臣事君以忠，所事所行，在天下社稷，所谓公忠体国可也。有职守、有分寸、有节度，才能成事。

3. 朋友以志相交，所谓志同而道合也。共学、适道、与立、与权，因缘不同，依时而进，不可勉强，勉强则离，以是而疏远矣！

癸巳（2013）三月廿二日于台中湖水岸元亨居

公冶长第五：不罪无过、道器不离

1 **子谓公冶长：“可妻也。虽在缧绁之中，非其罪也。”以其子妻之。**

【翻译】

孔子论及公冶长，说：“可把女儿嫁给他。虽然他曾被关在监牢之中，并不是他的罪过。”就把女儿嫁给了他。

【说解】

1. 公冶长，春秋鲁人，孔子弟子，姓公冶，名长，因案系狱，后冤屈得洗，仍不失贤者君子。

2. “可妻”，妻作动词，犹言“许配”也。“缧绁”，捆绑罪犯之绳索，可喻为监狱之义。

3. 圣人见得生命的真实，不落世俗之局限。世俗是习、是势，而生命是道、是理。

4. 一说孔子女儿与公冶长谈恋爱，孔子许之，是尊重爱情。我说：爱情若及于婚嫁，亦须有个道理，夫子所说的是从“爱情”到“婚姻”的道理。

2 **子谓南容：“邦有道，不废；邦无道，免于刑戮。”以其兄之子妻之。**

【翻译】

孔子论及南容，说："邦国有道（政治清明），不遭废黜；邦国无道（政治黑暗），免于刑戮。"就把自己哥哥的女儿嫁给了他。

【说解】

1. 南容，即南宫适，春秋鲁人，孟僖子之子，孟懿子之兄，因居南宫，因以为氏，字子容，简称南容。

2. 有道之世，能为明君所用；无道之时，能自保其身，修于人伦。此可妻之人也。

3. 君子内求于己，自得自修，人伦为尚。外求得治，修己安人，外王是尚。

4. 君子是内在充实而具有光辉的人格；南容如此，公冶长亦如此。

3 子谓子贱："君子哉若人！鲁无君子者，斯焉取斯？"

【翻译】

孔子论起子贱，说："君子啊！这个人！鲁国没有君子，他从何取得这样的教化成就？"

【说解】

1. 子贱，姓宓，名不齐，孔子弟子，有德有才，以君子之道，治事教化，颇得贤名。

2. 依《吕氏春秋·察贤篇》："宓子贱治单父，弹鸣琴，身不下堂而单父治。巫马期以星出，以星入，日夜不居，以身亲之，而单父亦治。巫马期问其故于宓子。宓子曰：'我之谓任人，子之谓任力。任力者故劳，任人者故逸。'宓子则君子矣，逸四肢，全耳目，平心气，而百官以治义矣，任其数而已矣。巫马期则不然，弊生事精，劳手足，烦教诏，虽治犹未至也。"

3. 子贱能任贤，从人伦的生长处，教化大行，无为而成。此如"为政以德，譬如北辰，居其所而众星共之”也。

4. 子贱之贤，其为君子而得君子，君子者成人之美、成人之善也。鲁国者，周公之邦也，礼乐教化，君子之邦也。

4 子贡问曰：“赐也何如？”子曰：“女，器也。”曰：“何器也？”曰：“瑚琏也。”

【翻译】

子贡问说：“我端木赐何如？”孔子说：“你啊，可算成器。”子贡问：“什么器物？”孔子说：“宗庙里用以盛黍稷祭物的瑚琏。”

【说解】

1. 子贡善问善学，趁夫子称赞子贱以为此问，盖心向往之也。

2. “瑚琏”者，宗庙祭祀贵重之器，用以承黍稷。夏曰瑚，商曰琏，周则称为簠簋。

3. 说子贡为瑚琏之器，说其可为朝廷重臣，当大任、做大事也。

4. 君子必器之，而后进言其“君子不器”。不器者，不为器所限也。盖成器而不为器所限也，非不成器也。

5 或曰：“雍也！仁而不佞。”子曰：“焉用佞？御人以口给，屡憎于人。不知其仁，焉用佞？”

【翻译】

有人说：“冉雍啊！有仁德却无口才。”孔子说：“哪里须用口才？以巧辩锐利的口才来对付人，屡招人憎厌。我不知冉雍果是仁德，但哪里须用口才？”

【说解】

1. 冉雍，字仲弓，伯牛之子。其父社会阶层虽低，然夫子许其可以南面为君，其才德在时贤之上，由是可知。

2.“仁”所成的是道德人格，是君子永恒之向往，不是既得之成就，故夫子不许之以仁。

3.“佞”是口才巧辩，可以服人之口，不能服人之心，服人之心者，唯德而已。

4. 我华夏重“气之感通”，主“一体之仁”。泰西主“话语的论定”，重“逻辑论辩”。

6 子使漆雕开仕。对曰：“吾斯之未能信。”子说。

【翻译】

孔子要漆雕开出仕做官。漆雕开说：“我自己对出仕做官这事还没信心呢！”孔子听了很是心悦。

【说解】

1. 漆雕开，名启，字子开，或有谓，“启”，古字形体若“吾”，“启斯之未能信”讹作“吾斯之未能信”。古礼，对师长不以“吾”为称，如此为说是有道理的。

2. 出仕做官，不是为了爵禄，而是为了责任。漆雕开想到的是责任，此非一般俗常之人也。

3. 孔子之悦，悦其谦怀，悦其责任，悦其能自省思，悦其不落世俗也。

4. 孔子殁后，儒分为八，有漆雕氏之儒，其学之传，亦可以知之矣！盖有得于圣学也。

7 子曰：“道不行，乘桴浮于海。从我者，其由与！”子路闻之喜。子曰：“由也好勇过我，无所取材。”

【翻译】

孔子说：“大道不行，不如乘着木筏漂游大海，寻找圣境。能跟从我的，大概是仲由吧！”子路（仲由）听了欢喜。孔子说：“仲由倒是比我勇敢，可惜他不懂裁度事理。”

【说解】

1. 此孔子忧道不行，感叹之言也。“乘桴浮于海”，所以寻其圣境也。圣人之心志，千古不磨也。

2. “桴”，竹木所编成的船筏，虽简陋，而可航行于海上。

3. “子路闻之喜”，喜夫子之重任也，喜能永伴夫子、参与理想也。

4. 大海何在，理想何在，在海外乎？非也。理想即在当下之生活世界，即若乘桴浮于海，亦不出此海，子路有所不知也，好勇无所取裁也。

8 孟武伯问：“子路仁乎？”子曰：“不知也。”又问。子曰：“由也，千乘之国，可使治其赋也，不知其仁也。”“求也何如？”子曰：“求也，千室之邑，百乘之家，可使为之宰也，不知其仁也。”“赤也何如？”子曰：“赤也，束带立于朝，可使与宾客言也，不知其仁也。”

【翻译】

孟武伯问：“子路是仁人吗？”孔子说：“不知道。”又问。孔子说：“仲由这人，拥有一千辆兵车的大国，可以让他整治兵赋。至于他是否是仁人，我不知道。”“那么冉求呢？”孔子说：“冉求这人，千户人家的县邑，百辆兵车的大夫之家，可以让他做总管。至于他是否是仁人，我不知道。”“公西赤怎样？”孔子说：“公西赤这人，束着大带，立在朝廷，可以让他与宾客会谈。至于他是否是仁人，我不知道。”

【说解】

1. 仁人，是道德理想之人格，是作为生命永恒之追求，不能作为既成之事实。

2. 子路勇毅果敢，可使治赋。治赋，是治兵赋，整治兵籍，行伍用兵，子路之才，其长若是也。子路是军事人才。

3. 冉求多艺善谋，可使为宰。宰，若今之大总管也，笼而总之，统领其事，冉求之艺，其长若是也。冉求是内政人才。

4. 公西华仪容华雅，可治宾客。治宾客，若今之外交官也，威仪容态，英华韵雅，公西华之表，其长若是也。公西华是外交人才。

5. 三弟子皆有其才略，可堪成器也，当以仁人为终身之理想目标，但不能许之以仁人也。

9 子谓子贡曰："女与回也，孰愈?"对曰："赐也何敢望回？回也闻一以知十，赐也闻一以知二。"子曰："弗如也；吾与女，弗如也。"

【翻译】

孔子问子贡，说："你和颜回，谁来得好些?"子贡答道："我阿赐岂敢高望颜回？颜回'闻一可以知十'，阿赐'闻一可以知二'。"孔子说："你的确比不上啊；我赞成你，你是比不上他。"

【说解】

1. 每读及此章，总有莫名之感动，孔子、子贡，师生之间，何等明白通达，何等宽广平易。即此，就是真性情、真教育。

2. "闻一以知十"，这是全体性的思考，根源性的思考，由部分而见全体也，即用显体也。这是跨过话语，而直接生命，是存在的真实相遇。

3. "闻一以知二"，这是对比性的思考，由此端而见其彼端也，这是就话语之所论，而对比两端，以成其事也。这重在事理的经验判断与论理的逻辑辨析。

4. 颜回即用显体，契于道妙；子贡即事言理，明于事理。

10 宰予昼寝。子曰："朽木不可雕也，粪土之墙不可杇也。于予与何诛?"子曰："始吾于人也，听其言而信其行；今吾于人也，听其言而观其行。于予与改是。"

【翻译】

宰予白昼睡觉。孔子说："腐朽的木头无法再雕琢，粪土做成的墙无法再粉饰。对于宰予这样的人，又有什么好责罪他的呢？"孔子说："以前我对于人，听他的话语就相信他的行为；如今我对于人，听他的话还要观察他的行为。正因宰予，改变了我过去的态度。"

【说解】

1. 宰予何以昼寝，此章当有特殊之因缘也。或前一日夫子与宰予论辩三年之丧，夫子谓予之不仁，宰予难过到睡不着，第二日上课，终熬不过瞌睡，又为夫子所詈骂。

2. 有如是之詈骂，方有宰予未来之成就。盖真詈骂者，有真性情，有真性情者，有真学问。儒门当以此为鉴镜。

3. 宰予，字子我，与子贡同为孔门言语科杰出弟子。子贡善在对比，而宰予则重在对抗。对比多增长，对抗难免戾气。

4. 对辩至极处，一句"于汝安乎""汝安则为之"，戛然而止，知止而有定矣！夫子之教如此，宰予之学亦自如此。

11 子曰："吾未见刚者。"或对曰："申枨。"子曰："枨也欲，焉得刚？"

【翻译】

孔子说："我未曾见过刚正之人。"有人回答说："申枨。"孔子说："申枨多贪欲，怎可说是刚正？"

【说解】

1. 刚者必正，唯正方刚，唯直方刚。孟子说"其为气也，至大至刚，以直养而无害"，孔子也说"人之生也直"，所说即此。

2. "直"是回到生命之根源处，回到生命根源便是通天接地，便得与天地参。

3. "正"是知止而一，一者，一于道也。知其当止于至善也，知其当志于道也，生命之刚，自觉而来，自然而成，自在而得。

4. 申枨多贪欲，一有贪欲，便见俗态。俗者，顾其势，而顺此势也；略于道，而轻其道也，自也就不是刚正之人了。

12 子贡曰："我不欲人之加诸我也，吾亦欲无加诸人。"子曰："赐也，非尔所及也。"

【翻译】

子贡说："我不想要别人强加于我，我也想不要自己强加于人。"孔子说："赐啊，这不是你所能做到的。"

【说解】

1. 夫子之言，直入其中，剔透明达，子贡当俯首矣！

2. 子贡所说即是恕道，"恕"者，如心之谓也。子贡好方人，他既好批评人，便失了恕道，故夫子教化之。

3. "夫子之道，忠恕而已矣！"曾子所知，子贡之所不及。本来夫子曾想传子贡以接班，但其不解"一以贯之"之道，反陷于"多闻而识"之论，其博而无统亦可以知之矣！

4. 此章所言即"己所不欲，勿施于人"，此不同于"己所欲，施于人"。前者为王道文化，后者为霸权文化。

13 子贡曰："夫子之文章，可得而闻也；夫子之言性与天道，不可得而闻也。"

【翻译】

子贡说："夫子讲的《诗》《书》礼乐典章制度，我们听得到也懂得；夫子讲的性命天道，我们听得到却不易懂得。"

【说解】

1. "文章"者，文是文理、文路，可说是典籍教养；章者从音从十，可说是礼乐典章。文章是彰显于外者，是可见可知的，故可得而闻。

2. 或以为夫子不言性命天道，非也。夫子尝言之，其赞《周易》，即是。唯其奥蕴，非一般所知，故不可得而闻。

3. “可得而闻”，闻之而可得也。“不可得而闻”，闻之而不可得也。对比清楚，明白，透彻。

4. 性命天道，非话语中事，乃生命存在之实存、实践也，唯格物致知，到了极处，方有豁然贯通之乐也。

14 子路有闻，未之能行，唯恐有闻。

【翻译】

子路有所闻，还未能行，只恐怕又有所闻。

【说解】

1. 子路勇于实践，不宿诺，众人所知。此章同见此意。

2. “闻”者，闻道也，闻人生当行之道也。即知即行，知行不二。

3. 阳明致良知之说，亦见实践之动能。“知是行之始，行是知之成。”“知而不行，只是未知。”短短数语，可见仁者必有勇也。

4. 着一“恐”字，便见其精进义、戒慎义，难能之至。

15 子贡问曰：“孔文子何以谓之‘文’也?”子曰：“敏而好学，不耻下问，是以谓之‘文’也。”

【翻译】

子贡问说：“孔文子何以谥号为‘文’?”孔子说：“他才质聪敏而爱好学习，不以向下属请教为耻，因此谥号为‘文’。”

【说解】

1. 孔文子，卫国大夫，名圉，有好学之行。“文”者，勤学好问也。

2. 人有几分才质，往往恃敏而骄，能好学，亦可见其教养。

3. 人有一些地位，往往贡高我慢，能不耻下问，亦可见其文化。

4. 人能知“文”，正所谓知得天地之造化的起点，这是一切文明之起动处。

16 子谓子产：“有君子之道四焉：其行己也恭，其事上也敬，其养民也惠，其使民也义。”

【翻译】

孔子谈论起子产，说：“他具有四样君子之道：他自己行事能谦恭，事奉君上能诚敬，教养民众有恩惠，役使百姓合公义。”

【说解】

1.“谓”，谈论起或评价。子产，郑国大夫公孙侨，字子产。

2.“恭”是谦恭，这里重在自己之行事，从内至外，谦恭有节。“敬”是诚敬，这里重在事奉君上，诚于中，形于外，并能以敬治事。

3.“惠”指的是爱心、恩泽。“义”指的是正义奉公。

4. 总的说，是“修己以安人、修己以安百姓”的内圣外王之道。这是儒家最高的管理原则。

17 子曰：“晏平仲善与人交，久而敬之。”

【翻译】

孔子说：“晏婴善于与人交往，时日愈久而人们愈尊敬他。”

【说解】

1. 晏婴，字平仲，齐国大夫。

2. 语云：路遥知马力，日久见人心。“久而敬之”，一语说尽无余。

3. 与人相交，有礼有敬，礼有仁、敬能亲，能长久，就得了天地之量。

4. 人物人物，有的久了，只剩个“物”；若见得真实，便能回得“人”。

18 子曰：“臧文仲居蔡，山节藻棁，何如其知也？”

【翻译】

孔子说：“臧文仲居藏神龟，将山形雕在柱头斗拱上，将水藻绘在梁间短柱上，怎可以说他是有智慧呢？”

【说解】

1. 臧文仲，鲁国大夫，姓臧孙，名辰。时人以为他是智者，孔子非之。

2. “居”，藏也。“蔡”，大龟也。“居蔡”，藏着大龟也。大龟者，神器也，当藏于宗庙，岂可藏于大夫之家。其无礼之甚，无智之甚也。

3. “节”，柱头斗拱；“棁”，梁间短柱。以山形、水藻雕绘其上，这是天子之庙饰。

4. 臧文仲以天子庙饰，藏有神龟，无礼无智之甚。人言之智，实为巧智，是工具性的功利之智，非生命性情根源之智。

19 子张问曰：“令尹子文三仕为令尹，无喜色；三已之，无愠色。旧令尹之政，必以告新令尹。何如？”子曰：“忠矣。”曰：“仁矣乎？”曰：“未知，焉得仁？”

“崔子弑齐君，陈文子有马十乘，弃而违之。至于他邦，则曰：‘犹吾大夫崔子也。’违之。之一邦，则又曰：‘犹吾大夫崔子也。’违之。何如？”子曰：“清矣。”曰：“仁矣乎？”曰：“未知，焉得仁？”

【翻译】

子张问说：“楚国的令尹子文三次出仕令尹一职，并无喜悦之色；三次被罢官免职，也无愠怒之色。他自己当令尹时的情形，一定告诉新来接替令尹职位的人。这人怎样？”孔子说：“可算是尽忠职守之人。”子张问：“是仁德之人吗？”孔子说：“不知道，如何说得上是仁德之人呢？”

又问：“崔杼弑杀齐庄公，陈文子抛弃了自家十乘车马，离开了齐国。到了他国，又说：‘犹如我们的大夫崔杼。’于是他又离开了这国度。又到了另一国，则又说：‘犹如我们的大夫崔杼。’于是他又离开了那国度。那么，这人何如？”孔子说：“可算是清高之人。”子张问：“是仁德之人吗？”孔子说：“不知道，如何说得上是仁德之人呢？”

【说解】

1. 令尹，楚国之行政长官，犹今之首相也。

2. “忠”谓“忠于职守”，此是一“责任伦理”概念。西人有谓中国只有“意图伦理”，无责任伦理，此说差谬。

3. 后世帝皇专制，“忠”逐渐异化为主奴性之忠，此与原先之责任伦理大大不同。如此之“主奴之忠”落为一摇尾乞怜的忠。

4. 原始儒家的忠是“忠于职守”之“忠”，这是“忠于其事，忠于其人”之忠。忠于职守，忠于内在本心，此是“责任之忠”；“主奴之忠”往往只是愚忠，不能有恰如其分的忠。

20 季文子三思而后行。子闻之，曰：“再，斯可矣。”

【翻译】

季文子思虑谨慎，往往再三考虑才展开行动。孔子听了，说：“两次，就行了。”

【说解】

1. 季文子，季孙行父，鲁国大夫，行事谨慎，有过甚者，孔子议之。

2. 一思在确认，二思在验察，三思则纷扰。于事、于人、于己，既当确认，又当验察，此一而再者也。不必三，三则纷纷难断矣！

3. 又，一而再再而三的“三思”，一堕利害，便减杀爱之动能，如捐款，本欲捐一万，多想了竟只捐一千。

4. 一思确认，重在直觉；再思验察，重在反思。

21 子曰："甯武子，邦有道，则知；邦无道，则愚。其知可及也，其愚不可及也。"

【翻译】

孔子说："甯武子这个人，邦国有道、政治清明时，就显露其聪明才智；而邦国无道、政治昏暗时，他就愚诚地努力。他的聪明才智，是可及的，他的愚诚却是学不来的。"

【说解】

1. 甯武子，卫国大夫，名俞，谥号为武，史称甯武子。

2. "邦"是诸侯之邦。"智"与"愚"是对比的，大智若愚。

3. 如朱子所注"武子仕卫，当文公、成公之时。文公有道，而武子无事可见，此其知之可及也。成公无道，至于失国，而武子周旋其间，尽心竭力，不避艰险。凡其所处，皆智巧之士所深避而不肯为者，而能卒保其身以济其君，此其愚之不可及也"。

4. "愚"本非愚，实乃玄默大智也。无玄默大智者，何足以周旋于危亡，而卒成其业也。

22 子在陈，曰："归与！归与！吾党之小子狂简，斐然成章，不知所以裁之！"

【翻译】

孔子在陈国，说："回家去吧！回家去吧！我乡邻故里的弟子们志向远大行事粗简，他们道德文章已斐然有成，却不知何以裁度！"

【说解】

1. 夫子周流四方，其道不行，思归之叹也。"归与"之叹，当在晚年。

2. "狂"者进取，其志向远大也。"简"者粗略，其阅历犹有未足也。

3. 牟师宗三尝言，年少比才气，中年比功力，晚年比境界。此与“兴于诗、立于礼、成于乐”，可同参。年少之才气，亟待师长裁成也。

4. 或“小子”，或“二三子”，皆夫子所唤众弟子也。

23 子曰：“伯夷、叔齐，不念旧恶，怨是用希。”

【翻译】

孔子说：“伯夷、叔齐，不念旧恶，怨恨因此也就稀少。”

【说解】

1. 伯夷、叔齐，孤竹君之二子。孟子以其“不立于恶人之朝，不与恶人言。……与乡人立，其冠不正，望望然去之，若将浼焉”。其清介可知。

2. 如此清介，非分别相，非计较相，而是生命之风范。就此风范，能胸怀宽广，能使顽夫廉，懦夫有立志。

3. 清介如此，其义不食周粟，宁饿死首阳山，后有赞之者，为联曰：“一根穷骨头支撑天地，两个饿肚皮包罗古今。”

4.《史记》将《伯夷列传》冠于列传首，正显示此“圣之清者也”之道德人格典型，真所谓支撑天地也。天地支撑，非由大众民粹也，实乃少数之豪杰圣贤也。“不念旧恶”，求仁得仁，无怨无悔，所以为圣贤豪杰也。

24 子曰：“孰谓微生高直？或乞醯焉，乞诸其邻而与之。”

【翻译】

孔子说：“谁说微生高正直？有人向他讨点醋，他竟从邻人那里讨来给人。”

【说解】

1. 微生高，微生其姓，高乃其名。素有直名，夫子以其日常之事，一眼洞穿其为不直。

2. “直”，正直，如何直？回到自家生命本源、不扭曲性情，是为直。

3. “乞醯”，讨醋也，此是小事，有则有，无则无，竟去邻家讨来，充当自己家的，如此不直，可知也已！

4. 直不直，是自家之性情，是自家对得起自家之生命之源，是天地可鉴的，不必狃于世习，要世俗人称赞。要人称赞，便难以为直。

25 **子曰：“巧言、令色、足恭，左丘明耻之，丘亦耻之；匿怨而友其人，左丘明耻之，丘亦耻之。”**

【翻译】

孔子说：“花巧的言语、谄媚的脸色、过分的恭敬，左丘明引以为耻，我孔丘也引以为耻；藏匿怨恨，却交好这人，左丘明引以为耻，我孔丘也引以为耻。”

【说解】

1. 左丘明，古之贤者，左丘其姓，明乃其名，据说是《春秋左氏传》的作者。

2. “巧言”者，不实。“令色”者，不真。“足恭”者，无信。皆乃不仁之人也。夫子以“左丘明耻之，丘亦耻之”为论。此可见我华夏之重人格风范也，重生命性情也。

3. “匿怨”者，无诚也。匿怨而竟友其人，实乃巧诈也。夫子耻之。

4. 说到底，“人之生也直”，“直”是入于生命之根源，如其生命根源而生长也。

26 **颜渊、季路侍。子曰：“盍各言尔志？”子路曰：“愿车马衣轻裘，与朋友共，敝之而无憾。”颜渊曰：“愿无伐善，无施劳。”子路曰：“愿闻子之志。”子曰：**

“老者安之，朋友信之，少者怀之。”

【翻译】

颜回、子路侍立于旁。孔子说：“何不各自谈谈自家志向?”子路说：“愿将车、马、衣物还有轻裘，与朋友共同享用，用坏了亦了无遗憾。”颜回说：“愿不矜夸善行，不显耀功劳。”子路说：“愿听听夫子志向。”孔子说：“愿老人得到赡养，朋友信实相交，少年得到关怀。”

【说解】

1. 观此章，师弟三人，生命境界，清楚明白，各得其所。真乃“乾道变化，各正性命”也。

2. 子路年长，又属狂者，性急而进取，故尔先答。颜回次之，其为狷者，有所不为，故尔后答。夫子从容中道，圣之时者也，总结谈话，其风范可知。

3. “老者安之，朋友信之，少者怀之”，三句可见《礼记·礼运》大同篇之意，“大道之行也，天下为公”。

4. 孔子心中理想，要建立一“天下为公”的大同世界，赞《易》、修《春秋》，其旨咸在于此也。由此三句，亦了然明白矣！

27 子曰：“已矣乎！吾未见能见其过，而自讼者也。”

【翻译】

孔子说：“算了吧！我未曾见到能发现自家过错，而自己深切责罪的人。”

【说解】

1. 人习于往外看，此世俗之习也。须知：无镜不能自照，以人为镜、以史为镜，方得照显。若能自照，实有一内明之镜也。此难之又难矣！

2. “已矣乎！”算了吧！此发自内在最深沉而真实的感叹，此可见人性之难也。

3. 顺而讼之，如此讼人，伤人伤己。“自讼”者，逆而觉之，反身以讼也，如此自讼，成己成物。

4. 这种内明的省察工夫，即是“慎独”工夫，即是“诚意”工夫，即是圣贤工夫。

28 子曰：“十室之邑，必有忠信如丘者焉，不如丘之好学也。”

【翻译】

孔子说：“十户人家的小村落，必有与我孔丘一样忠诚信实的人，只没有如我孔丘好学罢了。”

【说解】

1. 忠信，人性分之所具，本之于天，无分贵贱。推之，人皆可以为尧舜。

2. 难的是习气，以气成习，因习成性。“居移气、养移体”，居之以仁，养之以德，习之既久，本性天成。

3. “学”是习，是觉，由习而觉，习以立乎礼，觉而显诸仁。礼是规范，仁是感动。礼可确立，仁可生长。

4. “忠信”是人生命中的太阳，“学”是点燃此生命中的太阳，照亮自己，照亮他人，照亮天地。语云：“天不生仲尼，万古如长夜。”

癸巳（2013）五月二十日成稿于台北象山居

雍也第六：南面居敬、文质彬彬

1 子曰："雍也！可使南面。"仲弓问子桑伯子。子曰："可也简。"仲弓曰："居敬而行简，以临其民，不亦可乎？居简而行简，无乃大简乎？"子曰："雍之言然。"

【翻译】

孔子说："冉雍啊！可让他南面为君。"仲弓问起子桑伯子。孔子说："可以的，就是简约了些。"仲弓说："心存敬意，行事简约，以此接临人民，不也可以吗？心存简约，行事又太简略，那不就太简约了吗？"孔子说："冉雍啊，你说的是。"

【说解】

1. 冉雍，字仲弓，冉伯牛之子，原籍寒微，夫子称其可使南面，此正可见"人皆可以为尧舜"之理想义。

2. "简"，可以是简约、简略、简脱、简单，心中有敬意，就有当下之契入，就有归本之溯源，就不会落入简单、简略、简脱。

3. 子桑伯子，鲁人，时之贤者。仲弓之问，对比分明，此正是居敬行简义。

4. "雍也！可使南面"，这话今日听之，简易明白，于二千五百多年前，有此一语，真是石破天惊。

2 哀公问："弟子孰为好学？"孔子对曰："有颜回者好学，不迁怒，不贰过。不幸短命死矣。今也则亡，未闻好学者也。"

【翻译】

鲁哀公问："弟子中，谁是好学的？"孔子答说："有位叫颜回的很好学，他不将怒气牵连他人，不再次犯同样过错。不幸短命死了。如今啊！就没这样的了，不再听说有好学的了。"

【说解】

1."学"是觉，是生命根源的觉醒，能有此觉，当下起念，当念即化，这才是"好学"。

2."不迁怒"，以其能"知止"也。"知止而后有定，定而后能静，静而后能安。""止"是回到当下，回到自身。"定"是不为所迁。"静"是不为所扰。能止，定静随之，平安易持。

3. 学不只是学知识、学问，而是做人。即如"知识"，"识"为了别，"知"为定止，对外在事物，有所了别，摄于其心，有其定止，此是知识，此亦是德行工夫。如此工夫，行之既久，自可"不贰过"也。

4. 颜回为"复圣"，"复，其见天地之心乎"，能不迁怒、不贰过，生命当下契入、当下定止，却也当下实践，即寂即感。

3 子华使于齐，冉子为其母请粟。子曰："与之釜。"请益。曰："与之庾。"冉子与之粟五秉。子曰："赤之适齐也，乘肥马，衣轻裘。吾闻之也，君子周急不继富。"原思为之宰，与之粟九百，辞。子曰："毋！以与尔邻里乡党乎！"

【翻译】

子华（公西赤）出使齐国，冉有为他母亲请领粟米。孔子说："给一釜。"（一釜为六斗四升。）冉有请求增加。孔子说："给一庾。"（一庾为十六斗。）冉有却给了五秉。（五秉为八十斛，十斗为一斛。）孔子说："公西赤此去齐国，乘坐肥壮的马，穿着华贵的轻裘。如我听闻，君子当救助急难而不应济助已富之人。"原思给孔子当管家，孔子给他粟米九百斗，他辞而不受。孔子说："不可推却！多了可以给你的邻里乡亲啊！"

【说解】

1. 取予之间，俱是智慧，原思仁厚恭谨，冉求锦上添花。两人情性不同，夫子各有所裁成。

2. 生命真切者，可以赒急；其为世俗者，多为继富。人言：锦上添花者多，雪中送炭者少。

3. 冉求急于功名，是科技型、技术型的官僚，实际性的脑袋，却无中正之价值取向，他做季氏宰，夫子要学生们"鸣鼓而攻之"，如此可见一斑。

4. 原思，字子宪，夫子为鲁司寇时，以原思为宰。夫子点拨，当取须取，可予则予，取予之间，清楚明白。

4 子谓仲弓，曰："犁牛之子骍且角，虽欲勿用，山川其舍诸？"

【翻译】

孔子谈起仲弓，说："他的父亲像是毛色花杂的犁牛，生下的小牛却毛色赤红，犄角端正，人不用它祭祀，山川之神岂肯舍弃它呢？"

【说解】

1. 朱子说"仲弓父贱而行恶"，言之过矣！仲弓之父伯牛同列德行科有成之弟子。此应说其层级微贱，而工作粗重，不是说其道德行为上有何缺失。

2. 犁牛毛色花杂，喻其微贱也。"骍且角"，毛色赤红，犄角端正，以喻其禀性之高贵也。种族、贵贱，皆不可定命的看。人性之根源是通透而明白的，众生平等。

3. 人没有天生的种族贵贱之别，孔子点出君子之为君子，当向神圣理想负责。孔子发现足以南面的仲弓，竟然来自最低阶级的家庭，因此，我们不能从一个人的出生家庭来判断其将来的成就。

4. 孔子比西方早有“平等”“世界大同”的观念，因为华人提出“仁”的观念时，比希腊提出“公民”还要早，而且西方的公民观念，仍有阶级意识在，公民不包括奴隶，而孔子终其一生都没有提及奴隶的概念。清代当官者，自称“奴才”，国家用奴才，难怪要亡国。

5 子曰：“回也，其心三月不违仁；其余则日月至焉而已矣。”

【翻译】

孔子说：“颜回啊，他的心思，可以三月不离仁义；其余学生，也就某日某月偶一达到罢了。”

【说解】

1.“违”，离也。“日月”，有二说，一是昼夜，二是顶多一个月。实践靠持续，否则难成为你自己的。

2. 心思之、身行之，体之于心、验之于行、上通于道，这样一来，身心灵也就如如自在了。

3. 颜回是果真有“修行”的人，修者，恒久持之，力之行之。

4.“仁，人之安宅也。义，人之正路也。”仁为居所，义为行路，果真行此，则居处必安，行事必顺，颜回所乐在此也。

6 季康子问：“仲由可使从政也与？”子曰：“由也果，于从政乎何有？”曰：“赐也可使从政也与？”曰：“赐也达，于从政乎何有？”曰：“求也可使从政也与？”曰：“求也艺，于从政乎何有？”

【翻译】

季康子问："仲由（子路）可使之从政吗？"孔子说："仲由果敢决断，其于从政，何难之有？"又问："端木赐（子贡）可使之从政吗？"答："端木赐通情达理，其于从政，何难之有？"又问："冉求可使之从政吗？"答："冉求多才多艺，其于从政，何难之有？"

【说解】

1."果"是"果敢决断"，"达"是"通情达理"，"艺"是多才多艺，此三者皆乃从政之资。各于其资，各有成就也。

2. 从政的三条件，"果"居先，"达"次之，"艺"则在末。果者，入于其理，抓住要处。达者，通识全局，曲成其事。艺者，多才多艺，政多琐细，此又次之。

3. 政治须意志的决断，须通达的智慧，也须能曲成其事。总的说来，政者，正也，能契入根源的正直还是最重要的。

4. 儒学是讲实践的，是在历史社会总体中实践的；儒学虽亦讲心性修养，但心性修养为的是力行实践，并不是心灵境界而已。内圣与外王是交与为一体的。

7 季氏使闵子骞为费宰。闵子骞曰："善为我辞焉！如有复我者，则吾必在汶上矣。"

【翻译】

季孙氏有意要闵子骞去做费城（季氏领地）的总管。闵子骞说："好好为我辞谢这事吧！要是他又派人来找我，那我一定是逃到汶水北岸了。"

【说解】

1. 闵子骞，孔门德行科著名弟子，名损。费，季孙氏之封邑领地。"宰"者，冢宰，相当于今之总裁、总管。

2. 闵子骞列为德行科，仅次于颜回，孝名闻于天下。德行科不同于政事科，德行科重在求自我生命之完善，政事科重在外在功利之实现。

3. 此章与“求也为季氏宰”一章可合看，便见闵子与冉求气象之异。此亦可见夫子门下之盛，真乃济济多士也。

4. “善为我辞焉”，着一“善”字便见闵子骞之气象，温润如玉也。

8 伯牛有疾，子问之，自牖执其手，曰：“亡之，命矣夫！斯人也有斯疾也！斯人也有斯疾也！”

【翻译】

伯牛得了重病，夫子前去探问他，从窗口伸手进去握着他的手，说：“就这样走了，这可是命啊！这样的好人竟害了这样的病啊！这样的好人竟害了这样的病啊！”

【说解】

1. “疾”者，重疾、重病。可能是有传染性的疾病，故移置于南窗之下。

2. “亡之，命矣夫”，就这样走了，这可是命啊！亦有另作解者：这没道理啊，这可真是命运捉弄！

3. 冉耕，字伯牛，亦是孔门四科中德行科之著名弟子。“斯人也，而有斯疾也”，可见德福之不一致也，夫子慨叹之。

4. “命运”只能认它，而放下它；“德行”则是认它，而要挑起它。命运归给天命，这是知其无可奈何而安之。德行归给天命，“天命之谓性，率性之谓道，修道之谓教”，这是参赞天地化育，这是化成天下。

9 子曰：“贤哉！回也！一箪食，一瓢饮，在陋巷，人不堪其忧，回也不改其乐。贤哉！回也！”

【翻译】

孔子说：“贤德啊！颜回呀！食一筐饭，饮一瓢水，居在陋巷，人受不了这样的忧苦，颜回却不改其乐。贤德啊！颜回呀！”

【说解】

1. 颜回，孔门德行科大弟子，字子渊，世以颜渊为称。“回”乃水之漩涡处，深水处。其为渊也，故以为字。古来名、字相为表里。

2. “一箪食，一瓢饮，在陋巷，人不堪其忧，回也不改其乐”，就物质面来说，身体是健康的，就精神面来说是充实而有光辉的。

3. 颜回能安贫，但不是愿意只做贫贱者，而是虽贫而犹安也，其志向是昂扬的。孟子说“禹、稷、颜子易地则皆然”，真乃的论也。

4. 安贫，虽贫犹安也。何以安，以其乐道，故能安也，安之若素也。《中庸》有言“君子素其位而行，不愿乎其外。素富贵，行乎富贵；素贫贱，行乎贫贱；素夷狄，行乎夷狄；素患难，行乎患难。君子无入而不自得焉”。

10 冉求曰：“非不说子之道，力不足也。”子曰：“力不足者，中道而废。今女画。”

【翻译】

冉求说：“不是我不喜欢夫子之道，而是我气力不足呀。”孔子说：“气力不足，是路行了一半，接不上才中断。现在呢？是你画地自限！”

【说解】

1. “说”，此作“悦”解。夫子告之以常理，力若不足，中道而废，盖人易自欺，有权有利，于斯犹甚。孔子责其“画地自限”。

2. 冉求为季氏家臣，极有才干，但价值之定向不清。他是技术型官僚，是带有工具性意义的“具臣”，而不是能旷观全局、契入根源的“大臣”。

3. 子路果决坚毅，果行所以育德也。冉求多艺纤巧，此所以纷纷然而多心思，多心思，则分别计较，陷于功利之途矣。

4. 行果所以长其气力也，繁细所以消弭志气也。志气志气，没了志，也就没气，没气也就没力。此所以画地自限也。

11 子谓子夏曰："女为君子儒，无为小人儒。"

【翻译】

孔子告诉子夏："你当做君子之儒，不可做小人之儒。"

【说解】

1.《说文》"儒者，柔也。术士之称"。儒，从人，需声。又古来形声多兼会意，需，从雨从而，遇雨以止，此润泽而化之意。柔，有糅杂、错杂之义，亦有檃括之义，檃括所以使木弯曲也。儒主教化，惇序人伦，可说是以教育为业者。

2. 子夏，姓卜名商，孔门四科，与子游同列文学科高第，曾为魏文侯师，其才干可知。然子游、子夏，气象不同，子夏多为近功之思，子游则多高远之想。

3. 夫子《礼运》大同篇，"大道之行也，天下为公"，何等气象，其伴问而宣者，子游也。相对于子夏，夫子谆谆诰勉，良有以也。子夏门人有吴起、李克，皆乃战国前期之法家人物，子夏之学，亦由斯可见矣！

4. 君子重在普遍之理想，重在总体之根源；小人则局限于私己之利害，重在末节之争执。

12 子游为武城宰。子曰："女得人焉尔乎？"曰："有澹台灭明者，行不由径，非公事，未尝至于偃之室也。"

【翻译】

子游做了武城总管。孔子说："你在那里得到了什么人才呢？"子游说："有个叫澹台灭明的，行路不偏走小路，要不是公事，从不到我言偃的居所来。"

【说解】

1. 澹台灭明，澹台其姓，灭明其名，字子羽，因子游，后亦为孔子学生。

2.“行不由径”，谓行路不偏走小路。周代是井田，部落方正，依之而行，自然方正。径者，斜曲之小路也。行不由径，斯为中正也。

3. 政者，正也，得其正人，斯有正治矣！有正人、正治，天下得其为公也，此大道之所以行也。夫子“大道之行也，天下为公”，《礼运》大同篇之论，子游事之于旁，良有以也。

4.《尚书》有云：“无偏无党，王道荡荡；无党无偏，王道平平；无反无侧，王道正直。会其有极，归其有极。”其精神气脉，通而为一。

13 子曰：“孟之反不伐。奔而殿，将入门，策其马，曰：‘非敢后也，马不进也。’”

【翻译】

孔子说：“孟之反不夸自己的功劳。兵败撤奔，他拒敌殿后，将入城门，他鞭策坐骑，说：‘不是我敢殿后，而是马不肯快进。’”

【说解】

1. 孟之反，春秋鲁大夫，名侧。哀公十一年，齐、鲁战，鲁败奔北，孟之反殿后拒敌，甚为英勇，不夸功劳，真乃让德之贤也。

2.“伐”，张扬功劳。“奔”，狂走。“殿”，最后。“策”，鞭策，催马而行也。

3.“非敢后也，马不进也”，何等通达，何等明白，又何等温润，其意蕴何其悠长也。

4. 能让，便有余地，有余地而后有余情，有余情而后有余心，有余心而后有余力。有余，便有天地，有天地，便见天地生物气象。

癸巳（2013）之夏六月十九日晨二时三刻于花莲元亨居

14 子曰：“不有祝鮀之佞，而有宋朝之美，难乎免

于今之世矣。”

【翻译】

孔子说：“倘若没有大祭司祝鮀的口才，也要有美男子宋朝的容貌，要不然，就很难免于当今世道之祸了。”

【说解】

1.“祝鮀之佞，宋朝之美”以为对比，没有其二，也要有其一，谓当时世人好谀悦色。

2.《论语·学而》“巧言令色鲜矣仁”一章可与此相参。

3. 巧言令色，专制时代，是做给君上看的；民主时代，哗众取宠，对象虽异，本质却是相同的。

4. 人能免于巧言令色，能免于好谀悦色，契于道理，此豪杰君子也。

15 子曰：“谁能出不由户？何莫由斯道也？”

【翻译】

孔子说：“谁能外出不经由门户？何不依着大道行去呢？”

【说解】

1. 双片为门，单扇为户。门户，人之所必由。这是说人实践的必然途径。

2. 人之所行，必经门户，就像人间伦常，必经由礼门义路。

3. 人皆知出必由户，却未必尽知行必由道。很多人出怪招，走捷径。

4. 居有宅，宅有户，宅心仁厚，礼门义路，何事不与也。

16 子曰：“质胜文则野，文胜质则史。文质彬彬，然后君子。”

【翻译】

孔子说："质朴胜过文采，就像粗鄙的野人；文采多过质朴，就像好华彩的文书小吏。质朴和文采调和匀称，如此才算是君子。"

【说解】

1. "质"说的是内里，"文"讲的是外表，表里匀称，调和得当，方为君子。

2. "质"要返归自然无为，"文"则依此而有礼文教化；"质"要范围天地，"文"要曲成万物，如此方可也。

3. 此可合观《颜渊篇》所说："棘子成曰：'君子质而已矣，何以文为？'子贡曰：'惜乎！夫子之说君子也，驷不及舌。文犹质也，质犹文也。虎豹之鞟犹犬羊之鞟。'"君子文质彬彬，方可化民成俗也。

4. 夫子欲以"殷质"而救"周文"之弊，而另启一新周文也。旧周文是宗法封建，世袭罔替；新周文是上及于尧舜，大道之行，天下为公。

17 子曰："人之生也直，罔之生也幸而免。"

【翻译】

孔子说："人活着要正直，不正直地活着，只是苟且幸免而已。"

【说解】

1. "十目所视"为"直"，从直从心，谓之为"悳"，此乃"德"字由来。

2. 道德有其公共性、普遍性、根源性，"直"之一字三面皆含，宋明理学常强调心性之根源性，而较忽略公共性。

3. 人活着就要正直，"以直养而无害"，"持其志，勿暴其气"，要"志于道"，要有社会的共同意志，要"以志帅气"。

4. "直"有心性修养义，有社会实践义，有道德神圣义，三者是通而为一的。

5. 人是在生活世界、历史社会总的脉络中活着的。举例来说，你按时缴费，水龙头一开，就有水，先决条件是背后有一个自来水的供给系统。儒家的修养工夫不可能只有一个人在那儿体悟，一定是如同供水系统一样。儒家有三个向度：天道论（宗教）、道统论（文化传统）、心性论（修养工夫），而一切教养当与祭祀活动密切关联，祭祀才能拾回天道论、道统论。

18 子曰："知之者不如好之者，好之者不如乐之者。"

【翻译】

孔子说："认知者不如喜爱者，喜爱者不如陶乐其中者。"

【说解】

1."知之"是头脑认知，"好之"是心灵喜欢，"乐之"是通体舒泰。

2."知之"只在意识之了别，"好之"则在情志之启动，而"乐之"则上契于造化之源也，此志于道，而乐道也。

3."其为人也，发愤忘食，乐以忘忧，不知老之将至"，夫子之乐，其在斯也。

4.今之学者，多在"知之"层次较量，而不知学问自有其可好、可乐者。可好者，美味意韵也。可乐者，陶然忘机也。

白朴于《沉醉东风·渔夫》有云"黄芦岸，白苹渡口；绿杨堤，红蓼滩头。虽无刎颈交，却有忘机友；点秋江白鹭沙鸥。傲杀人间万户侯，不识字烟波钓叟"。此虽未及乐道，乐游而已，但乐游亦可见其忘机也。

19 子曰："中人以上，可以语上也；中人以下，不可以语上也。"

【翻译】

孔子说："资质中等以上者，可以与他讲得高深些；资质中等以下者，不可与他讲得太高深。"

【说解】

1. 孔子虽重义理之性，亦正视气质之性。中人以上，其气明朗；中人以下，其气昏昧。明朗者可上及于道也，故可以语上也。昏昧者，只能随顺礼仪规范，做就对了。

2. “上”者，安邦治国，契于造化之源也。安邦治国，其在《春秋》；契于造化之源，其在《易经》。夫子赞《易》，而修《春秋》，有在于斯者。

3. 或有言，“中人以上”“中人以下”是社会阶层之划分也。社会阶层在上者，可以告知治国大道；社会阶层在下者，不可以语其大也。此说有社会史意义，但不合孔子之义。

4. 孔子开启的平民教育，是“雍也！可使南面”，是“冉雍啊！可让他南面为君”。冉雍是伯牛之子，伯牛是当时的贱民阶层，贱民之子，可南面为君，夫子襟怀，于此可见。

20 樊迟问知。子曰：“务民之义，敬鬼神而远之，可谓知矣。”问仁。曰：“仁者先难而后获，可谓仁矣。”

【翻译】

樊迟向夫子请教如何是智者。孔子说：“致力于人道公义，尊敬鬼神而远离它们，这可说是智者。”又请教如何是仁者。孔子说：“仁者，遇着艰难，争先去做，其后，自有所获，这可说是仁者。”

【说解】

1. “敬鬼神而远之”，非无鬼无神也。儒家之于鬼神信仰，视之为道德人间之事也。荀子所谓“君子以为文，而百姓以为神”也。

2. 鬼神信仰、人间礼文、道德教化，通而为一，今之学者有误以为儒家只是人文，而不事鬼神，此大谬也。巫史信仰、鬼神宗教、道德理性、人间律法，在华夏族群来说，是一存在的连续，不是分别之断裂。

3. “务民之义”，其义在利，众人之利即公义也。《易传》有言“利者，义之和也”，云然。

4. 先行者为难，知难而进也，“先难而后获”也。先知觉后知，先觉觉后觉，此仁者之所为也。

21 子曰："知者乐水，仁者乐山。知者动，仁者静。知者乐，仁者寿。"

【翻译】

孔子说："智者喜爱水，仁者喜爱山。智者健动，仁者宁静。智者悦乐，仁者长寿。"

【说解】

1. 水为流动，源泉滚滚，沛然莫之能御，有着创造的动能；山为静止，庄严稳健，定然而莫之能移，有着恒定的极则。水为智慧之律动，山为性情之依止。

2. 智慧之律动，健而生生，是始条理者；性情之依止，宁静所以致远，是终条理者。

3. 智者之乐，乐其律动生生；仁者之寿，寿在宁静悠长。

4.《孟子·离娄》："徐子曰：'仲尼亟称于水曰："水哉！水哉！"何取于水也？'孟子曰：'源泉混混，不舍昼夜，盈科而后进，放乎四海；有本者如是，是之取尔。苟为无本，七八月之间雨集，沟浍皆盈；其涸也，可立而待也。故声闻过情，君子耻之。'"可参看。

22 子曰："齐一变，至于鲁；鲁一变，至于道。"

【翻译】

孔子说："齐国政治，重在功利，当须有变，变至于鲁；鲁国政治，重在文教，当须有变，至于王道。"

【说解】

1. 齐尚功明利，任贤使之。鲁尚人伦尊亲，文教主之。一偏在养民、治民，一重在教民、化民。如此偏重，强弱有别，然强而篡窃，弱而衰竭。当有所变，变而有所济矣！

2. 依《淮南子·齐俗训》所言：“昔太公望、周公旦受封而相见，太公问周公曰：‘何以治鲁？’周公曰：‘尊尊亲亲。’太公曰：‘鲁从此弱矣。’周公问太公曰：‘何以治齐？’太公曰：‘举贤而尚功。’周公曰：‘后世必有劫杀之君。’”

3. 治国三大端是“足食、足兵、民信之矣”。齐重功好利，得其前两者；鲁重教主化，得其第三者。三者备，可以王天下也。

4. “变”是转化，是创造，是转化之创造，是创造之转化。创造必有所源，转化必有所归，其源其归皆在于道也。

23 子曰：“觚不觚，觚哉？觚哉？”

【翻译】

孔子说：“盛酒的酒觚，没有了棱角，不像个酒觚，怎可叫作酒觚呢？怎可叫作酒觚呢？”

【说解】

1. 借酒觚以为喻，“觚不觚”，说的是时代失去了节度分寸，失去了仪则风范。时当礼坏乐崩，如何重建礼乐，是夫子的核心论题。

2. 觚之无棱角，犹诸侯、大夫之无礼乐，文化之衰颓、人心之堕落，与器物之变迁是相应为一体的。

3. 此可与夫子正名思想同参，盖“名不正则言不顺，言不顺则事不成，事不成则礼乐不兴，礼乐不兴则刑罚不中，刑罚不中则民无所措手足”。

4. 又此用借喻为法，这是一种诗兴的思考，如李泽厚所言“以美启真”，实亦可说“以美启善”也。真善美本然一体，无有分别。

24 宰我问曰：“仁者，虽告之曰：‘井有仁焉。’其从之也？”子曰：“何为其然也？君子可逝也，不可陷也；可欺也，不可罔也。”

【翻译】

宰我问道："仁德之人，有人告诉他，井里掉下去一个仁人，他也跟着下去吗？"孔子说："怎么这样呢？君子可驰而往救，但不可使自己陷溺其中；君子能欺之以方，但不能罔之以理。"

【说解】

1. 仁德之人，不可为愚所蔽，当想办法救人。

2. "逝"，迅急往救，这是真性情。"不可陷"，这是冷静智慧。君子之仁，当有性情，亦当有智慧。

3. 此可参看《孟子·离娄》：淳于髡曰："男女授受不亲，礼与？"孟子曰："礼也。"曰："嫂溺则援之以手乎？"曰："嫂溺不援，是豺狼也。男女授受不亲，礼也。嫂溺援之以手者，权也。"曰："今天下溺矣，夫子之不援，何也？"曰："天下溺，援之以道；嫂溺，援之以手。子欲手援天下乎？"

4. 可以比较一下两者，男女授受不亲，嫂溺援之以手，这是权变。天下无道，不能援之以手，当援之以道。君子可欺不可罔，诚然。

25 子曰："君子博学于文，约之以礼，亦可以弗畔矣夫。"

【翻译】

孔子说："君子广博学习文章典籍，再用礼仪节度来统约行事，也就可以不背离正道了。"

【说解】

1.《荀子·劝学篇》："学恶乎始？恶乎终？曰：其数则始乎诵经，终乎读礼；其义则始乎为士，终乎为圣人。真积力久则入，学至乎没而后止也。"此可同参。

2. 生命要通过文化教养来学习，由博返约，通过礼仪，才能让生命秩序回到正位。

3. 博文是教养，在涵蓄中长成；约礼是实践，在戮力中培育。"博文”是“知”的事，“约礼”是“行”的事。

4.“博学于文”，是由平铺而当走向综摄；“约之以礼”，则由综摄而当走向落实。博者求其通，通而达；约者得其要，要而简。居敬而行简，乃得。

26 子见南子，子路不说。夫子矢之曰：“予所否者，天厌之！天厌之！”

【翻译】

孔子去见南子，子路不悦。孔子指天发誓说：“我所行若不合礼，上天当厌弃我！上天当厌弃我！”

【说解】

1. 南子，卫灵公夫人，有美色，有绮行，人多有议者，夫子见之，引发了争端。我说这是《论语》中有记载的一次学生运动，子路带头，质疑夫子。

2. 南子遣使者来访，夫子当往见，难以推辞。此章可见夫子与弟子关系极为亲近，弟子也很爱护夫子。以其爱护也，故有此疑也。

3.“子路不说”，“不说（悦）”两字，正见其性情也，见其刚烈也，见其真诚也。“夫子矢之”，“矢之”两字，正见其严正也，见其庄重也，恻怛见乎其仁也。

4.“天厌之，天厌之”，真乃对越在天也。其神圣义、道德义、人伦义，俱在其中矣！夫子形容，由斯可见矣！

27 子曰：“中庸之为德也，其至矣乎！民鲜久矣。”

【翻译】

孔子说：“中庸作为德行，那是至高无上的！世人少有这德行，这可好久了。”

【说解】

1.“中”者，本也，体也。“庸”者，常也，用也。“中庸”者，本体常用也。如其本体，发而为用也。承体达用也。只人伦之正，只自然之常，就是中庸。四时行、百物生，就是中庸。夫妇之愚，人伦之贞，就是中庸。

2.《中庸》：“喜、怒、哀、乐之未发，谓之中。发而皆中节，谓之和。中也者，天下之大本也。和也者，天下之达道也。致中和，天地位焉，万物育焉。”“中”为未发，此是入于无分别之本源。“和”是已发，发而中节，此是曲成万物，此是人文化成处。

3.“中”可为“两端之中”，可为“内里核心”，“中”是大本，是宇宙造化根源处，是乾坤万有之基。吾华夏传统，所说之“中”，当回溯造化之源。

4. 佛教亦言中道，非空、非假，即空、即假，这是从“缘起性空”说“真空妙有”，这是落在般若智所说的“中道”，此不能及于造化根源处。佛主“虚无寂静”也，儒主“实有生动”也。

28 子贡曰：“如有博施于民而能济众，何如？可谓仁乎？”子曰：“何事于仁，必也圣乎！尧舜其犹病诸！夫仁者，己欲立而立人，己欲达而达人。能近取譬，可谓仁之方也已。”

【翻译】

子贡说：“如果有人博施恩惠于人民，而且能广济众生，这怎么样？可以称为仁德了吧？”孔子说：“何止是仁德啊，那必定就是圣人！尧舜他们恐怕都难以做到呢！所谓仁德，自已想要确立，也确立了人；自已想要通达，也通达了人。能就近取譬作例，便可说是行仁的方子。”

【说解】

1. 博施济众，正乃夫子之理想也。子贡知之，其志向高远，可嘉也矣。唯夫子告之，当以践履之功实之，如此方可。

2.“己欲立而立人，己欲达而达人”，人己不二，一体之仁，这是从近处的人伦工夫做去。须知：仁者，不在外在事功之大小，而在内在修养之奥蕴。

3.“能近取譬”，这是实践仁的方法，重在切己做工夫。实践不离生活，不离世界，不离当下，不离自身，是之谓“近”。取之以为“譬”，譬之为喻，喻之而明，有了事例，就知该怎么做，这是“即事言理”的老传统。

4. 儒者之学是“为己之学”，不可拿个“博施济众”做幌子。若拿来做幌子，会变成事功利禄之学。但不是不要博施济众，而是要己欲立而立人，己欲达而达人。人人皆有士君子之行，也就天下太平了。

述而第七：述作默识、志道据德

1 子曰："述而不作，信而好古，窃比于我老彭。"

【翻译】

孔子说："传述而不创作，深信而笃好远古理想，私底里自比我那商朝的贤大夫彭咸。"

【说解】

1."述"，传述，非只传述旧闻，而进一步诠释转化，于转化中有所创作也。

2."作者曰圣，述者曰明"，孔子谦怀，说自己"述而不作"，其实是"以述为作"。因以述为作，而为"集大成"者。

3. 通天接地，上契于道，下宣之于人，如此为"圣"。往古来今，继志述事，生生不息，如此为"明"。若孔子者，明而圣，圣而明，圣明之人也。

4."信"，心中有所确立，是为信心。能志于道，如此之信，是为信仰。落实信念，发为行动，斯为信行矣！

5."信而好古"，是经由历史之溯源，而强化内在之信念，坚固信仰，发为信行。老彭，商朝之贤大夫彭咸，着一"老"字，自生境界，盖亲之、敬之也。

6. 华夏文明是经由历史的连续性来强化超越的神圣性。司马迁所说"究天人之际，通古今之变"，实本乎此。真乃大史家、大哲人也，真乃孔子之徒也。

2 子曰："默而识之，学而不厌，诲人不倦，何有于我哉?"

【翻译】

孔子说："浑默而分明，学习而不厌倦，教导别人永不懈怠，于我何难之有?"

【说解】

1."默"者，非言说，超言说，非分别，而无分别。浑默之智，上契于道，所谓默契道妙也。

2."识"为分别，"默"是无分别。识者，了别于物。默者，妙契于道。妙契于道，"范围天地之化而不过"也。了别于物，"曲成万物而不遗"也。"默而识之"，其有深义也。

3."学"者，效也、觉也。学而能觉，温故知新，生生不息。这充满着创生力，何厌之有?

4."诲"者，教之、导之。诲而能传，绳绳继述，永不停歇。这里有着道统的永续经营，何倦之有?

5. 首句重在天道之体认，二句重在教养之学习，三句重在人生之实践。

3 子曰："德之不修，学之不讲，闻义不能徙，不善不能改，是吾忧也。"

【翻译】

孔子说："不修养德行，不讲习学问，听闻正义之理不能迁从，做不好不能改正，这是我所忧心的。"

【说解】

1."德"为本性，"道"为根源，承于道，而著于德也。修是修此德，修德所以志于道，而上契于道也。

2.“学”重在传承，以其传承所以能彰显其“觉”也。学是遥接古道，远追尧舜也。

3.“义”者，宜也，宜于理也。落实人间、社会，合其伦常，如其公义，自当遵从。

4.“善”者，行之于己，修身、齐家，所以治国、平天下也。内修外行，成己成物，而成己为先也。成己所以成物也。

5. 首句可为心性论，上契于道说；二句可为教化论，中接于人说；三句可为实践论，下落于事说；四句可为修养论，总持于己说。

4 子之燕居，申申如也，夭夭如也。

【翻译】

孔子闲居，容貌舒展，神情和悦。

【说解】

1.“申申”，气息通畅。“夭夭”，容色温润。气息通畅，所以容貌舒展也。容色温润，所以神情和悦也。

2. 前一章，讲夫子之忧，这是夫子之志业。此章，则说其燕居，燕居是平常事，是生活事。志业当有其坚毅，而生活贵在从容。

3. 从容而悠游，悠游而放松，放松但却不放纵。放松是道法自然，放纵则为欲力所牵引。前者自然而自由，后者反为欲望束缚，百般不自由。

4. 伟大的志业，须有宽大的襟怀，须用从容的心态，步步行去，生生不息，绵绵若存，用之不竭。

5 子曰：“甚矣！吾衰也。久矣！吾不复梦见周公。”

【翻译】

孔子说：“太严重啦！我衰老了。好久啰！我不再梦见周公了。”

【说解】

1.“甚矣！”“久矣！”提到前面说，这倒装句是强调用法。前句讲衰老之甚，感人生之行休也。后句讲志业之未酬，盛世之不再也。

2. 周公，武王之弟，成王之叔，制礼作乐，政教风行，为周朝奠立不拔之基。

3. 梦为念想、想望、希望、志向，日有所思，夜有所梦。梦是心灵之寄托，是永恒之理想。周公所行是现实，而孔子之梦，是即于此现实，而上提至一理想上说。

4. 周公所成者“宗法”“封建”“井田”，孔子即此宗法之人伦，而开启“仁义”；即此封建之小康，而上溯尧舜之理想；即此井田之均平，而转为王道之大同。

5. 现实功业，孔子不若周公，其于理想道业，夫子贤于尧舜远矣！

6 子曰：“志于道，据于德，依于仁，游于艺。”

【翻译】

孔子说：“立志向道，据守德行，依持仁义，游习六艺。”

【说解】

1.“道”有根源义、总体义、普遍义、理想义。“志”者，心有存主、有所定向。“志于道”，说的是，那心有存主、有所定向，朝向那根源的、总体的、普遍的理想。

2.“德”有内具义、个殊义、具体义、现实义。“据”者，有所居、有所守。“德”重在本性说，此是由“道”之根源之生长落实，其为本性来说，盖承于道、著于德也。“据于德”，说的是，顺道之根源落实，成就那内具之个殊，与具体之现实。

3.“仁”有感通义、交融义，说的是那存在的真实感通。“依”者，有所循、有所持。承于道、著于德，感通于仁也。就此交融、互动、感通，依持而达乎一体也。阳明所谓“一体之仁”也。

4.“艺”可说为六艺，亦可说为技艺，凡生活世界之所及，绿树青山、鸢飞鱼跃，百工事物，泛应曲当，莫非艺也。“游”者，悠游涵泳、润化自然也。人之生，当悠游于六艺，于此生活世界，而自成造化也。

5. 此章和《老子》“道生之，德畜之，物形之，势成之”一章可相比对而观。其差异在，道家自道体处说，承体达用，重在自然；儒家自人文处说，即用显体，重在自觉。

7 子曰："自行束脩以上，吾未尝无诲焉。"

【翻译】

孔子说："只要自己送上十条肉干当拜师之礼的，我还从未有过不教他的。"

【说解】

1. 此章讲明"有教无类"，说其于教育，众生平等，自主自由，当下主动，即此是学。

2. "自行"之"自"，自由、自主、主动之义。"匪我求童蒙，童蒙求我"，如是之谓也。求学当主动、自由而自主。

3. "束脩"，十脡干肉，束以为"脩"，此敬师、拜师之礼也。或有云，束者整饬义，脩者修正义，说其行为之整饬修正也。前者义理为胜。

4. 师生是平等、平常关系，亦即师友关系；君主专制后，变成君臣、父子关系，是服从的关系。师生关系本对列之局为多，秦帝制之后，反成了隶属之局，这是陷溺。

8 子曰："不愤不启，不悱不发。举一隅不以三隅反，则不复也。"

【翻译】

孔子说："不到他心里想求而不得时，不去启示他，不到他想说出来却说不出时，不去开导他。如同四方形的东西，提示他一角，他无法推想其他三角，就不再教导他。"

【说解】

1. 此章显示孔子教学之实况，重视启发教育法。学习重在自我，若任何事皆由老师来打点，那就很难进步与突破。

2. 举一反三，此为脉络性的思考。相应于此，“闻一以知二”，此为对比性的思考。“闻一以知十”，此为根源性的思考。“一言以蔽之”，此为概括性的思考。“一以贯之”，此为融贯性的思考。此皆调适而上遂于道，为一“本体诠释学”。

3. “愤”，心想知道，而未知。“启”，开示彰显，令其明白。愤而启之，强化其觉，此盖本体之溯源也。

4. “悱”，心想表述，而未能。“发”，发为言语，令其通达。悱而发之，宣达其理，此乃话语表述之清楚也。

9 子食于有丧者之侧，未尝饱也。子于是日哭，则不歌。

【翻译】

孔子在居丧人家旁吃饭，从不吃饱。这日吊丧哭过，就不再歌唱。

【说解】

1. 圣人情性只是自然，只是真实，吊丧尽哀，是为敬也。

2. 居丧必戚，助其葬也；执其所事，必得有食，未尝饱也，所以显其恻隐。

3. 吊而哭之，一日之内，余哀犹存，自不能歌、不应歌，此纯粹其性情也。

4. 生死之际，人心至灵，当如其本性而教养之，此厚德民风之所为也。

10 子谓颜渊曰：“用之则行，舍之则藏，唯我与尔有是夫！”子路曰：“子行三军，则谁与？”子曰：“暴虎冯河，死而不悔者，吾不与也。必也临事而惧，好谋而成者也。”

【翻译】

孔子对颜回说："受任用事，则行其大道；舍置未用，则修藏自家德性。只有我与你有这般工夫！"子路说："夫子领三军而行，那谁参与共事？"孔子说："空手搏虎，泅水渡河，死而无悔，这样的人，我不与他共事。一定要是临事而戒惧小心，好好事先谋划，必其成功，这样的人，我才与他共事。"

【说解】

1."用之则行"，行其大道也，推己及人也。"舍之则藏"，藏身修德也，修己以立人也。此内圣外王，相与通贯，融而为一，夫子颜回，志同道合。

2.行军用兵，子路之所长也。子路率气，常不如理，亦未契于道，夫子忧之。盖用兵，用志而非率气也。持志所以养气也，暴其气，所以乱其命也。

3."暴虎"，徒手搏虎。"冯河"，徒步渡河。至险至险，如此之为，滥用气力，其勇力是鲁莽的，斯为不当。

4."临事而惧"，说的是敬畏，由惧生畏，由畏生敬，敬以养德。"好谋而成"，说的是用心，用心发志，落实其事，发挥良才，谋划以成。

5.夫子如实，子路争竞；夫子是如其"性情"，子路则"情性"使然。"性情"是真实的、本真的，是真如。"情性"则属气性，虽亦真实，然不免为业力、习气所迁。

11 子曰："富而可求也，虽执鞭之士，吾亦为之。如不可求，从吾所好。"

【翻译】

孔子说："财富若可以求得来，即使执鞭开道的差役，我也去做。若不可以求得来，就依从我自己的本性所好。"

【说解】

1.财富者，生存之必须、生活之资具、生命之文采，其为必要也。

虽为必要，但可求而求之有道。此道甚宽广，只要是正道得之，皆为可求也。

2.“执鞭之士”，开道之小差役，阶位甚低，但却有其庄严在，其为庄严，故可以为之也。

3.“从吾所好”，其好者，本性之好也。天命之谓性，如其天命、如其天理，如其本源之性也。

4.“本性”是天理之本真，不是业力、习气之所为。儒家之人伦不离本性，本性亦不离人伦。

12 子之所慎：齐，战，疾。

【翻译】

孔子所慎重的，有三件事：斋戒，战争，疾病。

【说解】

1.“齐”，古“斋”字，“斋”者斋戒，斋戒所以齐整、端正也。斋戒所以养其敬畏，致礼神明、祖先、天地也。

2.“战”者，所以御敌保民也。战争是不得已的，故当慎之又慎。当为可战，而不怯战，但又不喜战、不好战。华夏为一和平主义者。

3.“疾”有心疾、有身疾，身疾固当慎之畏之，心疾更当慎之畏之。身求康健，心求宁静，身心安泰，国治天下平矣！

4.“慎”者，惧而畏之，畏而敬之，敬以治事，无有不成者。

5. 斋、战、疾，此三事为当时最重要的三件事，且皆与生命有关。斋戒以祭祀祖先，畅达生命之本源。战争以维护族群生命。治病以维持个人生命。

13 子在齐闻《韶》，三月不知肉味，曰：“不图为乐之至于斯也！”

【翻译】

孔子在齐国听到《韶》乐，好几个月来，吃肉竟不知其味，说："没想到音乐竟可以到这般感人境地！"

【说解】

1."子在齐闻《韶》三月不知肉味"，有读作"子在齐，闻《韶》三月，不知肉味"者，有读作"子在齐闻'韶'，三月不知肉味"者。皆可通，今从众以后者为主。

2.《韶》为舜时音乐，舜之后，封于陈。陈完奔齐，遂有《韶》乐。夫子在齐，得闻《韶》乐，学而习之，有尽美尽善之叹。

3.《韶》乐和平宽厚，中正明达。"大道之行也，天下为公。"此王道盛世之音也。孔子赞叹没想到舜的音乐，能至此神妙。"神也者，妙万物而为言者也。"

4. 有云"诗言志，歌咏言，声依永，律和声"，"大礼者，与天地同节也"，"大乐者，与天地同和也"。

14 **冉有曰："夫子为卫君乎？"子贡曰："诺，吾将问之。"入，曰："伯夷、叔齐何人也？"曰："古之贤人也。"曰："怨乎？"曰："求仁而得仁，又何怨？"出，曰："夫子不为也。"**

【翻译】

冉有说："夫子会辅佐卫国国君吗？"子贡说："好的，我这就去问问。"子贡进了门，问："伯夷、叔齐是怎样的人？"夫子说："古代贤明之人。"问："（相传他们饿死于首阳山，）他们心里有怨吗？"夫子说："求仁，而得了仁，又有什么可怨的呢？"子贡出来，说："夫子不会辅佐卫国国君的。"

【说解】

1. 此章可与《论语·子路篇》"卫君待子而为政"一章，比对而论。子路曰："卫君待子而为政，子将奚先？"子曰："必也正名乎！"子路曰："有是哉，子之迂也！奚其正？"子曰："野哉由也！君子于其所不知，盖阙如也。名不正，则言不顺；言不顺，则事不成；事不成，则礼乐不兴；礼乐不兴，则刑罚不中；刑罚不中，则民无所措手足。故君子名之必可言也，言之必可行也。君子于其言，无所苟而已矣。”

2. 此章及上述所记，其历史背景同，卫灵公殁，辄与其父聩，争夺君位，夫子先斥之以“名不正”“言不顺”，后又告之以“求仁而得仁，又何怨”。前者是就“事”之当为与不当为说，后者是就“人”内在自家之修为而说。前者是外王边事，后者是内圣边事，两者是通贯为一的。

3. 伯夷、叔齐，孤竹君之子，武王伐纣，扣马而谏，毋令以暴易暴。武王伐纣，血流漂杵，惨烈极矣！伯夷、叔齐，义不食周粟。后隐于首阳山，采蕨而食，竟尔饿死。子贡以是有“怨乎”之问。太史公列《伯夷列传》为列传第一，为人之丰标，显示一道德理体。孟子称其“圣之清者也”。后人有联曰“一根穷骨头支撑天地，两个饿肚皮包罗古今”，“养得一团春意思，撑起两根穷骨头”，此亦可见我华夏之重人格、重道德。

4. 论其内圣，君子修身，无怨为尚，求仁而得仁，又何怨。论其外王，君子治事，正名为主，名正言顺，礼乐大兴。又修己安人，内圣与外王本为一体。夫子之道，忠恕而已矣！“求仁而得仁，又何怨”，就是最真实、最笃切的恕道。

15 子曰：“饭疏食饮水，曲肱而枕之，乐亦在其中矣。不义而富且贵，于我如浮云。”

【翻译】

孔子说：“食粗粮，饮白水，弯曲手臂而作为枕头，乐趣就在其中。以不正当方法取得的财富与地位，于我就像浮云一般。”

【说解】

1.“疏食”，粗糙之粮食也。“肱”，手臂也。“曲肱”，弯曲手臂也。“饭疏食饮水，曲肱而枕之”，自然纯朴，与世无争，安贫乐道，此乐何极。

2.“乐”是乐此学，学是学此乐，“乐”是生命真实之感通，相与和合，融而为一。一个“乐”字，通往古来今，通生死幽明，上下与天地同流。

3. 富可助人、养人，“富有之谓大业”，然必须有“日新之盛德”以为基底，富而好礼，如斯之谓也。贵可教人、育人，贵不只是现实的“势位”，尤应为理想之“德位”。富贵者，财富而位尊也，当以其义而得之，不义则不可得，不应得。

4. 真正的富有是内在的充实，所谓“知足者富”，如是之谓也。真正的尊贵是德性的养成，所谓“自尊者贵”，如是之谓也。

16 子曰：“加我数年，五十以学《易》，可以无大过矣。”

【翻译】

孔子说：“添加我几年寿数，五十岁时（识得天命），再好好学习《易经》，如此而来，便可以不再有什么太大的过错了。”

【说解】

1. 此章又有作如是之言者，“加”改为“假”，“五”“十”，二字连书，似成一“卒”字。“假我数年，卒以学《易》，可以无大过矣”，其意亦可通。

2. 夫子自谓其生命历程，“吾十有五而志于学，三十而立，四十而不惑，五十而知天命，六十而耳顺，七十而从心所欲不逾矩”。“五十”，知天命之年也。《易》者，天人性命之书也。五十以学《易》，有深义也。

3. 夫子习《易》，韦编三绝，其所自来，当在青年，即已学《易》，此所谓“五十以学《易》”，“学”当为重学、再学、又学、复学，年近五十，祷之于天之谓也。青年学《易》，尽在理解，晚年学《易》，参究天人，境界有别。

4. 夫子之学，深于天人性命之学也。夫子之学，下学而上达，践仁而知天矣。夫子之学，即用显体，承体达用，体用一如也。夫子“逝者如斯夫，不舍昼夜”之叹，“天何言哉，四时行焉，百物生焉”之教，皆可见夫子深于《易》教也。

17 子所雅言，《诗》《书》执礼，皆雅言也。

【翻译】

孔子说话，有时采用周室雅正音韵，颂《诗经》、读《尚书》、行礼仪，都用周室雅正音韵。

【说解】

1.“雅言”，正音之言语，即周朝通用的官话，与诸侯国的地方话相对。或有以“雅言”为书面语、文言文者，此与日常之用语相对，日常为白话、为方言。

2. 文言者，文其言也，故雅。白话者，白其话也，故俗。文言多来自白话，然不限于白话，它自为一体系也。白话则多以文言为依，然自有其生命之草根动能。

3.“俗”而能“雅”，这是一教养提升之过程，其重在“文”；“雅”而能“俗”，这是一普及教化之过程，其重在“化”。雅俗融通，斯为文化，文化者，人文化成也。

4.《诗》言志，《书》道事，礼和乐。《诗》重兴发，温柔敦厚，《诗》之教也。《书》重实事，疏通知远，《书》之教也。礼在节度，恭俭庄敬，礼之教也。礼必得行，著一“执”字，切要切要。执者，守也。守之勿失，持之以成也。

18 叶公问孔子于子路，子路不对。子曰：“女奚不曰，其为人也，发愤忘食，乐以忘忧，不知老之将至云尔。”

【翻译】

楚国叶县县令向子路问孔子是何人也，子路不知如何回答。孔子说：“你何不说，这个人啊，发愤起来，连吃饭都忘了，快乐起来，连忧虑都忘了，也不知自己年纪都老到头了啊！就这么说吧！”

【说解】

1.“愤”者，心求其通也。“发愤”者，专心致志也。“发愤忘食”，此不仅是知之，更且好之，进而又乐之也，故言“乐以忘忧”也。乐者，感通消融，如如无碍也。

2. 夫子有“知之者，不如好之者；好之者，不如乐之者”之言，可与此合参。知之，理解中事。好之，性情中事。乐之，全体大用也。

3. 夫子全体大用，即用显体，体用一如，生生不息，故“不知老之将至”也。

4. 道德是生长，不是限制；道德是育成，不是控制；夫子之教，不离生活，就在当下，即此当下，上达天理。即此便是通古今、彻幽明、上下与天地同流。

癸巳（2013）秋八月十九日晨

19 子曰：“我非生而知之者；好古，敏以求之者也。”

【翻译】

孔子说：“我不是天赋异禀，生来就知道理；我是衷好古道，用勤敏求学得来的。”

【说解】

1.“生而知之”，是就天生异禀说，是就超越之神圣降于世上说，孔子非也。孔子是人，是勤敏学习而得，这是就历史之传承延续说，是就具体之生长，上达于天际说。

2. 基督宗教之耶稣，是一“神而人”者，是上帝（God）之独生子，降临于世。这是“道成肉身”。

3. 孔老夫子则是“肉身成道”，此不同于“道成肉身”。肉身成道，重在即其有限而上达无限，因人之作为一“有限者”便与“无限者”连续为一整体，重在人之修为而已。重在下学而上达，践仁而知天。

4.“道成肉身”重在无限者之落实于有限者，有限与无限，世俗与神圣，分而为二，唯此“道成肉身”为两者之沟通管道。重在奉主耶稣基督的名，重在依循上帝的诫命。

5. 儒教文化重在历史的延续与传承，即此延续与传承，而契于高明与神圣也。司马迁之“究天人之际，通古今之变”，亦可以见其为存有之连续观也。基督宗教重在神圣的超越与诫命，并强调拣择与预定，并指出人之有罪，唯耶稣基督能以其宝血，洗尽人间之罪。

6. 儒教重在性善而成就圣贤君子之人格，基督宗教则重在原罪而强调罪之救赎。儒教重在“听”，所谓“朝闻道，夕死可矣”；基督宗教重在“说”，所谓“上帝说有光，就有了光”。

20 子不语怪、力、乱、神。

【翻译】

孔子不谈论怪异、强力、悖乱、鬼神的事情。

【说解】

1.“怪异”有违“经常”，孔子强调的是经常之道。“强力”有害“生德”，天地有好生之德。“悖乱”则“逆理”，天地次序，如其韵律，四时行，百物生。“鬼神”可惧也，可畏也，当敬之以养其德，不可宣说也，不可胡言也，尤不可亲狎而恃之也。敬鬼神而远之，理之至当也。

2. 人文精神，“观乎天文，以察时变；观乎人文，以化成天下”。人文是“绝地天之通”所开启者，人文是人以其“文”，而开启“明”，是之谓“文明”。人文是“民神异业，敬而不渎”，尘归尘，土归土。

3. 此章可见儒教重在“经常、生德、道理、人文”，可以说就是“人伦”，就是“性情”，就是“天命之谓性，率性之谓道，修道之谓教”。

4. 荀子有言“君子以为文，而百姓以为神”，神道设教，重在“教”，不重在“神”。盖神道，所以设教也。神依其道，而为神道也。道也者，一阴一阳，天地宇宙万有总体根源之律动也。

21 子曰：“三人行，必有我师焉。择其善者而从之，其不善者而改之。”

【翻译】

孔子说：“三人同行，其中必有我可师法学习的。当选择善来跟从，见其不善，而改正自己。”

【说解】

1. 三人成众，或做三人解，皆可通。“善”与“不善”，相待而举，知善而从，知不善而改，是一件事，莫做两件事看。俗谚有云“正面是教材，反面亦是教材”。正者、善者，可以为典范也。反者、不善者，可以为借镜也。

2. “师”，师法、学习，人不学，不知义，学习是不休止的，是永续不息的。韩愈《师说》有言“弟子不必不如师，师不必贤于弟子，闻道有先后，术业有专攻，如是而已”。

3. “择善”，“择”者自择、自取也。“沧浪之水清兮，可以濯我缨；沧浪之水浊兮，可以濯我足。”“清斯濯缨，浊斯濯足矣，自取之也。”择善而固执之也。固有坚固义，执有执守义。盖选择了善，而坚固执守之也。

4. 师者，学也，学者，觉也。择者，自取也。自由而自律，自律而自择也。如此之自律自择是依乎天地、祖先、圣贤者。

22 子曰：“天生德于予，桓魋其如予何？”

【翻译】

孔子说：“上天赐我德行，桓魋他能把我怎样？”

【说解】

1. 桓魋，宋国司马。孔子于宋，习礼于大树下。桓魋欲害孔子，派人将大树连根拔去。当此，弟子劝孔子逃离，孔子说了上面这番话，可见夫子内在有一神圣之使命感。

2. “德”者，承于天道也，天有以命之，此之谓使命、天命也。有如是之使命、天命，世间俗事，岂能干扰坏乱，这是发自内在不可自已的信心。

3. “天生德于予”，非道成肉身也，盖践仁知天，下学上达也。此人之遥契于天道性命也。

4. 使命、天命会让人的能量充实而不可以已。

23 子曰："二三子以我为隐乎？吾无隐乎尔。吾无行而不与二三子者，是丘也。"

【翻译】

孔子说："各位学生，你们以为我会隐瞒吗？我从不隐瞒你们。我没有什么不对你们公开的，这就是我孔丘啊。"

【说解】

1. "二三子"，犹言各位同学，各位学生。夫子明理洞达，无所隐匿，只是个天理昭昭而已。

2. 子不语怪力乱神，夫子只是笃实于人间礼文教化而已。只此笃实，就是学。只此笃实就有乐处，此乐是通天地自然，通人伦孝悌的。学是学此乐，乐是乐此学。

3. 此章可见隐、显二教之异，隐而秘，秘而神，神而权；显而宣，宣而畅，畅而达，达于天下万民也。

4. 隐秘之教，必上极于神权；显宣之教，必落实于人文也。耶稣之教，神权之教也；吾华夏孔子之教，人文之教也。

24 子以四教：文、行、忠、信。

【翻译】

孔子以四个向度来教导人：典籍教养、道德实践、存心忠诚、与人信实。

【说解】

1. "文"，凡《诗》《书》礼乐，莫非文也。广义说之，典籍教养，此所以长其教养也。

2.“行”，凡伦常日用，莫非行也。广义说之，道德实践，内以成己，外以成物，皆属之。

3.“文”“行”就其外延之范围说。“忠”“信”则就其内容之确立说。“忠”重在“尽己”，此是回溯生命根源之确立。“信”重在“信诺”，此是就社会之相与确立而说。“忠”之所涉重在心性论、存有论，“信”之所涉重在社会实践论。

4. 此可见“内圣”“外王”之道，通而为一也。这是人伦的、道德的、社会的、天地的，也是心性的、根源的、宇宙的。

25 子曰：“圣人，吾不得而见之矣；得见君子者，斯可矣。”子曰：“善人，吾不得而见之矣；得见有恒者，斯可矣。亡而为有，虚而为盈，约而为泰，难乎有恒矣。”

【翻译】

孔子说：“圣人，我是见不到了；能见到君子，那也就可以了。”孔子又说：“善人，我是见不到了；能见到有恒的人，那也就可以了。没有装成有，虚空装成满盈，穷约装成奢泰，这就难以有恒了。”

【说解】

1.“圣”，通天地人之为圣，耳听之于天，口宣之于人，力之于行，达于极致，此之谓圣人。圣者，道德理想人格之谓也。依孟子之言“有诸己之谓信，充实之谓美，充实而有光辉之谓大，大而化之之谓圣，圣而不可知之之谓神”。

2. 依“信、美、大、圣、神”五阶为论，前二为君子，后三为圣人、神人。君子者，生命确立而充实之人也，能尽人伦、敦美社会正义之人也。或者说，圣人通达于道，君子笃行于义。

3. 依张横渠之言“有恒者，不贰其心；善人者，志于仁而无恶”。有恒者，身心安定，意志恒常。善人者，以仁为志，行道天下。

4.“有恒”乃入德之门，恒者，必在知止，知止而能定，定而能静，静而能安，安而能虑，虑而能得。

5. 有恒者，志于道，始为善人。善人者，笃行于义，可为君子。君子自强不息，厚德载物，如其乾坤，大化流行，可为圣人矣。

26 子钓而不纲，弋不射宿。

【翻译】

孔子单钩垂钓，却不撒网取鱼；用系缯丝的箭射鸟，却不射栖宿之鸟。

【说解】

1. “钓”者，单钩取鱼；“纲”者，以网绝流。钓者，愿者上钩，不愿者回头，有所逃，而得其生意。纲者，既以网绝流，难以逃，而多有杀气。夫子生命浑是一团生意，主生不主杀。

2. 箭系缯丝，以为射，谓之“弋”。弋者，知其标的物之所落地处，不妄杀、不滥射；弋者，不滥射，取之以为温饱也。

3. “宿”为栖宿。栖宿之鸟，不可射也，射之无义。宿鸟当寂，如其寂而得其生意，归本自然也，不可射也。鸟飞而栖，合当有觉，觉而受于箭下，其为命也，顺受其正也。

4. 取予生杀，皆有道，道在生生，不废其仁、不悖其义也。仁者，自有一番生意在，所以参赞天地之化育也。

27 子曰：“盖有不知而作之者，我无是也。多闻，择其善者而从之；多见而识之。知之次也。”

【翻译】

孔子说：“或有人，自己无知，却又妄作，我绝不如此。多听闻，择取优善，从道而行；多细察，记取教训，事理分明。算是次于上智之人了。”

【说解】

1.“作者之谓圣，述者之谓明”，孔子述而不作，以述为作也。圣者，何其难也。夫子谨慎之至，不敢无知而妄作也。

2. 多闻，所以择善，择善所以从道而行也。多闻未必择善，择善当力之以行，如斯方可也。多闻在耳，择之在心，力之在行。

3. 多见，所以能识，所谓见识也。识者，其于事理，分明了别也。

4.“见”在当下，是经验的、感知的，心行如瀑流，未可定也。“识”在拣别，是理性的抉择，是事理的确认。

5. 知有生而知之者，有学而知之者，有困而知之者，依分如理，各行其道也。

28 互乡难与言，童子见，门人惑。子曰：“与其进也，不与其退也，唯何甚。人洁己以进，与其洁也，不保其往也。”

【翻译】

互乡这地方的人，很难与他们讲明道理。互乡童子前来求见，孔子居然接见了他，门人很是疑惑。孔子说：“应当赞许人往前进取，而不应促成人退守，不可做得太过分呢。他洁身自好以求进取，便应赞许他洁身自好上进的精神，而不该老拿着他的过去不放。”

【说解】

1.“互乡难与言”，这是地方风气，此教化所不足故也。当有悲心以临之，临之教之，所以长其义也。

2.“童子见”，此可见童子之资质非一般也。能求见夫子，愤之悱之也，当启之发之也。来求学者，当教之，此教师之义也。

3. 教者，不可有成见，当如其生命之理而教育之也。教育是当下的，是切身的，是生命之在其自己，不可为外物习染所迁也。

4. 教育重在长之育之，这是生命之称许，如其生生也。称许会长育出许多力量。

5.“不保其往也”，可解释为“不该老拿着人的过去不放”，或是

“不担保他以后的行为”，以前者为胜，故取之。

29 子曰：“仁远乎哉？我欲仁，斯仁至矣。”

【翻译】

孔子说：“仁德距离远吗？我要仁德，仁德就来到了。”

【说解】

1. 仁者，“人之安宅也”。仁是人安居的宅第，这宅第就在心中。仁是心中所本有的，当下呈现，何远之有。

2. 此章可与“士不可以不弘毅，任重而道远”对比而参。“我欲仁，斯仁至矣”，此是当下语、呈现语，进而可说其为圆顿语。“任重而道远”，此是持续语、恒定语，此重在生命之历程义。

3. 又此章可与“克己复礼，天下归仁”对比而参。“我欲仁，斯仁至矣”，其旨重在当下之呈现，在圆顿之境界。“克己复礼，天下归仁”，“克己复礼”是工夫，“天下归仁”则是究竟。以其究竟，责其工夫也。如其工夫，达其究竟也。

4. “仁”是当下实存之感通，就此来说关怀与爱，是跨过时空、跨过分别，是当下之如实。孟子所言“今人乍见孺子将入于井，皆有怵惕恻隐之心”，如是之谓也。

30 陈司败问昭公知礼乎，孔子曰：“知礼。”孔子退，揖巫马期而进之，曰：“吾闻君子不党，君子亦党乎？君取于吴，为同姓，谓之吴孟子。君而知礼，孰不知礼？”巫马期以告。子曰：“丘也幸，苟有过，人必知之。”

【翻译】

陈国司寇问鲁昭公是否知礼，孔子说：“知礼。”孔子告退，司寇作揖，把巫马期请了进去，说：“我听说君子不阿党偏私，君子难道也阿党偏私吗？鲁君娶吴女为夫人，是为同姓，还称夫人为‘吴孟子’。要说鲁君知礼，还有谁不知礼呢？”巫马期把这话告诉孔子。孔子说：“孔丘深感庆幸，倘若有了过失，人家一定晓得。”

【说解】

1. 孔子至陈，陈国之司败（司败犹鲁之司寇也，掌内政之官）问“昭公知礼乎”，盖疑而问之也。鲁昭公，周公之后，姬姓也。吴，泰伯之后，泰伯乃周公伯祖，亦姬姓也。依礼，同姓不婚，昭公娶于吴，非礼也。

2. 昭公娶女于吴，非礼也。又称之为吴孟子，是为了避讳。如此不合于礼之事，孔子竟不责备，陈司败因以为问，有见责之义。

3. 或有谓“孔子疏略不知者”，亦有说“夫子为君讳，而不言其悖礼也”。应以前说为是。圣人犹有不察处，此人之常情也。然错毕竟为错，当坦然受之，改之为是。

4. “党”，阿党偏私。君子群而不党，周而不比，孔子不察，非为阿党偏私也。

5. 此章可见孔子的坦然、诚恳、实在，不硬讲理由。

31 子与人歌而善，必使反之，而后和之。

【翻译】

孔子与人唱歌，若唱得好，一定要这人再来一遍，而后跟着唱和。

【说解】

1. 古者，诗礼乐合一，诗言志，歌咏言，所以宣畅情意、调理其气也。

2. “与人歌而善，必使反之”，与人唱歌，若唱得好，一定要这人再来一遍，此既是鼓励，亦是尊重，亦是谦怀学习。

3. “而后和之”，而后跟着唱和，此所以同流而悦乐之也。生命因之有一相与和合之感，一体之仁，就如是长育而生。

4. 只听歌，再多次，还是不会唱。和者唱，一而再，再而三，久了就会唱。

32 子曰：“文，莫吾犹人也；躬行君子，则吾未之有得。”

【翻译】

孔子说：“若说典籍教养，勉强我还比得上人；至于身体力行君子之道，我还未曾做得。”

【说解】

1. 或有断句为“文莫，吾犹人也”，亦可，然不甚通顺，故不取。

2. “子以四教：文行忠信”，此章可参。文，博学于文；行，约之以礼。文，典籍教养，有迹可寻，寻之以溯其源。行，体之身心，持之以恒为是。

3. 文，仍在知解上说；躬行君子，则是践乎伦常日用，并求其上达天道天理也。

33 子曰：“若圣与仁，则吾岂敢？抑为之不厌，诲人不倦，则可谓云尔已矣！”公西华曰：“正唯弟子不能学也。”

【翻译】

孔子说：“若说我是圣者仁人，我怎敢当？我只不过戮力而为，心无厌烦，教诲学生，身不倦怠，那可以这么说吧！”公西华说：“这正是弟子们学不来的啊。”

【说解】

1. “圣”，通天地人之为圣，耳听之于天，口宣之于人，力之于行，达于极致，此之谓圣人。圣者，道德理想人格之谓也。

2.“仁”者，心德之全，通乎宇宙，上下四方，往古来今，有一究极之关怀，真实爱之相与，如是之谓也。仁者，道德理想落实人间之典型也。

3.“圣”与“仁”是人间之极则，亦是生命终极之召唤，有此召唤，便有实践之动能，故能“为之不厌，诲人不倦”也。

4.“苟日新，日日新，又日新”，何厌之有。“正德、利用、厚生，惟和”，何倦之有。生命之充实而不可以已，信、美、大、圣、神也。

34 子疾病，子路请祷。子曰：“有诸?”子路对曰：“有之。《诔》曰：‘祷尔于上下神祇。’”子曰：“丘之祷久矣。”

【翻译】

孔子患病严重，子路请坛，祷于鬼神。孔子说：“有这回事吗?”子路回答说：“有这回事。《祷文》上说：‘虔诚祝祷，上天下地，诸众神明。’”孔子说：“我孔丘的虔诚祝祷那可久了。”

【说解】

1. 此章可与“敬鬼神而远之”“未知生，焉知死”等章合参。

2. 人居天地之间，与大自然搏斗，或有所惧怕者，然由惧而畏，由畏而敬，敬以养德。惧→畏→敬→德，此是人类文明发展四个阶段历程。

3. 畏惧是一切知行之起点，《易经·蒙卦》，见险知止，山下出泉，前所以知畏惧也，后则以敬养德也。此可见教化之精义、切义。

4. 百姓以为神，君子以为文，文之以礼乐，礼乐所以养其仁义之道也，仁义所以上达天道天理也。

5. 夫子之祷，非求庇于鬼神也，盖敬畏天命也。即此敬畏便得入于造化之源，此所以践仁知天，下学上达，默契道妙也。

6. 夫子之祷已达“敬德”之境，从此章可看到从巫祝信仰到儒家教化礼敬之痕迹。

35 子曰："奢则不孙，俭则固。与其不孙也，宁固。"

【翻译】

孔子说："奢华太过则逾越礼节，而不谦逊；俭约太过则不及礼，而固陋。与其不谦逊，宁可固陋。"

【说解】

1. 礼不只在外表之形制，重在内里之意义与精神。

2. 礼有仪、有则、有制、有度。礼之用，和为贵；礼之体，敬为主；礼之本，仁为根。礼，是生命性情之真实体现的途径、方法、步骤、程序。

3. 礼仪三百，威仪三千，皆本乎性情，礼乐之教，即是性情之教，是通乎天地人之教。

4. 礼乐之教，必归于天地。大礼者，与天地同节也；大乐者，与天地同和也。俭固所以养其性情也，所以敦美人伦、充实教化也。

36 子曰："君子坦荡荡，小人长戚戚。"

【翻译】

孔子说："君子心地平坦宽阔，小人心地忧戚不安。"

【说解】

1. 君子依道而行，故平坦宽阔；小人计较利害，故忧戚不安。

2. 君子内求诸己，外信于人，行于义，明其理，此上达之路，宽广平易，能得吞吐，自有包容量。

3. 小人外求诸人，不信于己，较其利，计其功，此下达之路，局促难安，疑惑相生，戚戚难解。

37 子温而厉，威而不猛，恭而安。

【翻译】

孔子温润而严正，有威仪却不猛烈，恭敬而安详。

【说解】

1. 此章描绘夫子之人格，表现圣者仁人之气象。

2. “温而厉”，温润而严正。低眉菩萨，却有怒目金刚之庄严。

3. “威而不猛”，有威仪却不猛烈。威仪可以生敬畏，猛烈则生惧怕，两者自有分别。

4. “恭而安”，恭敬而安详。“恭而无礼则劳”，恭在敬，敬如礼，礼所以安人安己也。

癸巳（2013）中秋后两日于台中元亨居

泰伯第八：礼让为国、民可使由

1 **子曰："泰伯其可谓至德也已矣！三以天下让，民无得而称焉。"**

【翻译】

孔子说："周太王长子泰伯，那真可说是一德行极高的人！再三谦让天下，人民不知拿什么来称赞他才好。"

【说解】

1. 周代宗法，实施嫡长子继承制，太王自豳而迁至岐山之西，其势渐盛。泰伯，周太王之长子，为成全父亲传位于三弟季历，再传于姬昌（文王）的愿望，与二弟仲雍奔荆楚，而建立吴国。

2. "让"为中国文明的特色，其内隐含"仁、义、礼、智"诸德，"让"是道德之生长。

3. 法治与礼治之不同，法治以限制为据，礼治则以谦让为据。儒家宗法中讲求孝悌等德行，"让"是高度文明的表现，是出自内心真诚的行为。

4. "让"是一种成全，它可使双方共存、共荣、共生、共长。如鲍叔之让于管仲，廉颇之让于蔺相如，虬髯客之让于李世民，留名千古、脍炙人口。

2 **子曰："恭而无礼则劳，慎而无礼则葸，勇而无礼则乱，直而无礼则绞。君子笃于亲，则民兴于仁；故**

旧不遗，则民不偷。”

【翻译】

孔子说：“恭敬而不合乎礼则烦扰徒劳，谨慎而不合乎礼则畏怯多惧，勇力而不合乎礼则犯上作乱，正直而不合乎礼则操切责人。在上位的君子笃厚待其亲属，那人民便兴起仁爱的风气；不弃故旧，那民风也就不会浇薄。”

【说解】

1. 恭（恭敬）、慎（谨慎）、勇（勇力）、直（正直），皆须经由礼之适当节度，才能行其所当行。

2. 礼者，履也，体也，是人们实践所依循的分寸节度、具体仪则，是体现德行必须经由的途径。

3. 儒家教养，须经由学习具体人格楷模，居上位之君子颇为重要，又当以人伦孝悌为要。

4. “笃于亲”，笃厚其亲情人伦，生命之实存感动自然孕育而生，仁爱风气，由是而生也。“故旧不遗”，所以厚其情义也，风俗淳厚，何偷之有？

5. 儒家之治，重在礼让，重在教化，重在道德之生长，重在良知之唤醒，此既是外王之事，亦是内圣之事，内圣外王交与为一体。

3 **曾子有疾，召门弟子，曰：“启予足！启予手！《诗》云：‘战战兢兢，如临深渊，如履薄冰。’而今而后，吾知免夫！小子！”**

【翻译】

曾子重病，召见门弟子，说：“揭开被来，看看我的脚！看看我的手！《诗经》上说：‘战战兢兢，恐惧戒慎呀！好像面临着深潭边沿，好像行履在薄冰上面。’从今往后，我知道身体可以免于毁伤了！弟子们！”

【说解】

1. 曾子之学重在省察，经由省察而涵养心性本体也，又经由心性本体发为实践也。这都得从生命的敬畏与尊重做起。此章所说即此。

2. 人之生命，上事父母，下养儿女，有源有流、有本有末，有过去、有未来。这是一生生不息的绵延，此儒家生生之德之教也。

3. “战战兢兢，如临深渊，如履薄冰”，曾子引《诗经 · 小旻》之篇，说其对生命的戒慎恐惧，说其对生命的敬畏尊重。

4. 惧以生畏，畏以生敬，敬以养德，此儒学之要也。曾子得之，传于子思、孟子，此内圣之要也。

4 曾子有疾，孟敬子问之。曾子曰：“鸟之将死，其鸣也哀；人之将死，其言也善。君子所贵乎道者三：动容貌，斯远暴慢矣；正颜色，斯近信矣；出辞气，斯远鄙倍矣。笾豆之事，则有司存。”

【翻译】

曾子重病，鲁大夫孟敬子来探问。曾子说：“鸟之将死，鸣叫的声音很是悲哀；人之将死，说的话却要回归良善。君子所重视的道有三：容貌动静，依礼而行，则远离粗暴怠慢；颜色端庄雅正，依礼而行，则合于信实；所出言辞声气，依礼而行，则远离鄙薄悖逆。仪则器用，依礼而行，则自有专司，由其执掌。”

【说解】

1. 生命特质不同，临死表现亦有不同。人能触及生命的根源，在生命终结时会放下，所以是“善”的。鸟感受到生命的断绝，所以是“哀”的。

2. 人的生命可不朽，其生命意义，精神不朽；动物死了则回归自然。因人是“自觉”之存在，动物是“自然”之存在。人有觉性，动物只有生物之本能。

3. 依船山言，动物有“天明”无“己明”，而人则有“天明”，更有“己明”。人能“竭天成能”“持权成能”，此动物之所不及也。

4. 人之觉性当经由组织结构、生存脉络去成就，而如此之成就须由领导者领头引导；“动容貌”“正颜色”“出辞气”，皆以礼养仁也，皆为修身之事。有此修身，方能齐家、治国、平天下。

5. “笾豆”，祭祀礼器。“有司”，专有职司。国之大事，唯祀与戎，皆不离笾豆、有司，此外王之事也，齐家、治国、平天下之所必备也。

5 曾子曰：“以能问于不能，以多问于寡；有若无，实若虚，犯而不校。昔者吾友，尝从事于斯矣。”

【翻译】

曾子说：“有才能却下问才能比他低的人，见闻多却下问见闻比他少的人；有像是无，实像是虚，冒犯他，他也不计较。以前我的朋友颜回，就曾这样做过。”

【说解】

1. “以能问于不能，以多问于寡”，此下问也。下问者，非虚伪，乃谦虚也。如牛顿言，彼只是面对知识之汪洋，于岸边拾贝壳之小孩，此真谦虚、真见地之言也。

2. “有若无”“实若虚”，“有”重在“分别”，“分别”当入于“无分别”，故“有若无”。“实”乃“为学日益”，“虚”乃“为道日损”，为学日益、为道日损，一体两面，和合为一，故“实若虚”。

3. “犯而不校”，冒犯他，他也不计较，真忍辱行、慈悲行也。唯宽怀者能之，唯有大爱者能之。

4. 曾子鲁直，忠恕以之，下学上达；颜子灵慧，通体是道，践仁知天。

6 曾子曰：“可以托六尺之孤，可以寄百里之命，临大节，而不可夺也。君子人与？君子人也！”

【翻译】

曾子说：“可以把辅佐幼主之事托付给他，可以把百里国度的政事交付给他，遇到生死存亡的大节，不夺其操守。这人称得上君子吗？这人可真是个君子啊！”

【说解】

1. 丧父为孤，“六尺之孤”，言丧父失怙年幼之君也。“百里”，小国也；“命”犹令也，政令也，此言小国政事也。“大节”者，死生之际，见其伟大节操也，操持而不可夺也。

2. 能托六尺之孤者，忠诚之贞也。能寄百里之命者，事能之至也。有德、有能，斯为君子。

3. 有德有能，已为不易；临大节，而不可夺，其尤难也。有德有能，此有“修”也。临大节，而不可夺，此有“持”也。此真修持也。真修持，才能成为真君子。

4.“修”在学，学为“觉”；“持”在久，久成“性”。修持修持，是因觉而性，因性而觉，觉性不二，本为一如。

7 曾子曰：“士不可以不弘毅，任重而道远。仁以为己任，不亦重乎？死而后已，不亦远乎？”

【翻译】

曾子说：“读书人不可以不恢弘而刚毅，他责任重大而道途遥远。把实践仁道作为自己的责任，这岂不重大吗？努力实践，至死不渝，这岂不遥远吗？”

【说解】

1. 士者，从一从十，盖十一为士也。十分之一的人，可以为“士”。“士”犹今之言“精英”“秀异分子”，或“读书人”。

2.“不可以不”，否定之否定，加重其辞，言必当如此也，确然不可疑也。

3.“弘”在胸襟、见识、器量。“毅”在意志、胆略、持续。实践“仁”，当有胸襟、见识、器量，更当有意志、胆略、持续。

4. 近人梁启超论人物之大者，有理想、有热诚、有胆气，此可为

“士不可以不弘毅”之脚注也。能如此者，其为国士，其为天下士也。

5. 依此论之，今之所谓士者何在，拘拘小儒而已。其能不为伪儒、俗儒者几希！

8 子曰：“兴于诗，立于礼，成于乐。”

【翻译】

孔子说：“诗让人感发兴起，礼让人卓然自立，乐让人和合而成。”

【说解】

1. 诗可以鼓舞人的意志，使人兴起向善之心；礼可以端正人的行为，使人德业卓然有所自立；乐可以涵养人的性情，使人养成完美的人格。

2. “兴于诗，立于礼，成于乐”，可说其乃人生三阶段，少年兴发志气，在于诗；中年卓然而立，在于礼；到得晚年，金声玉振，和合而成。

3. 或有谓“年少比才气，中年比功力，晚年比境界”，或可为对比之阐释启发也。

4. “诗”可以说是“心灵的声音”，“礼”则是“社会的节度”，“乐”是“宇宙的大和谐”。

5. 心灵的声音当清越而悠扬，社会的节度当谨严而有度，宇宙的和谐则从众窍怒号，到“厉风济”，还归于“虚”。

9 子曰：“民可使由之，不可使知之。”

【翻译】

孔子说：“人民百姓，可以告诉他们照着实行，不可能使他们了解这样做的道理。”

【说解】

1. 古者，议政在朝，施政于民。议政者，公、卿、大夫、士也。民不与议政，民只依政令而行。

2. 政本难知，公、卿、大夫、士当知之，知之、议之、修改之、订定之，施行之；行之者民，民不必知之。民为众，众当行，不必知。士有德有能，其为希也，当周全思之、仔细察之，知之而后可行也。

3. 今之所谓民主者，则令使选之，选贤举能，斯为常道。又令其知之、议之、修改之、订定之，施行之，此代议之政治也。与此“民可使由之，不可使知之”之理亦通。

4. 或有作“民可，使由之；不可，使知之”，此义颇殊特，亦通达，也可采用。盖文本并无一定点式之原义也，但却有一定范围之恰当意义也。万变不离其宗，斯为可也。

10 子曰：“好勇疾贫，乱也；人而不仁，疾之已甚，乱也。”

【翻译】

孔子说：“喜好勇力而厌恶自己贫贱，将生逆乱；那人如若不仁，你厌恶他过了头，也必致逆乱。”

【说解】

1.“好勇疾贫，乱也”，喜好勇力而厌恶自己贫贱，将生逆乱。此自然之势也。只能防之，不能禁之。防之，不若导之，使之能脱贫，使之有教养，则可以免乱，而有耻也。

2. 儒、道两家主张不同，道家重自然恩慈，主张回归天地，小国寡民；不鼓励生产报国，主天生天养。儒家则置于人文立说，以人伦来建构社会。

3.“人而不仁，疾之已甚，乱也”，那人如若不仁，你厌恶他过了头，也必致逆乱。不仁，不可詈之，不可疾之，只能循循善诱之，引导之。

4. 须知：恶恶太甚，必丧其德。道德是生长，道德不是限制，更不能是惩罚，是强迫。强迫必招致动乱。

11 子曰："如有周公之才之美，使骄且吝，其余不足观也已。"

【翻译】

孔子说："即使有周公的才华和美善，但他却骄矜而又鄙吝，那其余也就不值一提了。"

【说解】

1. 周公，姓姬名旦，武王之弟，制礼作乐，辅政成王，大公无私，其于华夏文化之宏谟，贡献极大。最为可贵的是，他治事精勤，律己严谨，有才能、有美德。仲尼夫子以文王、周公继承人自居。

2. "骄"者，有所倚恃，傲慢待人也。骄慢之人，多无平等心。"吝"者，有所不舍，吝啬而不欲予人。鄙吝之人，多无公正心。无公正心、无平等心，何才美之有。

3. 人立于世，才能是次要的，重要的是美德，更重要的是要有平等心、公正心。有了平等心、公正心，就能回到常道，就能"知常曰明"。就只明明白白，就只平平常常。

4. 世俗人看名利、看成就，平常人看人格、看风范。名利成就是一时的，人格风范却是永恒的。

癸巳（2013）之秋十月十八日于福德街元亨居

12 子曰："三年学，不至于谷，不易得也。"

【翻译】

孔子说："学习三年，却不存官禄的意图，这可真是难得啊。"

【说解】

1. "谷"，古时以谷、以薪为俸禄；"不至于谷"，意不以官禄为学问之目的。

2. 学问于孔子言，是安身立命事，不是出人头地事。

3.《大学》有云“大学之道，在明明德，在新民，在止于至善”，此大学之要道也。“明明德”，明其明德之本心也。“新民”，日新又新其社群之民也。“止于至善”，以最高善（圆善）为依止也。

4. 相较而论，今之进大学者，大体皆以“得利”为务，真乃今不如昔也。当知，学问不是追求俸禄，而是自我完善。

13 子曰：“笃信好学，守死善道。危邦不入，乱邦不居。天下有道则见，无道则隐。邦有道，贫且贱焉，耻也；邦无道，富且贵焉，耻也。”

【翻译】

孔子说：“诚笃信实，爱好学问；扬善大道，持守至死。危疑之邦，不入仕为官；动乱之邦，不尸居其位。普天之下，大道昌明，必可见用；大道废弛，则当隐居修身。邦国之治，大道昌明，你竟仍然贫寒低贱，真乃可耻；邦国之治，大道废弛，你反而富有贵显，实更可耻。”

【说解】

1. 道者，宇宙人生万有一切总体之根源也。道有如太阳之亮光，有道则有太阳之亮光，无道则黑天暗地也。

2.“不入”谓不入仕为官也，非不进入此国家之谓也。“不居”谓不尸居其位也，非不住其国也。不入、不居，盖不趁机捞黑财、拥权位也。

3. 道是总体之根源，德是个体之本性，天地有道，人间有德，此之谓大道昌明，有道有德，此人生之大富贵也。

4. 富者，自足之谓也。贵者，自尊之谓也。富是内外的自足与充实，从心灵的自足与充实，到身家、到国族天下的自足与充实。贵是德位的崇隆，因德位的崇隆，而教化大行，普于天下。

14 子曰：“不在其位，不谋其政。”

【翻译】

孔子说："不居在那职位上，就不谋算推行其政务。"

【说解】

1. 此可与夫子之"正名"思想同参。君君、臣臣、父父、子子，此是从礼分上说。

2. 因其礼分，而有其使命，有此使命，依位行权，造福大众，生生不息。

3. 依其所位，是为当位。切当其位，推展政务。如此为"忠"，这是"忠于职守"，这"忠"就是责任伦理。"忠"是职务之配当，与行事之忠诚，非奴才般巧言佞色也。

4. 夫子所重者礼，礼在人伦之位分，推而扩之，礼在职守之本分。此虽与今所谓"权利"与"义务"之配当相通，但精神里子，却是上通天地之道，下贯人间之德。此礼治与法治之大别也。

5. 礼治是德治、仁治，具体落实而有分寸，其所重者人性情之生长与完善。法治是权治、利治，重在切实而严格，此权利、义务之配当也，以事物之功利效益为主。

15 子曰："师挚之始，《关雎》之乱，洋洋乎盈耳哉！"

【翻译】

孔子说："典礼时，乐官师挚，就其所位，起始升歌；直至《关雎》之章，合奏而终，乐音壮阔悠扬，有如大海汪洋，充盈于耳！"

【说解】

1. 夫子追忆礼乐盛况，而今只靡靡之音，真乃可惜了。

2. 古者典礼，诵诗、行礼、奏乐，虽有次第，其为一体也。诗发其志，礼如其分，乐合其同也。

3. "始"，乐章之始，发声为志。"乱"，乐章之末，合声为结。"始"，起始之谓也。"乱"，合结之谓也。

4. 《关雎》之篇，男女情感，真实自然，成其夫妇，人伦悠长。此是由爱情转而为人伦。《关雎》非仅爱情也，其为人伦也。爱情为美，人伦为善。美始善终，真乃极致也。

5.“爱情”者，当下感通，如如自然，却是刹那生灭。“人伦”者，成其夫妇，养育教导，则是生生不息。

16 子曰：“狂而不直，侗而不愿，悾悾而不信，吾不知之矣。”

【翻译】

孔子说：“狂妄而不正直，无知而不谨厚，无能而不守信，如此之人，我不知其能如何也。”

【说解】

1.“狂”者，气旺而欲有所为也；狂者进取。“侗”者，气和而思其有所同也；侗者憨厚。“悾”者，气昏而执其有所信也；悾者愚悫。

2. 狂者多粗，粗而直，今说其“狂而不直”，此不只粗狂也，乃狂妄也。侗者多憨，憨而厚，今说其“侗而不愿”，此不只憨厚也，乃无知也。悾者多愚，愚而信实，今说其“悾悾而不信”，此不只愚悫也，盖不信实也。

3. 人若为其气质所蔽，尚可救；若为世俗风气所败，恐难处理。

4. 愚者蔽于人欲，人欲可消融于天地之间。贤者蔽于意见，意见纷杂，社会危乱。今也民粹之乱，皆乃贤者蔽于意见也。

17 子曰：“学如不及，犹恐失之。”

【翻译】

孔子说：“努力学习，如有不及；既已学得，又怕丢失。”

【说解】

1. 夫子于学问之谨严努力，于斯可见。学习要心存戒惧，畏之敬之，勤之劳之，好之乐之。

2.“学如不及”，此见好学之热力；“犹恐失之”，此见诚笃之不已。此闻之思之、修之持之也。学问之态度要积极，信守要坚持。

3. 学问者，学其问也，有问有学，有学有问，两两相生，相续不已也。

4. 熊十力先生强调其学为“思修交尽”之学，学问贵在见体，诚然也。夫子之学，正乃如此也。

18 子曰：“巍巍乎！舜禹之有天下也，而不与焉。”

【翻译】

孔子说：“巍巍尊崇啊！舜、禹二帝，领有天下，却不执着己有。”

【说解】

1.“巍巍”，高大貌。高其德，大其量也。德高上及于天道也，量宏下及于万民也。

2. 舜敷五教，建立人伦。大禹治水，富厚民生。此华夏生生不息，其所由也。

3.“有天下也，而不与焉”，领有天下，却不执着己有。天下者，天下人之天下也，天下为公。

4. 天地无心，以成自然化育；君子有德，以赞人伦孝悌，此儒家内圣外王之学也。

19 子曰：“大哉！尧之为君也。巍巍乎！唯天为大，唯尧则之。荡荡乎！民无能名焉。巍巍乎！其有成功也。焕乎！其有文章。”

【翻译】

孔子说：“伟大啊！尧帝之作为人间君王。巍巍尊崇呀！唯此上天，其为至大；唯此尧帝，与天同则。广荡无边啊！广土众民，对其德业，无法名状。巍巍尊崇呀！他所成的事功志业。焕然光明呀！他所成的文制典章。”

【说解】

1. 孔子对尧帝，极其称赞，尧可谓崇高的道德理想人格典型。孟子对舜帝，亦多赞誉，舜是那崇高的道德理想人格的具体落实。尧位如天，舜则承此天命，敦序人伦，落实孝悌之教也。

2. 史称尧舜“禅让”，实者，禅让乃部落社会，推选领导，责多而权少，事众而利乏，非德能兼备者，不能为也。正因如此，而有推举禅让之制也。

3. 儒家托古改制，以尧舜禅让，而说其天下为公也，并由是建立其“大道之行”的政治理想。

4. 巍巍其德，荡荡其量，焕乎文章，这可见夫子《春秋》之志，其为道德理想王国也，其为大道之行也，其为世界之和平也！

20 舜有臣五人，而天下治。武王曰：“予有乱臣十人。”孔子曰：“才难，不其然乎？唐虞之际，于斯为盛，有妇人焉，九人而已。三分天下有其二，以服事殷。周之德，其可谓至德也已矣。”

【翻译】

舜帝有大臣五人，因而天下大治。武王说：“我有治乱之臣十人。”孔子说：“人才难得，不就这样吗？唐尧虞舜之际以至周朝初年，人才最兴盛，十位治臣，一位妇人，其余九人。三分天下，周文王领有其二，即使这样，仍服事于殷商。周文王的德行，真可谓是极至之德了。”

【说解】

1.“五人”者，禹、稷、契、皋陶、伯益也。大禹治水，稷播五谷，契掌五伦，皋陶司法，伯益兴水利。这可见舜时之人间共同体，灿然大备也。

2.“十人”者，周公旦、召公奭、太公望、毕公、荣公、太颠、闳夭、散宜生、南宫适，此九人；另一人，邑姜也，盖武王之妻也。

3. 人才为重，得之不易，竟尔为盛，此唐虞周初，盛世之由也。尧舜五帝，人伦之确立，周初则推此人伦为宗法、为封建，成其礼乐教化也。

4. 周有天下，重在礼乐教化，是人文时代的来临。经过长久时间的累积，由太王迁徙，泰伯让国，其发展过程，值得反省。有畏、有敬，敬以养德。有让、有谦，让以修道。修道养德，方可领有天下。

21 子曰：“禹，吾无间然矣。菲饮食，而致孝乎鬼神；恶衣服，而致美乎黻冕；卑宫室，而尽力乎沟洫。禹，吾无间然矣。”

【翻译】

孔子说：“大禹，我找不出缺缝批评了。他的饮食菲薄俭约，却尽力致孝于鬼神；衣服粗恶，却尽力致美于黼冕祭服；宫室卑陋，却竭尽心力以修治沟洫水道。大禹，我找不出缺缝批评了。”

【说解】

1. 儒家所论，尧舜是禅让的典型，汤武是革命的典型，周公是礼乐教化的典型，文王是道德的典型。大禹是勤政的典型。

2. 法先王者，常以尧舜为典型；法后王者，常以大禹为典型。法先王者，重在道德之理想；法后王者，重在民生之落实。法先王者多为理想主义，法后王者多为现实主义。孟子法先王，荀子法后王。

3. 先王、后王，是连续为一体的，不是断裂为二的，尧、舜、禹，本是通贯为一的。

4.“致孝乎鬼神”，所以畏之、敬之也。“致美乎黻冕”，所以崇之、隆之也。“尽力乎沟恤”，所以生民、利民也。敬畏以德，崇隆以礼，有德有礼，生民利民，此大禹之有其天下也。“禹，吾无间然矣！”夫子之言深矣切矣！

甲午（2014）之春三月十八日凌晨写于台北象山居

子罕第九：承命立统、岁寒后凋

1 子罕言利，与命与仁。

【翻译】

夫子很少谈论利益，但却赞许天命和仁德。

【说解】

1.“利”为世俗事，无恒准，故夫子不言。

2.“命”，犹言天道也。“仁”者，仁爱之谓也。天道就其生生化化之源说，仁爱则就人之安宅处说。夫子所重视者，天道之生生、人间之安宅也。

3.“命”有命限义，有创生义，夫子自陈“五十而知天命”，既知自然之命限，更知天道创生之无穷也。

4.“与”，赞许之义，亦可有参赞之义。

5. 古来有作“子罕言利与命与仁”，说，夫子很少论及利、命、仁三者，此不确。盖夫子论仁与命，多矣夥矣，罕言利而已。此亦可见古注糊涂者有之。

2 达巷党人曰：“大哉孔子！博学而无所成名。”子闻之，谓门弟子曰：“吾何执？执御乎，执射乎？吾执御矣！”

【翻译】

达巷地方的人说："孔子真是伟大啊！他的学问广博，但却没有成就专技功名。"孔子听见之后，对门下众弟子说："我该专执哪种技艺呢？驾车呢，还是射艺？我专执驾车吧！"

【说解】

1."达巷党人"，达者，通达；党者，乡邻。此不知何处，借喻以言，说其为通达之人也。或有以为此即孔子所师之项橐，"达巷党"音同于"大项橐"之谓也。亦可通。

2. 夫子博学而通达乎道，于专技无所成名也。虽无所成名，但夫子精通六艺，世所知也。

3. 夫子笑言，"执御乎，执射乎？""御"为驾车，可以说是"掌握方向"；"射"为射箭，可以说是"追求目标"。

4. 掌握方向，操之在我；追求目标，则外于我也。故夫子说其为执御，非执射也。

5. 执御、执射，夫子笑谈，自有一番境界，自有一番机趣，境界机趣，自然合度，自然中理。

3 子曰："麻冕，礼也；今也纯。俭，吾从众。拜下，礼也；今拜乎上，泰也。虽违众，吾从下。"

【翻译】

孔子说："以麻织冠，是古来礼制；如今大多改用丝料。更为节俭，我依从大众。臣子见君上，拜于堂下，这是古礼；但如今一般臣子见君上，直接拜于堂上，这骄慢太过。尽管可能违逆了大众，但我还是主张拜于堂下。"

【说解】

1."礼"为具体的规范，"义"为确定的形式，"礼"必当以"义"为断，而"义"当本乎"仁"。仁者，不外于性情之真实也。

2. 礼当以俭约为准。古时绩麻为冠，以其俭约也；今时以纯丝为冠，纯丝比麻还俭约，故从今人。

3. 礼当以谦敬为尚，拜乎下为谦敬，拜乎上则为骄慢也。大众虽拜乎上，但这是错的，故夫子坚持当拜乎下。

4. 古时有阶、有陛，升阶而拜，为拜乎下；升陛而拜，为拜乎上。升阶而拜，拜乎下，其所拜者，职阶也；升陛而拜，拜乎上，其所拜者，个人也。

5. “拜”者，敬拜也。依其职而敬拜之也，非个人之崇拜也，非为身家利害之拜也。

4 子绝四：毋意、毋必、毋固、毋我。

【翻译】

夫子禁绝四件事：不凭空臆测、不期必专断、不拘泥固执、不偏私自我。

【说解】

1. “绝”有绝弃、禁绝、阻绝、绝断诸义。绝者，禁绝，有持戒之义。“戒”者所以生“定”，由“定”而发“慧”也。

2. “意”者，臆测。“必”者，期必。“固”者，固执。“我”者，私我。

3. 无意而意，则化之于寂。无必而必，则体之于神。无固而固，则持之于理。无我之我，则契之于道也。

4. 禁绝了臆测心、期必心、固执心、私我心，进而化解之、消融之，则入乎神化之境，契入道理之域。

5 子畏于匡，曰：“文王既没，文不在兹乎？天之将丧斯文也，后死者不得与于斯文也；天之未丧斯文也，匡人其如予何？”

【翻译】

孔子被围困于匡地，说：“文王已经故去了，文化道统岂不就在我这儿么？若上天要毁丧这文化道统，我这后死的人，就不得参与这文化道统；而若上天不想毁丧这文化道统，匡人他们又能把我怎样?”

【说解】

1.“子畏于匡”，相传阳虎曾对匡人施暴，匡人厌之。孔子至匡，时由颜克驾车，夫子貌似阳虎，且颜克曾为阳虎驾车，匡人错将孔子误为阳虎，以是之故，夫子被围困于匡地。

2.“没”，同“殁”，故去、逝世之谓也。“文王”，文德之王也，文化道统所由兴也。文王既没，夫子肯认道统之传，就在于兹。此夫子领受天命之言也。

3. 夫子之领受天命，此如佛陀之受记于燃灯古佛也。此可以理解为立志、发愿，然有进于立志、发愿者。

4. 夫子有真信仰，便有真天命，有真天命，便能跨越宿命，契于造化之源也，成其德业也。吾辈踵继夫子，契接道统，领受天命，斯文自任，不敢不勉！

6 太宰问于子贡曰：“夫子圣者与？何其多能也?”子贡曰：“固天纵之将圣，又多能也。”子闻之曰：“太宰知我乎？吾少也贱，故多能鄙事。君子多乎哉？不多也。”牢曰：“子云：吾不试，故艺。”

【翻译】

太宰向子贡请问说：“夫子是圣人吗？为什么如此多才多艺?”子贡说：“这本是天意造就他做圣人，又使他多才多艺。”孔子听了说：“太宰岂真知道我吗？我少时贫贱，因此学了许多鄙俗技事。君子需要那么多才艺吗？不需要的。”琴张说：“夫子说：我不为明王所用，因此学了许多技艺。”

【说解】

1. 孔子之时，宋鲁陈吴，皆设有太宰之职，或有以《左传》《说苑》，证此即为吴国之太宰嚭。

2.“圣（聖）”者，耳听之于天，口宣之于人，通天接地，天人合德，道德理想之人格也。

3. 春秋时以圣人为多才多艺之人，孔子消而解之，说些实理实事，平平常常。就此平平常常，看出夫子气象。

4. 孟子有言“有诸己之谓信，充实之谓美，充实而有光辉之谓大，大而化之之谓圣，圣而不可知之之谓神”，是真知圣人境界也。

5.“牢”，夫子弟子琴张也。“不试”，不为当局大用。

7 子曰：“吾有知乎哉？无知也。有鄙夫问于我，空空如也。我叩其两端而竭焉。”

【翻译】

孔子说：“我有智慧吗？没什么智慧啊。有个乡下人向我提问，我只是空空，一无成见罢了。我叩究问题的首尾两端，而穷尽其中道理罢了。”

【说解】

1.“吾有知乎哉？无知也。”这是面对真知的态度。唯有承认自己之无知，才可能迈向真知之门。

2. 鄙夫之问，可见夫子有教无类也。“空空如也”，更见夫子之谦怀，亦可见其一无成见也。

3.“空空如也”，此空却一切，如其本然，如其现象而显现之也。盖如佛教所言“实相一相，所谓无相，即是如相”也。

4. 先着一“空”字，是空其表象，再着一“空”字，又作遮遣，则归于如，盖空空所以妙有也。

5.“叩其两端”，盖凡事物，皆有两端，两端一体；叩其两端，所以明其一体也。此经一交谈辩证之历程，竭尽此历程，真理方得彰显也。著一“竭”字，见其敬业，生生不息也。

8 子曰：“凤鸟不至，河不出图，吾已矣乎！”

【翻译】

孔子说："凤鸟不再飞来，黄河的龙马不再负图而出，今世恐不会再有圣明的君主，我想行道看来没希望了吧！"

【说解】

1. 相传舜时凤鸟来仪，文王时，鸣于岐山，祥瑞之兆，谓有圣明君王出现。

2. 又相传伏羲时河中龙马负图，由此天启，为作《易》之始也。

3. 伏羲开天一画，自然之文，如斯而现也。舜始兴孝悌，造为人伦。文王重卦，曲成万物，人文以建，文德以兴。

4. 夫子踵三圣，继道统，广其仁义，行于礼乐，安宅正路，由是而成。

9 子见齐衰者、冕衣裳者，与瞽者，见之虽少必作，过之必趋。

【翻译】

孔子见到戴孝服丧的人，或穿戴礼服礼冠的人，或是失明的盲人，见面时即使对方比自己年少，也必定起身站立；从他们面前经过，也总是趋步快速通过。

【说解】

1. "齐衰"，读为 zī cuī，次于斩衰，其丧服由熟麻布做成，缝边整齐，故名齐衰。古来丧礼有五等：斩衰、齐衰、大功、小功、缌麻。依其远近亲疏，各自有别，所以彰显人伦之等差也。

2. "齐衰者"，服丧之人也，服丧为哀，当以礼敬之。

3. "冕衣裳者"，冕为礼冠，上衣下裳，指的是穿戴礼服礼冠的人。冕衣裳者，行礼威仪，临此，当以礼敬之。

4. "瞽者"，失明之人也，临之，当辅之佐之，亦不离"礼敬"二字。

5. "作"，起身站立之谓也。"趋"，细步快速之谓也。皆表礼敬之行也。

10 颜渊喟然叹曰：“仰之弥高，钻之弥坚，瞻之在前，忽焉在后。夫子循循然善诱人，博我以文，约我以礼。欲罢不能，既竭吾才，如有所立卓尔，虽欲从之，末由也已。”

【翻译】

颜渊喟然深叹，赞说：“夫子之学，越仰望他，越显其高明；越钻研他，越觉其坚实。瞻望之就在前面，忽然又到后面去了。夫子循循善诱地引导我，先教我博学文章典籍，然后教我礼节约束。我真欲罢不能（想停止学习，也停不住），已经竭尽才力，我好似见到夫子那卓然超群的身影，即使想追随他，到头来总是无从跟得上。”

【说解】

1.“喟然”，深深长叹貌，有赞叹之意。《礼记·礼运》大同篇，夫子之叹，亦是此叹。夫子之叹，叹出了一段世界大同。颜回此叹，则叹出一番境界。

2.“仰之弥高，钻之弥坚，瞻之在前，忽焉在后”作一段看，“仰之弥高”言夫子之人格、理念也。“钻之弥坚”言夫子之学问、意志也。“瞻之在前，忽焉在后”，言其充满于生活周遭，无所不在也。

3.“循循然善诱人，博我以文，约我以礼”作一段看。“循循然”，条理次序貌。“诱”为引导，夫子教学，如其条理、次序，善于引导也。“博我以文”，所以广其见识、开拓胸襟也。“约我以礼”，所以收拾精神、自作主宰也。

4. 立其理念、尊其人格、坚其意志、笃其性情、博文约礼，未有不成其学者也。颜回者，可谓好学而善学者也。

11 子疾病，子路使门人为臣。病间，曰：“久矣哉！由之行诈也。无臣而为有臣，吾谁欺？欺天乎？且予与其死于臣之手也，无宁死于二三子之手乎？且予纵不得

大葬，予死于道路乎？"

【翻译】

夫子病重，子路要门弟子以家臣身份侍候夫子。过了阵子，夫子的病有些起色，说："很久了吧！仲由你如此作为简直是欺骗。我现在已没有家臣，你却伪装有家臣，我欺骗谁？欺骗上天吗？再说，我与其死在家臣手里，还不如死在你们诸位弟子手上吗？再说，我即使得不到卿大夫那般尊荣的大葬，难道我竟真就死在路上不成？"

【说解】

1. 春秋时，宗法封建，身份等级，世俗极为重视。夫子曾为鲁国司寇，后虽不在职，子路仍想依卿大夫之礼行之，夫子不许。

2. 以家臣身份侍候夫子，此只是现实之尊荣而已。以学生身份侍候夫子，此则见师生传承之义。

3. 夫子寄望的是德业的传承，而不是现实浮面的尊荣。以子路之贤犹未能免俗，可见时代风气影响之大。

4. "吾谁欺？欺天乎？"一语，简洁坦荡，夫子光辉之人格于焉可见。圣人之学本之在天，非仅立之于人尔矣。

12 子贡曰："有美玉于斯，韫椟而藏诸？求善贾而沽诸？"子曰："沽之哉！沽之哉！我待贾者也！"

【翻译】

子贡说："有美玉在此，放到柜子里藏起来，还是寻个识货的买家卖掉呢？"孔子说："卖掉啊！卖掉啊！我正等待那个识货的买家呢！"

【说解】

1. "贾"，可以是商贾之贾，作商人解。"贾"，亦犹价，"善贾"，犹言好价钱也。此处比喻为“明主”。夫子才德兼备，待明主任其大用也。

2.“美玉”，古来以玉润泽之德比喻君子，美玉犹言美德君子也。

3.“韫”，藏也。“椟（匵）”，犹言匮也。“韫椟”，犹言藏之于匮中也。

4.才德不用，虽有之，其犹无也。君子当修己以安人，内圣外王，通之为一。

13 子欲居九夷。或曰：“陋，如之何？”子曰：“君子居之，何陋之有？”

【翻译】

孔子想迁居到九夷之地。有人说：“那地方鄙陋得很，怎么住得？”夫子说：“君子居住的地方，自然要普及教化，怎会有什么鄙陋呢？”

【说解】

1.“九夷”，化外之地，相传为今之朝鲜，或有以之为东方之海上仙山也。此为夫子未能得明王之用，故感慨叹息也。

2.“陋”，鄙陋。君子居之，自成教化，君子参赞天地之化育，曲成万物而不遗，何陋之有？

3.庄严佛净土，是人去庄严了它，使它成为佛净土，不是它已成为庄严净土，你才去那儿。君子不是捡便宜，而是去让那个地方成为便利又合宜的地方。

4.九夷之居，是夫子的慨叹，此章可见君子对理想国的向往，人皆可以为尧舜，人人皆有士君子之行，大道之行也，天下为公。

14 子曰：“吾自卫反鲁，然后乐正，雅、颂各得其所。”

【翻译】

夫子说："我自卫国返回鲁国，才订正了音乐，使雅、颂恢复，各得其所。"

【说解】

1. 儒者之教，人伦之教，孝悌而已。儒者之政，德化之政，礼乐而已。

2. "反"，返之古字。夫子自卫返鲁，当在鲁哀公十一年，时已六十八岁，见大道难行，归而删《诗》《书》、订礼乐、赞《周易》、修《春秋》也。

3. 古者，"诗、礼、乐"和合为一体，"诗"所以兴发其志意也，"礼"所以整齐其威仪也，"乐"所以和同相与为一体也。

4. "雅、颂"，诗之体裁也，"雅"为朝廷宴享所用，"颂"则为宗庙祭祀所用。雅、颂各得其所，则礼乐教化如其本分而行也。盖教化之基，政治之本也。

15 子曰："出则事公卿，入则事父兄，丧事不敢不勉，不为酒困，何有于我哉？"

【翻译】

孔子说："出外在朝为官，奉事公卿；回到家里，奉事父兄；遇逢丧葬大事，不敢不用心努力；饮酒适量，不为它所困扰，这对我又有什么难的呢？"

【说解】

1. "出""入"犹言在外与居家也。"入"为人伦领域，"出"为政治领域。入为内圣，出为外王，出入不二，内外合一。

2. "出则事公卿"，此政治领域，所重者在次序、在理性、在法律。"入则事父兄"，此人伦领域，所重者在亲情、在恩义、在德性。

3. 丧事，人伦之终也。善其终，所以善其始也。"慎终追远，民德归厚矣。""丧事不敢不勉"，这可见对生命之庄严与尊重。

4.“酒”，所以成其久也，“君子以文会友，以友辅仁”，酒所以兴发志意也，善用之，其如诗耶，“一言以蔽之，曰：思无邪”。误用之，为其所困，至为可惜也。

癸巳（2013）十二月十七日晨于台北象山居

16 子在川上曰：“逝者如斯夫！不舍昼夜。”

【翻译】

孔子立在河岸上说：“光阴流逝，就像这河一般！日夜不停，往前奔去。”

【说解】

1. 夫子借喻，叹惋光阴，倏忽其已。又返照道体之生生不息也。

2.“逝”者，往而不复也。其如昼夜，相继不已。“舍”者，止也。“不舍”者，不止也。不舍昼夜，昼夜不止也。

3. 当下刹那，生生灭灭，往而不复，就其现象说。若识得本体，生生之德，一阴一阳，翕辟成变，继之者善，成之者性。

4. 人参赞天地之化育，便有了生机活力，有传承、有继述，光阴便起了大变化，它从“相乘之机”，寻找到了“贞一之理”。

5. 时间从刹那生灭的流转，到永恒不易的还灭，虽是昼夜不停，却是生生之德。

17 子曰：“吾未见好德如好色者也。”

【翻译】

孔子说：“我从没见过那爱好德行就如爱好美色一样真切的人。”

【说解】

1. 德须陶养，色本天成。“好德”须教养、须学习；“好色”则任天然、习本能。

2. 教养学习，“积思虑、习伪故”，必其“知通统类”，这是荀子一路。主涵养、重省察，必其能达乎一体之仁，这是孟子一路。前者重“礼”，后者重“仁”。

3. 由礼习之，进而为仁，自觉既深，契于妙理，入于造化，天人合德。如此，良知、良能就成了本知、本能，此心即是天理，鸢飞鱼跃、花开花落，无非自然生机，尽是造化之德。

4. 善善恶恶，如好好色、如恶恶臭，道德实践、美学欣趣，通而为一，此我华夏即道德即美学之极致也。

5. 好色是自然，有此自然，才有生机；有了生机，才有道德。行道德，而制之以色，行其禁欲，往往落得虚假境地、伪装人格。

6. 夫子此章不在“存天理、去人欲”，而在“存天欲、成人伦”，成人伦，终而归于天理也。天理不外人欲也，船山哲学，理欲合一，其论深矣远矣，良有以也。

18 子曰：“譬如为山，未成一篑；止，吾止也！譬如平地，虽覆一篑；进，吾往也！”

【翻译】

孔子说：“做个比喻，就像造山一样，还没成，就差一筐土；就这样停止了，那是我自己愿意停止的啊！再做个比喻，就像平地要堆一座山，即使只倒了一筐土；继续往前迈进，那是我自己愿意往前迈进的啊！”

【说解】

1. 造山快成了，就差一筐土，说成，还是没成。《书经》有言“为山九仞，功亏一篑”，夫子之言，本之于此，继之有所发挥也。

2. 持续力不足，纵有许多意愿，这意愿仍是虚的。阳明先生有言“知是行之始，行是知之成”，“知而不行，只是未知”。进言之，“行之未成”，亦未竟其功也，未成其德也。

3.“止，吾止也”“进，吾往也”，愿不愿，就看你立志没，只一个“志”，进而往之，可以造成一座大山。

4. 或有以“平地”为“填平洼地”者，如此“为山”“平地”对比，句法整然，日人竹添光鸿氏即作此说，亦可通。于文义综论之，原说为胜。

5. 有志、有愿，觉性既发，发而行之，行之力之，终底于成。就在当下一念，这念能觉，就能参赞天地之化育，与天地参。

19 子曰：“语之而不惰者，其回也与！”

【翻译】

孔子说：“告诉他道理而能行之不惰的，那大概就只颜回一人吧！”

【说解】

1. 夫子论道，颜回闻之，“不违如愚”。何以不违？默识心通，即知即行，无所挂碍。

2. 颜回是“安而行之”，其余则“利而行之”“勉强而行之”者也。

3. 颜回天资高，若子路者，天资虽不若颜回，但其“无宿诺”“闻过则喜”，勇猛精进，亦真豪杰丈夫也。

4. 颜回“闻一以知十”，“一”是部分，“十”是整体，“一”是起点，“十”是终点。颜回当下契入，直接本体之源。

5. 子贡“闻一以知二”，“一”是此面，“二”是彼面，此重在对比性的思考。契入在德行，对比由乎语言。颜回是德行科高足，子贡是言语科高足。

20 子谓颜渊，曰：“惜乎！吾见其进也，未见其止也！”

【翻译】

孔子谈起颜渊，说：“可惜啊！我只见到他日求精进，未见到他终底于成啊！”

【说解】

1. 夫子叹惜颜回，正像旭日东升，精进不已，中道凋零，宁不可叹。颜回过世，夫子哭之，痛矣恸矣！

2. “进”，犹前述所谓平地为山，方覆数篑，“进，吾往也”。“止”，止于至善也，如前所喻，是覆上最后一篑土，九仞之山，方得以成也。

3. 生命像是一首乐章，也像日出日落，颜回才起了头，却没完成。

4. 生命要有日出的光亮，却也要有日落的余晖。日出的光亮，让人看到启动的欢欣；日落的余晖，让人体会到完成的喜悦。

5. 夫子看到颜回启动的欢欣，却没看到他生命完成的喜悦，当然是遗憾的。思之，令人低回不已。

21 子曰：“苗而不秀者，有矣夫。秀而不实者，有矣夫。”

【翻译】

孔子说：“发了苗而不吐穗开花的，这是有的啊。吐穗开花而没结成果实的，这也是有的啊。”

【说解】

1. 生命三阶段：“苗”“秀”“实”。谷始生曰苗，成穗曰秀，谷成曰实。

2. 这三阶段可比拟于“兴于诗、立于礼、成于乐”，苗、秀、实，说的是植物的生长；诗、礼、乐，说的是人文的育成。

3. 老子亦有言“出生入死，生之徒，十有三；死之徒，十有三；人之生，动之死地，亦十有三”，生命真有其难处。正因如此，故当虔诚以对。

4. 要敬畏生命，“苗”时要敬畏，“秀”时要敬畏，“实”时尤要敬畏。曾子于此，体会至深，曾子有言“士不可以不弘毅，任重而道远，仁以为己任，不亦重乎，死而后已，不亦远乎！”如是之谓也。

22 子曰：“后生可畏，焉知来者之不如今也？四十、

五十而无闻焉，斯亦不足畏也已。”

【翻译】

孔子说：“年青后生是可敬畏的，怎知后来者的成就不如现在这一辈人呢？人活到四五十，若还未闻大道，那也就不足敬畏了。”

【说解】

1. 好个“后生可畏”，能敬畏后生，正可见其敬畏生命也。生命是传续的，正因其传续所以生生不息也。

2. “四十而不惑，五十而知天命”，于社会上来说，应闻达于乡里，于自家性命，当通达于天道。

3. “不惑”者，不惑于心，是内在之确认。“知天命”者，既知自然之命限，又知造化之无穷也。四十当行道于天下，五十则上契于天道。

4. 敬畏后生，何以故？因年青之生命是纯粹的、清明的、奋进的，也是自然的、无瑕的。

23 子曰：“法语之言，能无从乎？改之为贵。巽与之言，能无说乎？绎之为贵。说而不绎，从而不改，吾末如之何也已矣。”

【翻译】

孔子说：“严正训诫的话，能不听从吗？能改正自己行为，这才可贵。委婉相劝的话，能不愉悦吗？能寻绎话里义涵，这才可贵。若只愉悦，却不细心寻绎，或只听从，却不改正，那我对他也就没办法了。”

【说解】

1. “法语之言”，严正训诫之言也。“巽与之言”，委婉相劝之言也。

2. 改过迁善，必得有一主体能动性，若只顺从，只听听，那也就无甚作用。

3. 圣贤之贵，不贵在无过，过所不免也；贵在知过能改，知过能改，善莫大焉！

4. “从”是从个什么，不是因其法语厉言，随顺其气而从；“从”是从其事理，从其道理，从其天理也。如此之从，必当能改。

5. “悦”是悦个什么，不是喜其辞气，而是知其尊重，因其尊重而自重；以其自重，故能深入其中，寻绎其理。

24 子曰：“主忠信。毋友不如己者。过，则勿惮改。”

【翻译】

孔子说：“为人处事主要在忠诚信实。交往朋友不要学习他不好的。有了过错，不要怕改。”

【说解】

1. “忠”在职责，此是责任伦理。“信”在话语，此是社群之公义。夫子既重责任伦理，又重社群公义。

2. “主忠信”之“主”有重视义、主持义、主宰义、主体义。儒家所重在胸中有主，其主是自主，是来自天道及本心的自主。

3. “三人行，必有我师焉，择其善者而从之，择其不善者而改之”，交友当学其优，不当学其劣。

4. 文过饰非，乌云密布；认错改过，雨过天青。“认错”可彻底放下，是改过的起点。

5. 改过须有勇，一个“惮”字，叫你心思烦乱，一个“勇”字，让你大步向前。

25 子曰：“三军可夺帅也，匹夫不可夺志也。”

【翻译】

孔子说：“统率三军，何等威风，其帅可夺；匹夫一人，何等单薄，其志却不可夺。”

【说解】

1. 将帅治军，依法依制，这是由外在的权力而促成的；匹夫立志，自裁自觉，这是由内在的心性决定的。

2. 权力是别人给的，与夺与取，决之在人。志向是自己立的，定之在心，谁都拿不去。

3. “帅”在权，权无经则不成其权，有了经常之道，才有权变，才有裁制之权，才有统领之权。

4. “志”在道，通于经常之道，契于造化之源，自能生生不息。

26 子曰：“衣敝缊袍，与衣狐貉者立，而不耻者，其由也与？‘不忮不求，何用不臧？’”子路终身诵之。子曰：“是道也，何足以臧？”

【翻译】

孔子说：“身着破旧棉缊袍子，和那披戴狐皮貉裘的人站在一块，而不觉得羞愧的，这只有仲由才做得到吧？《诗经》上说：‘不因嫉妒而起加害心，不因羞愧而起贪求心，那随意怎么做都不会不好的啊！’”子路听了，终身诵咏这诗句。孔子说：“这是为人基本道理，怎能称得上善呢？”

【说解】

1. “衣敝缊袍”，身着破旧棉缊袍子，这是平民阶层。“衣狐貉”，披戴狐皮貉裘，此是贵族阶层。

2. 古时极重阶层，贵族平民，难与平阶而立，子路以其生命之豪杰气、丈夫气，故能如此，真乃勇者。

3. “不忮不求，何用不臧”是《诗经·卫风·雄雉篇》句子，“忮”有忌刻、加害之义，“臧”有称善、称扬之义。

4. “子路终身诵之”一句，见其真笃力行也。“是道也，何足以臧”一句，夫子终只是平常心而已。须知：平常心就是道。

27 子曰：“岁寒，然后知松柏之后凋也。”

【翻译】

孔子说："岁暮天寒，方才知道松柏长青，永不凋零。"

【说解】

1."岁寒"，比喻乱世；"松柏"，以喻君子。处乱世，小人为权、为利而变节，君子则不改仁义节操。

2.《庄子·让王篇》有言"孔子曰：天寒既至，霜雪既降，吾是以知松柏之茂也。陈蔡之隘，于丘其幸乎"。艰难，所以厉其坚贞也。

3. 松柏本不凋零，这里说"后凋"，是修辞的一种方式。汉文习于以经验体察，含蓄温婉地来表达意思，如以"微"说"无"，以"即"说"同"，以"远近"说"同异"，以"晚"说"免"。

4. 汉文重视的是生命意韵的生长，此不同于西文重视论理之结构。此与汉文之为一图像式文字，因其文字之图像而表象之，有密切关系。

5. 汉文重视的是气的感通与存在的彰显，此不同于西文，重视的是话语的精确掌握与逻辑的严整结构。

28 子曰："知者不惑，仁者不忧，勇者不惧。"

【翻译】

孔子说："智慧的人不迷惑，仁爱的人不忧心，勇敢的人不惧怕。"

【说解】

1. 智者，脑袋清明，明事理，由对象的清楚了别，到心灵主体坚定的确立；因此可以不惑。

2. 仁者，心灵柔软，有爱心，由自己的心去体会别人的心，将心比心，一体之仁；因此可以不忧。

3. 勇者，意志坚定，能力行，自己的生命通于造化之源，源泉滚滚，沛然莫之能御；因此可以不惧。

4. 孔子说"仁者必有勇"，老子说"慈故能勇"，真正的关怀与爱，定能生出无比的勇气，大爱是实践的良方。

5. 惧怕之反思，转而为畏，再向内转化而为敬，敬而可以养其勇。

忧心之反思，转而为关怀，关怀内化而为大爱，大爱可以养其仁。迷惑起疑情，疑情之反思，转而为了别，了别上提而为识知，再内向转化，足以养其智慧。

29 子曰："可与共学，未可与适道；可与适道，未可与立；可与立，未可与权。"

【翻译】

孔子说："可以相与共同学习的，未必可以相与迈向正道；可以相与迈向正道的，未必可以相与立定脚跟；可以相与立定脚跟的，未必可以相与通权达变。"

【说解】

1."共学"是共同学习，"适道"是迈向正道，"立"是立定脚跟，"权"是通权达变。"与"是相与，是共同，有相扶持之义。

2. 共学、适道、与立、与权，这是人生相与之道的四个境界，层次分明，可缓可急，可宽可紧，可远可近。

3. 共学易，适道难；与立不易，与权更难。

4. 共学是"缘"，适道则须识得"分"，如此才能成个"缘分"。"缘"只是机遇，"分"则须人的觉性去成全。不只觉性，由觉性来了定性，此事才能成。

5. 有了定性，才能立，立在天地间，这是常道。人世间多有变化，须得通权达变，无常道亦不足以通权。盖有贞一之理，相乘之机，方能了然洞达。

30"唐棣之华，偏其反而。岂不尔思？室是远而。"子曰："未之思也，夫何远之有？"

【翻译】

古逸诗有云："郁李树上的花开了，翩翩摇曳，去而复回。我心随之，岂能不想念你呢？只因居处相距遥远，天各一方。”孔子说：“只怕他未真正思念吧，若真正思念，何远之有？”

【说解】

1.“唐棣”，郁李，其花开时，看似相反，终而合并，“偏其反而”，有作如是说者。说其初开时，翩翩摇曳，“反”即“返”，去之又回，往复循环，左右翩翩也。

2. 诗人由“唐棣之华，偏其反而”起兴，借花之摇曳以喻我心之摇曳，以是思想起远方之友人。友人在远方，心思在当下，虽远而不远，当下即是也。只此当下，生出大力量、大愿力，真乃“何远之有”。

3.“唐棣之华”言其所观之现象也。“偏其反而”的“偏其”是“念”，“反而”则返归于“意”也，化念归意也。

4.“岂不尔思”者，心也；转意回心者也。“室是远而”，其心既回，当下一觉，忽觉其远也。果能思也，何远之有。思而能虑，虑而能抉，抉而能择，择而行之，何远之有。

夏历癸巳岁末，2014 年之 1 月 17 日，写于台北象山居

乡党第十：乡党宗庙、时处以礼

1 **孔子于乡党，恂恂如也，似不能言者。其在宗庙朝廷，便便言，唯谨尔。**

【翻译】

孔子在自己的家乡本地，容貌恭顺信实，看似不善言辞的样子。若在宗庙或朝廷，则是能言善辩；只是举止动容都很严谨。

【说解】

1.“恂恂如也”，容貌恭顺信实的样子。“便便言”，能言善辩的样子。

2.“乡党”，是家乡本地，是生活天地。“宗庙”，祭祀上帝、先祖所在，是神圣处所。“朝廷”，政令所出，乃议政机构。

3. 生活天地要温情相与，此所以“恂恂如也”。祭祀上天、先祖要庄严虔敬，此所以“唯谨尔”。议政发令要清楚分明，此所以“便便言”也。

4. 人在天地间、在处境中、在场域中，循顺其境，如如自然，依其性情，自成礼分。须知：礼，是生命性情的真实体现，是如其宇宙造化根源，源泉滚滚，沛然莫之能御，是循顺而合其宜的行止。

5. 礼是如此，乐亦是如此，盖大礼者与天地同节也，大乐者与天地同和也，皆本乎性情也。

2 **朝与下大夫言，侃侃如也；与上大夫言，訚訚如**

也。君在，踧踖如也，与与如也。

【翻译】

孔子上朝，与下大夫说话，态度和蔼、从容不迫；与上大夫说话，中正适度、论理分明。当国君视朝时，则心生恭敬、戒慎庄重，威仪中肯、如礼允当。

【说解】

1.“侃侃如也”，态度和蔼、从容不迫的样子。“訚訚如也”，中正适度、论理分明的样子。“踧踖如也”，心生恭敬、戒慎庄重的样子。“与与如也”，威仪中肯、如礼允当的样子。

2. 对晚辈要和蔼，对前辈要敬重，对国君要听命。这就叫各如其分、各行其礼。

3. 我曾有人间三阶论之说：老一辈要有温情关怀，年轻一辈要有理想志气，中年一辈则要有胸襟器量。

4. 夫子说“兴于诗、立于礼、成于乐”，又说“老者安之，朋友信之，少者怀之”，这道理说得宽些、高些，其实与本章所论是可通而同之的。

3 **君召使摈，色勃如也，足躩如也。揖所与立，左右手。衣前后，襜如也。趋进，翼如也。宾退，必复命，曰：“宾不顾矣。”**

【翻译】

国君召夫子要他去接待外宾，他一奉命令，便面色庄敬端重，脚步戒慎加快。向那侍立两边的人拱手作揖，向左边拱手，又向右边拱手。其间衣带，随顺前后，齐整飘动有致。趋步快行，往前迈进，两臂张开，如鸟舒翼。外宾告辞回去之后，必向国君复命，说：“客人去远了，不再回头了。”

【说解】

1.“摈”，接待外宾。“色勃如也”，面色庄敬端重、脚步戒慎加快的样子。“左右手”，先左后右，顺其尊卑也。“襜如也”，严整而有条理的样子。

2.“趋进”，趋步快行，往前迈进，表达其尊敬诚意。“翼如也”，两臂张开，如鸟舒翼，神气畅达，自然中节也。

3. 外宾告辞回去之后，必向国君复命，说：“客人去远了，不再回头了。”此送客之道也。如其礼，而达其情、畅其心意也，使通极于道也。

4. 接待宾客，必庄敬恭谨，依其名位，如其礼分，又当本乎性情，达乎天理，如此方可也。

4 入公门，鞠躬如也，如不容。立不中门，行不履阈。过位，色勃如也，足躩如也，其言似不足者。摄齐升堂，鞠躬如也，屏气似不息者。出降一等，逞颜色，怡怡如也；没阶趋，翼如也；复其位，踧踖如也。

【翻译】

孔子进朝廷公门，必曲身鞠躬，恭敬谨慎，像是公门容不下似的。立不伫在门中间，行不踏在门限上。行过国君之位，面色庄敬端重，脚步戒慎加快，出言轻柔，谦恭不自满。手摄握着长衫，整然有序，升阶入堂，必曲身鞠躬，恭敬谨慎，屏气无声，似若无息。退出后，下一级台阶，才舒气解颜，怡然和悦自在；下完台阶，趋前迈进，张开双臂，如鸟舒翼；回复其位，心生恭敬，戒慎庄重。

【说解】

1.“鞠躬如也”，曲身鞠躬，恭敬谨慎貌。“如不容”，像是公门容不下似的。敛身自持，戒慎恐惧，如此可见。

2.“立不中门，行不履阈。”立不伫在门中间，行不踏在门限上。门中为尊，不可立于此也，敬畏之也；阈者，门限也，行不踏在门限上，尊重之也。

3.“过位，色勃如也，足躩如也。”行过国君之位，面色庄敬端重，脚步戒慎加快。礼之所然也，臣于君应有之尊敬也。

4.“其言似不足者”，出言轻柔，谦恭不自满。事理之当，应如其然，不可强为之说，应谦怀相与，仔细倾听。

5.“摄齐升堂，鞠躬如也，屏气似不息者。”手摄握长衫，整然有序，升阶入堂，曲身鞠躬，恭敬谨慎，屏气无声，似若无息。此描述升堂见君的庄重礼敬，肃然端然，显其中正也。

6.“出降一等，逞颜色，怡怡如也。”退出后，下一级台阶，才舒气解颜，怡然和悦自在。敬畏生自觉，自觉既生，如礼而罢，返乎自然矣！

7.“没阶趋进，翼如也。”下完台阶，趋前迈进，张开双臂，如鸟舒翼。“复其位，踧踖如也。”回复其位，心生恭敬，戒慎庄重。返乎自然，又如其所如，止于敬也，盖礼无不敬也。礼之用，和为贵也。《乡党篇》中，在在可见。

5 执圭，鞠躬如也，如不胜。上如揖，下如授，勃如战色，足蹜蹜如有循。享礼，有容色；私觌，愉愉如也。

【翻译】

孔子执国君命圭，出使邻国，曲身鞠躬，恭敬谨慎，像是不胜其重的样子。举圭向上，好似向人作揖；举圭朝下，好似向人授物，战战兢兢，面色庄重，缩小脚步，如循线而行。交献礼聘，容色庄严；之后，以个人身份，各自往来，则现出愉悦和乐的样子。

【说解】

1. 此章大抵写出使之礼节、仪式。“执圭”，执国君命圭，出使邻国之谓也。“如不胜”，像是不胜其重的样子，言对其任务之庄重，盖敬其责也。

2.“上如揖，下如授”，举圭向上，好似向人作揖；举圭朝下，好似向人授物。古者，执圭与心齐，上不过揖，下不过授。

3.“勃如战色，足蹜蹜如有循。”战战兢兢，面色庄重，缩小脚步，如循线而行。盖示其用心庄重也。礼，“毋不敬”也。

4.“享礼，有容色。”交献礼聘，容色庄严。“私觌，愉愉如也。”之后，以个人身份，各自往来，则现出愉悦和乐的样子。此言公私有别，先公后私，公在庄严，私则和悦。公，强调其形式、仪则，故以庄严为尚；私，强调其具体、存在，故以和悦为尚。

6 君子不以绀緅饰，红紫不以为亵服。当暑，袗絺绤，必表而出之。缁衣羔裘，素衣麑裘，黄衣狐裘。亵裘长，短右袂。必有寝衣，长一身有半。狐貉厚以居。去丧无所不佩。非帷裳，必杀之。羔裘玄冠，不以吊。吉月，必朝服而朝。

【翻译】

君子平时衣服，不用深青色、绛青色镶边，家居私服不用红、紫色。当夏值暑，用细葛布或粗葛布做成的单衣，里面必穿内衣，再把单衣加在外面。黑衣配上羔羊皮的裘，白衣配上小鹿裘，黄衣配上小狐裘。家居的皮裘要长些，右边袖子得短些。寝卧的睡衣，长度一身有半。狐貉的皮毛较厚，可作为垫褥。除了吊丧，无不佩饰玉器。除了朝中祭穿的正幅帷裳外，一定得斜裁缝制。不穿羊羔皮裘、不戴黑色礼帽去吊丧。每月初一，必身穿朝服去上朝会朔。

【说解】

1. 此章所以言夫子之衣服礼制也。“绀緅饰”，用深青色、绛青色镶边。绀饰为斋祭之服，緅饰为丧祭之服，丧祭、斋祭之服，其色调有其神圣性、特殊性，不宜作为家居之服也。故孔子不以绀緅饰。

2.“亵服”，家居私服也。“不以红、紫”，言其非正色，故不用也。家居当用正色，服得其正，心性得其正，身家得其安矣！

3.“当暑，袗絺绤，必表而出之。”当夏值暑，用细葛布或粗葛布做成的单衣，里面必穿内衣，再把单衣加在外面。此乃文明之象征也。

4.“缁衣羔裘，素衣麑裘，黄衣狐裘。”黑衣配上羔羊皮的裘，白衣配上小鹿裘，黄衣配上小狐裘。皮裘所以暖其身也，外罩之以衣，颜色必相似，其内之皮裘，方可隐而不显，此所以隐其兽皮、扬其人性也。

5.“亵裘长，短右袂。”家居的皮裘要长些，右边袖子得短些。前者，所以保其暖也；后者，所以方便行动作为也。

6.“必有寝衣，长一身有半。”可以保暖，不露其体，是为文明也。“狐貉厚以居。”狐貉的皮毛较厚，可作为垫褥。言其保暖实用也。

7.“去丧无所不佩。”除了吊丧，无不佩饰玉器。盖君子不离玉器，所以彰显其润泽教化之德也。

8.“非帷裳，必杀之。”除了朝祭穿的正幅帷裳外，一定得斜裁缝制。杀之，斜裁缝制，此所以显其文明之为也。

9.“羔裘玄冠”，羊羔皮裘，黑色礼帽，此用之于喜事，不可用之以吊丧也。

10.“吉月，必朝服而朝。”每月初一，必身穿朝服去上朝会朔。此典礼所以议政、教养也。

7 齐，必有明衣，布。齐必变食，居必迁坐。

【翻译】

斋戒时，必换明洁的衣服，是用布做的。斋戒，必得变更饮食，平居所坐，也必得迁动。

【说解】

1. 此章言斋戒之礼，必沐浴更衣，必变换饮食，必迁动其居。盖斋者，所以齐也，整饬齐整，收拾身心也。

2. 斋戒表示对过去的告别，以及未来的生起，及因之而有生生不息的崭新动能。

3.“明衣”，所以整饬其外表也。“变食”，所以清理其内里也。“迁坐”，所以示其转化、创造与发展也。

4.“斋戒”隐含着生命历程的断裂与连续的辩证性。

8 食不厌精，脍不厌细。食饐而餲，鱼馁而肉败，

不食；色恶，不食；臭恶，不食；失饪，不食；不时，不食；割不正，不食；不得其酱，不食。肉虽多，不使胜食气。惟酒无量，不及乱。沽酒，市脯，不食。不撤姜食。不多食。祭于公，不宿肉。祭肉，不出三日；出三日，不食之矣。食不语，寝不言。虽疏食菜羹瓜，祭，必齐如也。

【翻译】

所吃饭食不嫌精美，所切鱼肉不嫌细碎。饭食糜烂而有馊味，鱼烂肉腐，不吃；色调坏恶，不吃；嗅味臭恶，不吃；烹饪失当，不吃；不合时令，不吃；肉切割不正，不吃；调料不对，不吃。肉再多，不能超过饭食。饮酒并无限量，以不及于乱为准。市面上零卖的酒、出售的肉，不吃。不撤去姜食。饮食定量，不多吃。助祭于公庙，所分祭肉，不留到隔夜。家中祭祀用肉，不出三日；超过三日，就不吃了。吃饭时，不与人交谈；睡卧时，不讲话。虽然用粗的饭食、菜汤、瓜果，来祭祝，也一定得斋戒整饬。

【说解】

1. 此章言夫子之饮食，重卫生、节制、仪节，有内修，有外持，内外所以交相养也。

2. “食不厌精，脍不厌细”是总持的说，食，此处指的是饭食或五谷杂粮之主食也。精者，米之嘉善者也。脍，肉类，特别是须经由切煮之肉类也。细者，所以助其消化也。其余所说，盖顺此而衍生以为论也。

3. “食饐而餲，鱼馁而肉败，不食；色恶，不食；臭恶，不食。”此言坏了的食物，不可食用，食了，会引发疾病。

4. “失饪，不食；不时，不食。”烹饪得当，此所以为教养也。如时而食，此所以合其天道也。

5. “割不正不食”，此所以顺其肌理，如其伦常也。“不得其酱不食”，言饮食当得其和合之道也。

6. “肉虽多，不使胜食气。”饭食所以为基底也，言当如其本末，不可倒置也。

7.“惟酒无量，不及乱。”此尊各自之自由也，所以相敬无碍也。

8.“沽酒，市脯，不食。”此所以护卫其生、尊礼其法、敬重其义也。

9.“不撤姜食”，盖姜食所以清理内外之气，使之清明也。“不多食”，饮食定量，不多吃，此所以有余心、有余力也。

10.“祭于公，不宿肉。祭肉，不出三日；出三日，不食之矣。”肉当求其鲜，不可久也。

11.“食不语，寝不言。”此有卫生之理，亦有伦理之理，盖卫生之理与伦常之理，通而为一，不二也。

12.“虽疏食菜羹瓜，祭，必齐如也。”虽为平常百姓，但庄敬是一样的，虔诚是一样的。

9 席不正不坐。

【翻译】

坐席没摆正，不坐。

【说解】

1. 正席而后坐，“不正不坐”，正之而后坐也。此所以收拾精神、端正身心也。

甲午（2014）之春二月十七日凌晨写于台北象山居

10 乡人饮酒，杖者出，斯出矣。乡人傩，朝服而立于阼阶。

【翻译】

孔子和乡里之人举行乡饮酒礼，席散之际，拄杖的老人出行返家，他才出行返家。孔子和乡里之人举行傩祭之礼，驱鬼逐疫，孔子必着朝廷礼服，立在家庙东阶上恭迎，尽其诚敬。

【说解】

1. 乡人饮酒之礼，所以尽其欢也。宾主同欢，通同于道也。“杖者”，拄杖之老人，当坐于上首，“既醉以酒，既饱以德”，杖者出，方可随之而出矣！

2. 杖者既出，则可放怀饮酒，所以尽其欢乐也。盖礼所以节其欲、达其情、通其理，上遂于道也。盖欲不可禁，而可节，可节而上遂于道也。礼者，理欲合一也。

3. “傩”者，傩祭之礼也，傩者，以戏扮之，所以驱逐鬼疫也。此盖先民鬼神祭祀之风俗也，不可禁，亦不必禁也。然孔子盛装朝服，所以彰显其威仪也，所以显道德理性之庄严也。

4. “阼阶”者，居于东也，此盖生生之位也，“朝服而立”，所以谨其生，所以敬其人，所以俨其祗敬也。

5. 此处可看出孔子对于习俗之尊重，并可见其所作德行之转化与成全。

11 问人于他邦，再拜而送之。康子馈药，拜而受之，曰：“丘未达，不敢尝。”

【翻译】

孔子派人去探访他邦友人，再而拜之，送他上路。季康子馈赠药品，孔子一拜称谢，收而受之，说：“丘也不通药性，不敢尝用。”

【说解】

1. “问”者，聘问，古时有聘问之礼。聘问，是请人代为问候。“再拜”，所以致其诚也。

2. 面晤，一拜即可；请人问候，再而拜之，礼远而使之近也。

3. 古者，有馈赠饮食者，当面而尝之，示其诚敬以受也，此盖礼也。唯药物则不可任意亲尝，当问之于医者，方可进之也。

4. 孔子亦通医术，此处用了“未达”两字，所以示其礼让为德也，并以此保其身也。“未达”二字，言雅致曲折，所以彰显其礼文教化也。

12 厩焚。子退朝，曰："伤人乎？"不问马。

【翻译】

马厩失火了。孔子退朝回来，说："伤人了没？"不及问马。

【说解】

1."厩"，马厩，养马之所。"厩焚"，马厩失火，养马者人，人可能就在其中，问人于先，此仁爱之德也。

2."不问马"，不及问马，盖紧急之故也。非刻意不问马也，亦非贵人贱畜也。此只是自然之理而已。

3.若先问马，不问人，此不仁之至也。马为财富，人是工人，这是视财富犹胜于养马之工人，不仁之至也。

4.人有灵觉，其自为目的，不能只是工具也。其余动植飞潜，其天生天养，有本能而无良能也，不能自为目的，而为人役使之工具也。"人之所以异于禽兽者几希"，如是之谓也。

13 君赐食，必正席，先尝之；君赐腥，必熟而荐之；君赐生，必畜之。侍食于君；君祭，先饭。疾，君视之，东首，加朝服，拖绅。君命召，不俟驾，行矣。

【翻译】

国君赏赐食物，必当正席而坐，率先以尝；国君赏赐生肉，必当烹煮以熟，率先敬祖；国君赏赐生物，必当畜养起来。侍奉国君进食，国君祭祖时，则先行用饭，为君尝食。患了病，国君前来探视，身卧于床，头必朝东，身子加披朝服，还要拖着大夫所系的绅带。国君有命来召，不待仆者驾车，就徒步先行去了。

【说解】

1.事君之礼，惟其敬之而已矣。国家者，非今之权力组织结构也，盖礼乐教养，教化所成之人伦天地也。家者士大夫之家也，国者诸侯之国也，由此人伦天地所成之家国，人人亲其亲，长其长，而天下平也。

2. 君臣之礼，所以彰显其义也，此五伦之总也。有夫妇而后有父子，有父子而后有君臣。君臣有义，父子有亲，夫妇有别，长幼有序，朋友有信，皆由此敬而德也。

3. “君赐食，必正席，先尝之。”正席，所以端其礼也。先尝，所以表其敬也。“君赐腥，必熟而荐之。”熟者，所以温润其情也。荐于其祖，所以表其恩泽之及于其先，彰其荣宠也。“君赐生，必畜之。”此所以长其涵养蕴蓄也。

4. “侍食于君，君祭，先饭。”国君先祭，所以彰其孝敬也；人臣先饭，所以彰其忠义也。

5. “疾，君视之，东首，加朝服，拖绅。”疾者，病厉也。不能起身行礼，首卧于东，其卧如躬，则面北，面北加朝服拖绅，所以为朝觐，尽人臣之礼也。

6. “君命召，不俟驾，行矣。”此所以彰国君之威严、人臣之谨慎也，严其忠诚也。

14 入大庙，每事问。

【翻译】

孔子进到太庙，遇逢其事，每件必问。

【说解】

1. 此章重出，见《八佾》第十五章，然亦有其不同处，请参看。

2. 此章只言“入大庙，每事问”，盖敬谨之至也。

15 朋友死，无所归，曰：“于我殡。”朋友之馈，虽车马，非祭肉，不拜。

【翻译】

朋友去世了，没有亲族料理归葬，孔子说：“在我处停殡吧。”朋友所馈赠品，即使车马，只要不是祭肉，接受时必不敬拜。

【说解】

1. 朋友道义，相互扶持，来我舍，当安之于馆舍，其逝也，当殡其柩，以待之，归其葬也。殡是停殡，暂停之，使之归葬也，归葬返其乡里，斯可以安也。

2. 朋友道义，通其有无，达其情志也，故子路有云，“愿车马衣轻裘，与朋友共，敝之而无憾”。以其平辈论交，故受之不必拜也。

3. “祭肉”者，荐之于祖考也。馈祭肉，其必当拜者，礼敬之也，敬其祖考，如若己之亲也。

4. 朋友有信，此五伦之终也。夫妇、父子、兄弟，家庭之伦也。君臣，政治之伦也。朋友，人文社会之伦也。人文教养、社会育成，朋友之伦，至为重要也。

16 寝不尸，居不容。

【翻译】

内寝不可行止如尸，平居不必拘谨容仪。

【说解】

1. “寝不尸”，或有云，内寝不舒布其四体，偃卧如死人者。盖将尸解释为尸体，此不的当。尸者，古者祭祀，择其幼者，端服如先祖，以为尸也。不尸者，不端坐如神也。寝不尸者，内寝不可行止如尸也。

2. “居不容”，或有作“居不客”者，谓不必庄敬若客人也。此亦通。若依原文，居不容者，平居不必拘谨容仪也。其义较胜。

3. “寝不尸，居不容”，此所谓燕居者，当“申申如也，夭夭如也”。盖所以从容自适也。

17 见齐衰者，虽狎必变。见冕者与瞽者，虽亵必以貌。凶服者式之，式负版者。有盛馔，必变色而作。迅雷风烈必变。

【翻译】

见了服重丧之人，即使日常亲狎，亦当变色，显其庄谨。见着戴礼冠或盲瞽之人，即使私下常见，亦当正貌，以礼相待。路遇凶服者，当凭轼行礼。对那持邦国图籍的人，亦当凭轼行礼。遇有丰膳盛馔，必当变动容色，起身致敬。遇着迅雷狂风，必当变其容色，以示警戒。

【说解】

1.“齐衰者”，服重丧之人也。见面当如其礼也。重丧，当哀礼以戚也，故“虽狎必变”。必变者，显其庄谨之至也。

2.“冕”者，朝服礼帽也，见之，如面其君也，如若国家之庄严也。“瞽”者，盲而不能视也，当悯之、爱之、怀之也。见冕者与瞽者，即使私下常见，亦当正貌，以礼相待也。

3.“凶服者式之，式负版者。”式者，轼也，虽乘车，亦当凭轼行礼也。

4.“有盛馔，必变色而作。”盛馔者，主人待之甚厚也；变色而作，起身致敬也。宾主之敬，所以各尽其礼也。

5.“迅雷风烈必变。”迅雷者，动其气也；风烈者，惊其暴也，必当变其容色，以警戒之，盖养天地之畏敬也。

18 升车，必正立，执绥。车中不内顾，不疾言，不亲指。

【翻译】

升车而上，必当正面而立，手执车绳。在车中，不回头反顾其内，不高声疾言，不指东指西。

【说解】

1.此乘车之礼也。“升车”，登车也。“正立”，正面而立；“执绥”，手执车绳，庄谨而注意安全也。

2.“车中不内顾”，所以瞻望其远也。“不疾言”，所以安其身也。

“不亲指”，所以舒其气也。此所以从容中道，自在自得也。

19 色斯举矣，翔而后集。曰：“山梁雌雉，时哉时哉。”子路共之，三嗅而作。

【翻译】

一见异色，举翅高飞，飞翔盘旋，然后落下，栖息于树。孔子说：“山中小桥，桥上雌雉，时时惊觉，惊觉时时。”子路听着，双手环拱，却看那雌雉，惊视再三，起身飞去。

【说解】

1.“色斯举矣”，一见异色，举翅高飞。此才念即觉，才觉即化，振翅以飞也。

2.“翔而后集”，飞翔盘旋，然后落下，栖息于树。翔者，飞翔盘旋，所以慎重其事也。集者，鸟栖于树，慎重其事，所以安身立命也。

3.“山梁雌雉，时哉时哉！”山中小桥，桥上雌雉，时时惊觉，惊觉时时。虽在山梁，仍当有所觉也，“造次必于是，颠沛必于是”。时哉时哉，刹那生、刹那灭，生灭灭生，参赞化育，当念即觉也。

4.“子路共之”，所以示其诚笃也。“嗅”，或讹作“臭”，实则应作“目犬”，若犬之警视也。

5.“三嗅而作”，所以审视再三也。荀子所言，“积思虑，习伪故”，伪起所以生礼义也。

甲午（2014）之春三月十八日凌晨写于台北象山居

先进第十一：先进质朴、礼乐可成

1 **子曰："先进于礼乐，野人也。后进于礼乐，君子也。如用之，则吾从先进。"**

【翻译】

孔子说："先进一辈，依持礼乐，端庄实在，倒像是自然朴野之人。后进一辈，大彰礼乐，文过其实，反被误认为是文质彬彬的君子。若有所用，那我宁可依从先进一辈。"

【说解】

1.《论语·先进篇》评论弟子之言甚多，文本提及闵子骞言行者有四，其中一次径称为闵子，因此或有以为此篇闵子弟子所记为多。

2. 先进、后进，犹言前辈、后辈也。此是拿古今作为对比。前辈古人，他们之于礼乐，是文质合宜，彬彬君子，今人反以之为"质胜文"，而视之为"野"。后辈今人，他们之于礼乐，是"文胜质"，今人反以之为君子。

3."如用之，则吾从先进"，清淡言之，自有庄重，自成风范。

4.《论语·子罕》有言："拜下，礼也；今拜乎上，泰也。虽违众，吾从下。"可与此同参。

5. 礼，重分寸节度；乐，重和合同一。大礼者，与天地同节也；大乐者，与天地同和也。礼乐者，本乎性情、合乎天理之真实践履也。

2 **子曰："从我于陈、蔡者，皆不及门也。"德行：**

颜渊、闵子骞、冉伯牛、仲弓。言语：宰我、子贡。政事：冉有、季路。文学：子游、子夏。

【翻译】

孔子说："跟随我在陈、蔡间共患难的学生们，如今都不在门下了。"德行科：颜渊、闵子骞、冉伯牛、仲弓。言语科：宰我、子贡。政事科：冉有、子路。文学科：子游、子夏。

【说解】

1. 孔子周游列国，曾困于陈、蔡之间，师生共患难，情义笃切；孔子感慨而叹，发抒其怀，盖思之深矣。

2. 曾子、有子未列入，或有谓两人"兼有四德"，故于此不另列。

3. "德行"重在自身之生长，"言语"重在彼此之互动；而"政事"则重在经世与济民，"文学"则重在教养与传承。

4. 此四科，或可与"正德、利用、厚生，惟和"同参，亦可与"仁义礼智""元亨利贞"等相比而视。

3 子曰："回也！非助我者也，于吾言，无所不说。"

【翻译】

孔子说："颜回啊！并不能给我什么帮助，对于我说的话，他无不悦然而解。"

【说解】

1. 颜回"闻一以知十"，其存在之证悟力特强，其话语不多，论辩亦少，于教学而言，罕有助益也。教学须得分辩，有分辩，才得分明。

2. "说"，悦也。悦然而解也。能于其所言，证入义理底蕴，存在相与，无不悦乐也。

3. 颜回"闻一以知十"，其所重为根源性的思考；子贡"闻一以知二"，其所重为对比性的思考。

4. "言外有知，知外有思，思外有在"，话语之外有认知，认知之外有思考，思考之外有存在。子贡者，其所重在话语、认知、思考也，而不及于存在也。颜回则契入存在，是真悟道者也。

4 子曰："孝哉！闵子骞，人不间于其父母昆弟之言。"

【翻译】

孔子说："大孝子啊！闵子骞，他父母兄弟对他称美之词，旁人莫不相信不疑。"

【说解】

1. 闵子骞，闵损，字子骞，古之大孝子也。年幼，母逝，父再娶，后母虐之。据云，后母生有二子，冬穿棉袄，给闵损穿的却是塞满芦荻花的破袄子。一日，雨雪风寒，闵损为其父驾车，破袄裂开，其父知之，欲出离其后母。闵损曰"母在一子寒，母去三子单"，其母感悟，一家终归和睦。

2. "孝"是对于生命根源纵贯的追溯与崇敬，"悌"是顺此生命根源而来的横面展开。

3. 此一纵一横，有了"孝"，生命有了纵深度与超越的高度；有了"悌"，生命有了宽广度与展开的厚度。

4. 儒家重在人伦孝悌，只此人伦孝悌，就足以"开物成务"，"范围天地之化而不过，曲成万物而不遗"。

5 南容三复白圭，孔子以其兄之子妻之。

【翻译】

南容多次念颂《诗经》中关于白圭的诗句，孔子称许他，便把兄长的女儿嫁给了他。

【说解】

1. "白圭"，见于《诗经·大雅·抑》，原文为"白圭之玷，尚可磨也；斯言之玷，不可为也"。意思是：白圭有污点，还可以磨去；言语有污点，就不可挽回了。

2. “三复白圭”，谨言之至，修身立业之本，能修身立业，乃可依靠，是为可妻也。

3. 南容，即南宫适，春秋鲁人，孟僖子之子，孟懿子之兄，因居南宫，因以为氏，字子容，简称南容。

4. 此可与《论语·公冶长》第二章“子谓南容‘邦有道不废，邦无道免于刑戮’。以其兄之子妻之”合参。

6 季康子问：“弟子孰为好学?”孔子对曰：“有颜回者好学，不幸短命死矣。今也则亡。”

【翻译】

季康子问：“弟子中谁称得上好学?”孔子回答说：“有叫颜回的，可称得上好学，不幸短命死了。如今再也没有了。”

【说解】

1. 此章当在颜回殁后，可见孔子之不舍也。

2. 学者，觉也，效也，效法学习，生命之觉醒也。颜回好学能唤醒人内在价值生命，孔子称之。

3. “好学近乎智，力行近乎仁，知耻近乎勇。”“智”是觉醒，“仁”是感通，“勇”是坚定。

4. “学是学此乐，乐是乐此学”，颜子所乐所学者，人伦孝悌、仁义道德，只此便是圣学。

7 颜渊死，颜路请子之车以为之椁。子曰：“才不才，亦各言其子也。鲤也死，有棺而无椁。吾不徒行，以为之椁。以吾从大夫之后，不可徒行也。”

【翻译】

颜渊过世，他的父亲颜路请求孔子卖掉其座车来买置外棺。

孔子说："有才、无才，父亲总为自己儿子。孔鲤过世时，殡葬只有内棺而无外棺。我总不能从此以后都步行，就为了给颜回买置个外棺来。再说，因为我也做过大夫，大夫是不可以徒步而行的啊！"

【说解】

1.“椁”，外棺之义。内棺为棺，外棺为椁。

2. 古时丧葬，富贵人家须有内棺外椁。颜渊死，其父颜路为厚葬其子，求孔子卖车换椁。孔子待颜渊，情同骨肉，但孔鲤死，孔子亦未置办外椁，如何可替颜回置办外椁？此人情之所不可也。他待孔鲤如何，亦必待颜渊如何。要是置办了，却显造作，不真了。

3. 虽只琐事，却见孔子分寸，即此分寸，便是个礼。孔子待颜回，如若亲子，尽之以礼，真情实感，既合天理，又合性情。

4. 此亦可见颜路之不如礼也，不知礼也，陷于父子恩情之私也。礼者，本乎天理、本乎性情，真性情者，非私情也，不可不知也。

8 颜渊死，子曰："噫！天丧予！天丧予！"

【翻译】

颜渊过世，孔子说："唉！上天要亡我啊！上天要亡我啊！"

【说解】

1.“天啊”，这是一终极而永恒的呼唤，这呼唤就是真理，就是生命，就是道路，这是通于人类诸文明的，无有宗教、人种之别。

2. 有此“天丧予！天丧予！”，这哀痛的呼唤，启动了造化之源，重显生机。

3. 有此真切悲悯之呼唤，上天必若慈母之保赤子，不忍舍弃也。这正是人们“积至诚，用大德，以结乎天心”当起之作用。

4. 儒学是天人性命之学，是通天、地、人三才之学，儒学非仅只是以人类为中心的学问。儒学不是由人的主体去证立道体的学问，儒学是天人合德之学。天的超越性、绝对性、根源性、普遍性，是分毫不能被减杀的。

9 颜渊死，子哭之恸。从者曰："子恸矣！"曰："有恸乎？非夫人之为恸而谁为？"

【翻译】

颜渊过世，孔子哭得很悲恸。从侍之人说："先生啊！您太悲恸了。"孔子说："真是悲恸啊？不为这样可贵的人悲恸，为谁悲恸呢？"

【说解】

1. "恸"，哀痛过度，放声大哭。颜回过世，孔子之恸，深矣过矣，犹若地坼天崩也。

2. 孔子本欲传道颜回，颜回不幸短命，是以有"天丧予！天丧予！"的深层呼唤。

3. 颜回殁后，孔子曾努力找寻接班人，子贡、曾子皆在所选之列，子贡只认得孔子为"多学而识之"，不知孔子"一以贯之"之义，故未通过选拔。

4. 曾子能知得"一以贯之"之义，为孔子所认定，然因年纪尚轻，犹待养望，不意孔子仙逝，大行而去，留下了接班人的问题，儒家后来分为八大门派，两大系统。

10 颜渊死，门人欲厚葬之。子曰："不可。"门人厚葬之。子曰："回也！视予犹父也，予不得视犹子也！非我也，夫二三子也！"

【翻译】

颜渊过世，弟子们想要厚葬他。孔子说："不适合这么做。"弟子们还是厚葬了他。孔子说："颜回啊！视我如父，我却不能视之如子啊！不是我厚葬他，是我的学生们做主厚葬的啊！"

【说解】

1. 孔鲤过世，孔子依礼而葬之，此平民之丧也。颜回过世，孔子亦想依礼而葬之，亦平民之丧也。门人答应了颜路之请，厚葬颜回，这是不如礼的，是不恰当的。

2.“颜渊死，门人欲厚葬之”，虽不合礼，但是人情之使然。孔子虽不可，但亦不强力反对。

3.“回也！视予犹父也，予不得视犹子也”，孔子慨叹，深矣切矣。这亦可见孔子之真性情，然此真性情必当依乎天理也。

4. 性情若不合礼，不依理，则可能蔽于私情；须知：性情仍得秉天理之公。

11 季路问事鬼神。子曰：“未能事人，焉能事鬼？”曰：“敢问死？”曰：“未知生，焉知死？”

【翻译】

子路请问如何敬事鬼神。孔子说：“不能敬事人，如何敬事鬼？”子路又问：“冒昧向您请问死？”孔子说：“不知生，怎知死？”

【说解】

1.“鬼神”，古始以来，宗教多有此说，此与巫祝信仰亦密切相关，或有言者，天神地祇，干涉人间，纷然而乱，至于大舜，始命重黎，绝地天通，立乎人伦，开启人文。

2.“未能事人，焉能事鬼”，这说的是以人作为参赞的起点，并不是人类中心主义。儒家重人伦孝悌，通乎天地；立乎德行，“民神异业，敬而不渎”，正因如此，可以“与鬼神合其吉凶”也。

3.“未知生，焉知死”，这说的是“视死犹生”；以其生生也，故生死幽明，通而为一。

4. 儒家重在“生生”处立说，以是之故，重在传承，重在连续，重在此传承连续，而立其永恒也。

12 闵子侍侧，訚訚如也；子路，行行如也；冉有、子贡，侃侃如也。子乐。曰：“若由也，不得其死然。”

【翻译】

闵子骞侍立在侧，端正和悦的样子；子路，刚烈亢直的样子；冉有、子贡，从容和畅的样子。孔子见如此，颇为快乐。却回头说："像仲由太过刚烈，恐怕要不得好死啊。"

【说解】

1. 此章闵子骞直以闵子称之，可能是闵子骞弟子所记，所以示其尊也。

2. "訚訚如也"，端正和悦貌。"行行如也"，刚烈亢直貌。"侃侃如也"，从容和畅貌。

3. 闵子端正，子路刚烈，冉有、子贡从容，四子俱如其性情，而各成风格，孔子见诸子之成长，乐见其尽性也，很是欢喜。

4. "若由也，不得其死然"一语，见孔子忧心之深、关爱之切也，又何不幸而言中也！仲由果死于卫国之乱，甚矣其惨烈也。

13 鲁人为长府。闵子骞曰："仍旧贯，如之何？何必改作？"子曰："夫人不言，言必有中。"

【翻译】

鲁国有人要重建藏货财的府库。闵子骞说："仍按旧制吧，又能奈何呢？何必重建翻造？"孔子说："此人一般不太说话，一说话却是中肯。"

【说解】

1.《左传》昭公廿五年，公伐季氏，三家逐之，公逊于齐。三家欲改建长府，扩大税收，聚敛其财也。称鲁人者，《春秋》笔法，贬天子、退诸侯、讨大夫也。

2. "仍旧贯，如之何？何必改作？"说得轻描淡写，但却有深意焉！

3. 闵子訚訚如也，端正和悦，却能有所指、有所止，甚难能可贵也。故孔子称其"夫人不言，言必有中"。

4. 话语的艺术，顺顺地说，淡淡地说，神情和悦，自有端正处，自能知止也，知止可以有定矣！

14 子曰："由之瑟，奚为于丘之门？"门人不敬子路。子曰："由也升堂矣，未入于室也！"

【翻译】

孔子说："仲由弹瑟，声调刚烈，这怎可以说是在我孔丘门下学的呢？"弟子们听了这话，对子路有所不敬。孔子又说："仲由也算是进门登堂了，只是还没有入室到家啊！"

【说解】

1. 此章并非子路弹瑟，孔子不悦，却如前人所言，"子路鼓瑟，有北鄙杀伐之声"，子路气质刚勇猛烈，音调不和。这番言论引得弟子对子路不敬，故孔子进而解释，指出子路所学尚未到家，但其心志方向值得肯定。

2. 古者院落，先得进门，再得登堂，终得入室，孔子肯定子路已进门、登堂，只未入于室而已。其余门人多所不及也。

3.《白虎通·礼乐》论曰"瑟者，啬也，闲也，所以惩忿窒欲，正人之德也"。弹瑟之时，宜平心静气，闲啬谦雅。子路仍不免其硁硁然，孔子警之。

4. 孔子当机指点，轻淡自然，温雅润泽，见门弟子不敬子路，只好和盘托出，点出关键，子路可使从政，却未真识得礼乐教化，德行生长也。

15 子贡问："师与商也孰贤？"子曰："师也过，商也不及。"曰："然则师愈与？"子曰："过犹不及。"

【翻译】

子贡问："颛孙师和卜商谁更贤达些？"孔子说："颛孙师过了，而卜商还不足。"子贡说："那么，还是颛孙师强些？"孔子说："过和不足都是一样不好。"

【说解】

1."师"，颛孙师，字子张。"商"，卜商，字子夏。子张太过，而子夏则有所不及。其于性情，皆有不得其正处，孔子举而教之。

2.教育是中道而立，能者从之；其不能者，教之、导之，使归于正也。

3.过、不及，此情性之偏也。"情性"非"性情"，情性者，自然之气性也；性情者，如其天道、天理之为性情也。情性是血气，性情则为义理。教养是由义理以生性情，由性情以调情性。

4.看似分寸节度，实存而具体，论其究竟，则是性情义理事，是天道究竟事。

16 季氏富于周公，而求也为之聚敛而附益之。子曰："非吾徒也，小子鸣鼓而攻之可也！"

【翻译】

季康子是鲁国的卿相，居然比周天子的三公还来得富有，而冉求为他聚集敛财，而使得他更加增益。孔子说："这人不是我的门徒，同学们！你们可打起鼓来去声讨他。"

【说解】

1.季氏，这里指的是鲁国之季康子。周公，指的是周公旦之次子世袭为周王朝之三公，简称周公，不是指周公旦本人。

2.冉求是孔子门下之能臣，尤善于收税，故季氏收不回的税，他做了家臣，竟不问老百姓之生计，多能收回，此可见他的能干，但这能干却不道德。可见孔子要培养的不只是能臣，而且是个有德的大臣。

3.能臣是技术型官僚，而大臣则能见其大体；能为苍生万民设想，能正德、利用、厚生者，斯可以为大臣也。

4."非吾徒也，小子鸣鼓而攻之可也！"一语，可见孔子痛彻心扉！

5.孔子虽痛彻心扉，但门徒毕竟是门徒，冉求与子路仍列为政事科之高足，而其排名仍在第一，此可见孔子教训之后，冉求有所悔过也。

17 柴也愚，参也鲁，师也辟，由也喭。

【翻译】

高柴愚直，曾参鲁钝，颛孙师外向偏激，仲由粗俗草莽。

【说解】

1. 此章之前未列“子曰”，当为孔子日常之言，门人记之于此。这些批评为的是要同学们以之为借鉴，变化气质。

2. 柴，高柴，字子羔，孔子弟子，相传此人，其行步，足不履影，执亲之丧，泣血三年，可见其好仁而无节度，此所谓“好仁不好学，其蔽也愚”。

3. 参，曾参，字子舆，孔子弟子，此人深思力行，理论贯于实践，实践回溯于理论，一以贯之，难得之至；但其学思深长而迟钝。

4. 师，颛孙师，字子张，孔子弟子，此人资质骛外，才气高傲，词情激切。曾子曰：“堂堂乎张也！难与并为仁矣。”

5. 由，仲由，字子路，孔子弟子，此人正直好勇，质而不文，草莽粗略。在《论语·先进篇》曾有谓“子路，行行如也”，孔子评论说“若由也，不得其死然”。其为喭也，粗略刚猛，可见一斑。

18 子曰：“回也！其庶乎，屡空。赐不受命，而货殖焉，亿则屡中。”

【翻译】

孔子说：“颜回啊！那可算是几近得道的人了，却屡屡空匮贫乏。端木赐能不受自然命限，去货殖经商，臆度事理，却屡屡得中。”

【说解】

1. 颜回，字子渊，孔子弟子，安贫乐道，不迁怒、不贰过，闻一以知十，于大道庶几真有所契入也。箪瓢屡空，却身心豁达，通于天地。

2. 端木赐，字子贡，孔子弟子，嘉言善行，通于诸侯，达于天下，闻一以知二，于大道虽未能真有契入，但胸怀宽广，包容天下，戮力传道，世所钦仰。

3. “不受命”，有二解，一谓其不受自然之命限，另一谓其未领受诸侯之公命，两者皆可通，以前说为胜，故取之。

4. “屡空”，或作“箪瓢屡空”以解，或将“空”解为“空空如也，我叩其两端而竭焉”，以前说为胜，故取之。

5. 颜回成就的是天命性道之贯通，子贡成就的是人间世事之功业。颜回是安贫而乐道，子贡是富而好礼。

19 子张问善人之道。子曰：“不践迹，亦不入于室。”

【翻译】

子张请问世善之人的行径何如。孔子说：“未能践履先人行迹，也就没能入于内奥之室。”

【说解】

1. 儒家论人，依序有小人、鄙人、俗人、常人、有恒者、善人、君子、贤者、圣人。

2. 善人，朱子以为是“质美而未学”者也。学所以觉也，未学则未觉，未能因其学问之统绪，而入于造化之源也。

3. “践迹”，由此迹上循其本，由流上溯其源也，有本有源，斯乃得道也。

4. 善人凭其资质之美，及行善之努力，或有所成，但毕竟是小成，盖不由学统，则难继道统，不继道统，则难承天命也。

5. “不入于室”，未入其内奥之室也。以“进门、登堂、入室”为论，善人努力，亦可以进门、登堂，但未入于室也。

20 子曰：“论笃是与！君子者乎？色庄者乎？”

【翻译】

孔子说："言论笃实，值得称许！但得考察他果是真正的君子呢？还是只外貌庄严而已呢？"

【说解】

1. 言论是心意的表现，当得其笃切实在也。若得笃实，当可称许！真假难辨，孔子警之也。

2. 或有以此章连上章而论，依何晏所注："论笃者，谓口无择言。君子者，谓身无鄙行也。色庄者，不恶而严，以远小人者也。言此三者，皆可以为善人也。"

3. 若关联《论语·述而》所说：子曰："圣人，吾不得而见之矣；得见君子者，斯可矣。"子曰："善人，吾不得而见之矣；得见有恒者，斯可矣。亡而为有，虚而为盈，约而为泰，难乎有恒矣。"可见"善人"与"有恒者"相待而立，何晏之解，将"善人"独立成说，并不适当，故不取。

4. 此章可单独成章，"论笃"当得称与，但其为君子乎？当好自省思也。其色庄者乎？抑果真自表自里，真真实实。

5. 色庄，说的是表象，说的是习惯，习惯上是个君子，可不是真君子。真君子要能继道统、领天命，文质彬彬，斯乃君子也。

21 子路问："闻斯行诸？"子曰："有父兄在，如之何其闻斯行之？"冉有问："闻斯行诸？"子曰："闻斯行之！"公西华曰："由也问'闻斯行诸'，子曰'有父兄在'；求也问'闻斯行诸'，子曰'闻斯行之'。赤也惑，敢问？"子曰："求也退，故进之；由也兼人，故退之。"

【翻译】

子路请问："听闻了道理，就立刻去做吗？"孔子说："父兄健在，怎么可以听闻道理立刻去做呢？"冉有请问："听闻了道理，就立刻去做吗？”孔子说：“听闻道理，就立刻去做啊！”公西华说：“仲由请问‘听闻了道理，就立刻去做吗’，您回答他‘父兄健在’的话；冉有请问‘听闻了道理，就立刻去做吗’，您说‘听闻道理，就立刻去做啊’。公西赤我感到困惑，冒昧地想请教孔子您，这到底是何理由呢？”孔子说：“冉求性子常退后不前，故鼓励他进取向前；仲由性子好勇过人，故要他谦退礼让。”

【说解】

1. 此章可见孔子因材施教，如弟子之性情气质所缺而教化之。

2. “诸”，“之”“乎”之合音。“闻斯行诸”，闻斯行之乎。

3. 子路好勇过人，孔子退之，使其性情能得其正也；然终其一生而难免“行行如也”之过，果真不得其死然，后来死于卫国之乱。子路虽不得其死，但终是刚烈性子，成就其伟岸之人格也。

4. 冉求于现实颇机巧，重势不重道，面对真理，多所退缩，孔子鼓励其向前，但终还是免不了为季氏做聚敛家臣。因此，孔子有“小子鸣鼓而攻之可也”的慨叹。

5. 人气质之难化，甚至可说不可改变，只能成全，然成全也是困难的。孔子万世师表，面对百千弟子，仍所难也。

22 子畏于匡，颜渊后。子曰：“吾以女为死矣！”曰：“子在，回何敢死？”

【翻译】

孔子被围困在匡城，颜渊失散，最后才赶来。孔子说：“我还以为你死了呢！”颜渊说：“您在，颜回我何敢就这样死了呢？”

【说解】

1. “子畏于匡”，相传阳虎曾对匡人施暴，匡人厌之。孔子至匡，时由颜克驾车，孔子貌似阳虎，且颜克曾为阳虎驾车，匡人错将孔子误为阳虎，以是之故，孔子被围困于匡地。

2. 钱穆引《礼记·檀弓》“死而不吊者三，畏、厌、溺”，“畏”指的是民间私斗，此义可取。

3.“后”，落后脱队，最后赶至。“女”，汝，犹今所言“你”。

4. 孔子谓颜回“吾以女为死矣”，随口而出，无所修饰，见其忐忑不安，见其关怀备至也。

5. 颜回谓孔子“子在，回何敢死！”当下而应，不假思索，师徒情深义重，话语自然，纯是天机也。

23 季子然问：“仲由、冉求，可谓大臣与？”子曰：“吾以子为异之问，曾由与求之问！所谓大臣者，以道事君，不可则止。今由与求也，可谓具臣矣。”曰：“然则从之者与？”子曰：“弑父与君，亦不从也！”

【翻译】

季子然请问：“仲由、冉求可算是识其大体的大臣吗？”孔子说：“我还以为你有特别不寻常的问题要问，却是要问仲由和冉求啊！所谓识其大体的大臣，是以道义来事奉国君，要是不能达成，就辞职不再当官。说起仲由和冉求，可以算作具备工作能力的臣子吧。”又问：“这样说来，那么他们会顺从季氏的作为吗？”孔子说：“杀父、弑君的事，也是不顺从的啊！”

【说解】

1.“大臣”，识其大体的大臣。“具臣”，具备工作能力的臣子。大臣见其大，具臣行其小，大臣重在德行、教养、见识，具臣重在才能、技术、巧艺。

2. 以仲由及冉求相较，仲由犹胜一筹，以其正直也，以其刚毅也，正直刚毅，此大臣之所具也；唯仲由好勇太过，所以失其大也，否则足堪为大臣也。

3. 仲由及冉求虽为具臣，但大是大非，彼等仍能守得住，盖君、父者，人伦社群之所不可乱也。

4. 大臣重在明道，具臣重在行事，明道可以成教化，行事则落在枝节处。

5. 华夏政治重在道德教化，重在人伦孝悌，重在致虚守静，重在道法自然。

24 子路使子羔为费宰。子曰：“贼夫人之子！”子路曰：“有民人焉！有社稷焉，何必读书，然后为学？”子曰：“是故恶夫佞者。”

【翻译】

子路推举子羔去费城做县宰。孔子说：“伤害了这年青人啊！”子路说：“那里既有俗民百姓，又有乡里社稷。何必非要读书，才算是学习呢？”孔子说：“正是这原故啊，我最是讨厌利口善辩的人了。”

【说解】

1. 贼，伤害也。子羔材质虽美，然学问未成，派其出仕，孔子以为这是伤害。

2. 子路答以有民人、有社稷；民人者，俗民百姓也，可以熟悉其政治之实践也；社稷者，乡里社稷，社为土地神，稷为五谷神，所以熟悉其祭祀之礼行也。

3. 学问未成，觉醒不足，根源未清，未能适道，何来与立、与权。

4. 政治之确立与通权达变，都必须立基在道理之明白上，道理者，根源之理也，不可不明也。

5. 佞，利口善辩也。子路原是心直，何来佞者？只因气急好勇，便生出许多事来。气急好勇，其所佞者，人所不知，自己亦不知。其伤害莫此为甚也。

25 子路、曾皙、冉有、公西华侍坐。子曰：“以吾一日长乎尔，毋吾以也！居则曰‘不吾知也’，如或知尔，则何以哉？”子路率尔而对，曰：“千乘之国，摄乎大国之间，加之以师旅，因之以饥馑，由也为之，比

及三年，可使有勇，且知方也。”夫子哂之。“求，尔何如?”对曰：“方六七十，如五六十，求也为之，比及三年，可使足民；如其礼乐，以俟君子。”“赤，尔何如?”对曰：“非曰能之，愿学焉。宗庙之事，如会同，端章甫，愿为小相焉。”“点，尔何如?”鼓瑟希，铿尔，舍瑟而作，对曰：“异乎三子者之撰。”子曰：“何伤乎？亦各言其志也。”曰：“莫春者，春服既成，冠者五六人，童子六七人，浴乎沂，风乎舞雩，咏而归。”夫子喟然叹曰：“吾与点也!”三子者出，曾皙后。曾皙曰：“夫三子者之言何如?”子曰：“亦各言其志也已矣。”曰：“夫子何哂由也?”曰：“为国以礼，其言不让，是故哂之。”“唯求则非邦也与?”“安见方六七十，如五六十，而非邦也者?”“唯赤非邦也与?”“宗庙会同，非诸侯而何？赤也为之小，孰能为之大?”

【翻译】

子路、曾点、冉有、公西华侍坐在孔子身边。孔子说：“因为我比你们年长了些，不要因为这样对我有所顾忌啊！平居时，你们常说‘没人知得我’，要是有人知得你，那么你要如何作为一番?”子路率性地说：“那拥有千乘马车的国度，夹摄在大国之间，外有敌军师旅之威胁，内遭大地饥馑之灾荒，让我仲由去治理，等到三年过后，一定可以让民众勇武，而且懂得道义之方。”孔子轻轻哂笑。又问：“冉求，你要如何作为呢?”冉求答道：“那方六七十里或五六十里的地方，让我去治理，三年以后，就可以使百姓饱暖；至于这个国家的礼乐教化，就要等君子来施行了。”孔子又问：“公西赤，你要如何作为呢?”公西赤答道：“不敢说我真能做到，而是愿意学习。在宗庙祭祀的活动中，或者在与其他国家的盟会中，我愿意穿着礼服，戴着礼帽，做一小小的赞礼者。”孔子又问：“曾点，你要如何作为呢？”这时曾点正在弹瑟，瑟声稀落，铿的一声，他放下瑟，站了起来，回答说：“不同于前面三位所说的。”孔子说：“那又有何伤呢？也只各人说说自己的志向。”曾点说：“暮春三月，已经穿上春天衣裳，成年冠者五六人，童子少年六七人，在沂水里洗浴，在求雨的舞雩台上吹风纳凉，咏唱着歌回家去。”孔子长叹一声说：“我赞成曾点的想法啊！”子路、冉有、公西华前三个走在前，出去了，曾点在后。他请问孔子说：“他们三人话说得何如？”孔子说：“也就各自说说自己志向罢了。”曾点说：“夫子为何轻轻哂笑仲由呢？”孔子说：“治理国家应当礼让为上，他说话一点也不谦让，因此轻轻哂笑他。”曾点又问：“那冉求所讲就不是治理国家吗？”孔子说：“怎见得六七十里见方或五六十里见方，就不是一家国小邦呢？”曾点又问：“那公西赤所讲就不是治理国家吗？”孔子说：“宗庙祭祀、诸侯会盟，这不是诸侯的事，那又是什么？像公西赤这样的人说是只能做一个小相，那谁又能做大相呢？”

【说解】

1. 子路、曾点、冉求、公西华，在孔子处侍坐，随意闲谈，却各有一番气象；孔子听言观志，轻轻哂议，自是一番机趣。

2. 子路好勇能兵，冉求多艺善治，孔子轻轻道来，却说个为国以礼，治事以让，得此礼让，人伦能长，社群能化。

3. 公西华却是宗庙大器，诸侯相会，缔结条约，何等盛事，却只谦怀，所以彰其治世之理想也。

4. 曾点最是自然，无所挂碍，无所执着，纯任性情，鼓瑟为乐，韵律中自见天机，何等从容，不疾不徐，真个鸢飞鱼跃，青山绿树，“万物并作，吾以观复”。

5. “吾与点也”之叹，是顺前三子，往上一层境界来说，这是“范围天地之化而不过，曲成万物而不遗”也，这是王道之理想也，此真儒学之论也。若忽视前三者之所说，直就曾点所说，高谈其意境，则不免其禅味也。

甲午（2014）立夏五月十九日晨三时三十分于台北元亨居

颜渊第十二：克己复礼、天下归仁

1 颜渊问仁。子曰："克己复礼，为仁。一日克己复礼，天下归仁焉。为仁由己，而由人乎哉?"颜渊曰："请问其目。"子曰："非礼勿视，非礼勿听，非礼勿言，非礼勿动。"颜渊曰："回虽不敏，请事斯语矣。"

【翻译】

颜渊问仁德。孔子说："约束自己，去实践礼，就是仁德。果真一日，约束自己，去实践礼，天下也就同归于仁德。实践仁德，在乎自己，怎可以是从他人开始呢?"颜渊说："请教仁德的纲目。"孔子说："不合乎礼不看，不合乎礼不听，不合乎礼不说，不合乎礼不做。"颜渊说："我颜回虽不够慧敏，但愿意奉持先生的话去做。"

【说解】

1."克己"的"克"有两解，一为克制、约束之义，一为克能、能够之义。"复礼"亦可有两解，一为实践礼，一为合乎礼。总而论之，可说成：克制了欲望，合乎其礼；也因之强化实践之动能，而力行仁德。

2."克己"以其能克制自己，所以能启动其本体之实践动能也。此是知止，而可以启动也。"终乎艮"，所以定止也。以其定止，所以启动也，此《易》所谓"帝出乎震"也。

3."复礼"的"复"可作"合乎""符合于"解，亦可作"实践""践履"解。"礼"是分寸、节度，也是实践的具体落实，盖礼者，履也。

“复礼”是合乎礼，而实践了礼，具体落实于应有的分寸、节度之中。

4.“非礼勿视”者，视之如礼也。“非礼勿听”者，听之如礼也。“非礼勿言”者，言之如礼也。“非礼勿动”者，动之如礼也。说的是：视听言动，都合乎分寸、节度地去展开实践。

5.克己复礼，看似往内求，其实是内外通贯为一。这是己欲立而立人、己欲达而达人，这是修己安人、修己安百姓，这是内圣外王，因此说“天下归仁焉”。

6.如此天下归仁，是人人皆有士君子之行，如《易经》所说“乾元用九，见群龙无首，吉”之谓也。

2 仲弓问仁。子曰：“出门如见大宾，使民如承大祭。己所不欲，勿施于人。在邦无怨，在家无怨。”仲弓曰：“雍虽不敏，请事斯语矣。”

【翻译】

仲弓问仁德。孔子说：“出门在外，如同会见大宾；役使人民大众，如同承担祭祀大典。自己所不想要的，便不强加于别人。在邦国做事，无所怨尤；在大夫之家做事，亦无怨尤。”仲弓说：“我冉雍虽不够慧敏，但愿意奉持先生的话去做。”

【说解】

1.冉雍，字仲弓。伯牛之子。虽为贱民之子，但孔子认为他可以南面为君，可见其材质、德行俱美矣！

2.“大宾”，公侯之宾也。“见大宾”者，见公侯之宾也。“大祭”，郊禘之祭也。“承大祭”者，承担郊禘大祭之典也。此两者都须内持其“恭敬”也。见大宾之敬，重在“我与你”的融通体谅、雅致和均。承大祭之敬，则重在对越在天，是对一超越的他者的礼敬，重在神圣超越、崇高盛德。见大宾是平铺的交融，承大祭是纵贯的礼敬。

3.“己所不欲，勿施于人”言其敬也。因为是敬之在己，所以能自己之所不愿，而不强加于人。这是儒家“恕道”的起点，是实践仁德的适当动力。

4.能有如此之恕道，也就能“在邦无怨，在家无怨”。邦，是诸侯之邦。家，是大夫之家。甘愿做，欢喜受，何怨之有。

5. 夫子下学而上达，不怨天，不尤人，处处可见其余裕也，能如此，才可从容；能从容就能中道。

3 司马牛问仁。子曰："仁者，其言也讱。"曰："其言也讱，斯谓之仁已乎？"子曰："为之难，言之得无讱乎？"

【翻译】

司马牛问仁德。孔子说："有仁德之人，他说话能忍耐而不轻易出口。"又问："能忍耐而不轻易出口，这就是所谓仁德吗？"孔子说："要做起来可是难啊！说起话来，能不忍耐而不轻易出口吗？"

【说解】

1. 司马牛，名耕，字子牛。孔子弟子，为宋司马桓魋之弟，司马桓魋有意谋害宋景公，子牛忧之。

2. "讱"，言有所隐忍而难以说出，正因如此，应忍耐而不轻易出口。能不轻易出口，此便是"知止"工夫，能知止，就能长出"定、静、安、虑、得"。思虑抉择，得于其理，便知如何实践仁。

3. "仁"是体恤、同情，是慈悲、关怀；能如此，才能长出智慧，能勘破弊病，才能起着仁德之效用。

4. 话能有所忍，"其言也讱"，却能柔韧，能从容，能默运，能潜移，这便是实践的大工夫。

5. 仁的实践，不是口头上去说，而是身体之、力行之。"刚毅木讷，近仁"，"仁者，其言也讱"，这"讷""讱"两字，直是吃紧得很。

4 司马牛问君子。子曰："君子不忧不惧。"曰："不忧不惧，斯谓之君子已乎？"子曰："内省不疚，夫何忧何惧？"

【翻译】

司马牛请问君子之道。孔子说：“君子不忧愁不惧怕。”又问：“不忧愁不惧怕，这就可以说是君子吗？”孔子说：“内自省察，问心无愧，那又有什么可忧愁、可惧怕的呢？”

【说解】

1. 司马牛忧其兄之将乱，而引发诸多问难，上述已见，此章亦然。君子者，德行人格成之于己，自我完善而无求于人也。

2. 仁者不忧，勇者不惧。真爱者，心中通达，无所忧愁；真勇者，生死度外，无所惧怕。有真爱、有真勇，何忧何惧！

3. 君子所求者，内在德行之自我完善也，不为物喜，不为己悲；先天下之忧而忧，后天下之乐而乐。这样的忧乐，是不忧不惧的忧乐。

4. 语云“岂能尽如人意，但求无愧我心”，却是端的道理。只此道理，便可无忧无惧。

5. 有柔软的心肠，故不忧；有坚定的意志，故无惧。

5 司马牛忧曰：“人皆有兄弟，我独亡。”子夏曰：“商闻之矣：‘死生有命，富贵在天。’君子敬而无失，与人恭而有礼；四海之内，皆兄弟也！君子何患乎无兄弟也？”

【翻译】

司马牛忧伤地说：“人家都有兄弟，而我独独没有。”子夏说：“我卜商听先生说过：‘生死有自然之命限，富贵任天之安排。’君子敬谨而无过失，与人相处恭逊而有礼；四海之内，都可做兄弟的啊！君子又何须担心自己没兄弟呢？”

【说解】

1. 司马牛之兄为桓魋，在宋作乱，其弟子颀、子车，皆随桓魋作恶，司马牛忧心忡忡，以故说“人皆有兄弟，我独亡”也。其慨叹难过可知！

2. 子夏，姓卜名商，孔子弟子，为文学科之高足。后为魏文侯师，帮助魏国变法，其弟子吴起、李克，更是战国前期之法家。

3.“死生有命”，命指的是自然之命限；“富贵在天”，说的是天运之安排。自然之命限、天运之安排，非人力所能为，然人伦之礼序，则可建立在天理道义上。

4. 人伦礼序、天理道义，其所行也，当求内之敬谨、外之恭礼。内之敬谨所以养心性之德也。外之恭谨所以得朋友之信也。

5. 兄弟非仅血缘生命之兄弟，可以是道义相许之兄弟，可以是慧命护持之兄弟，这样的兄弟有本真之性情，有原始之初心，上通天、下接地，真乃“四海之内皆兄弟”也。

6 子张问明。子曰：“浸润之谮，肤受之愬，不行焉，可谓明也已矣。浸润之谮，肤受之愬，不行焉，可谓远也已矣。”

【翻译】

子张问明察之智。孔子说：“像水逐渐渗透湿润那样的谗言，像切肤之痛那样的控诉，在这儿行不通，这可说是明察之智了啊。像水逐渐渗透湿润那样的谗言，像切肤之痛那样的控诉，在这儿行不通，这可说是远见之智了啊。”

【说解】

1. 子张，姓颛孙，名师，子张其字也。曾子曰：“堂堂乎张也！难与并为仁矣。”又子游有言：“吾友张也，为难能也；然而未仁。”这可见其一斑也。子张是颇有成就的，但并未能达乎仁的境地，为可惜也。

2.“明”有智慧之明、明通于道之义。此处之明，重在明察之智，这是了别于物，是认识分明也。

3.“浸润之谮”，像水逐渐渗透湿润那样的谗言，时日既久，容易让人失其警恻，失其明觉。

4.“肤受之愬”，像切肤之痛那样的控诉，紧急迫促，容易让人当下起心动念，念头动了，执着起了，这控诉也就成了。

5. 夫子两复斯言，“不行焉”，何其难也，何其明察也，何其远见也，何其可贵也。

7 子贡问政。子曰：“足食，足兵，民信之矣。”子贡曰：“必不得已而去，于斯三者何先？”曰：“去兵。”子贡曰：“必不得已而去，于斯二者何先？”曰：“去食。自古皆有死，民无信不立。”

【翻译】

子贡问为政之道。孔子说：“充足粮食，充足军备，得到人民的信任。”子贡说：“必不得已要三者去其一，在这三者，何者为先？”夫子说：“舍去军备。”子贡又问：“必不得已要两者再去其一，在这两者，何者为先？”夫子说：“舍去粮食。自古人都不免会死亡，若是得不到人民的信任，那政治是建立不起的。”

【说解】

1. “足食”，充足粮食，所以繁衍长养庶民也。“足兵”，充足军备，所以抵御外侮、攘外安内也。“民信”，得到人民的信任，这是国家建立的基础。

2. 足食、足兵，是物质层面；民信，是精神层面、理念层面。物质层面固然重要，但精神、理念的层面则格外重要。

3. 信，是确定，有信念、信心、信仰，强调的是必然性，唯此必然之确定，才能使得足食、足兵，获得一种充实而有光辉的大格局。

4. 此章可与《论语·子路篇》所言：子适卫，冉有仆。子曰：“庶矣哉！”冉有曰：“既庶矣，又何加焉？”曰：“富之。”曰：“既富矣，又何加焉？”曰：“教之。”相互参考讨论。

8 棘子成曰：“君子质而已矣，何以文为？”子贡曰：“惜乎！夫子之说君子也，驷不及舌！文犹质也，质犹文也；虎豹之鞟，犹犬羊之鞟。”

【翻译】

棘子成说：“君子有好的材质就够了，何须礼乐文采来修饰呢？”子贡说：“可惜啊！先生您这样谈论君子，要知道：驷马之速却不及口舌之快，话一说出来，就难追赶回来了。文好比质，质好比文；虎豹去了毛的皮鞟，跟犬羊去了毛的皮鞟一样。”

【说解】

1. 棘子成，卫国大夫，当时文采过胜，颇有批评，然评之过激，故有此言。

2. 文者，彰显于外之威仪也。质者，含藏于内之材质也。质者，自然本有之材质也。文者，人文后天之教养也。有自然之材质、后天之人文教养，文质彬彬，然后君子。

3. “驷马”，良马也，走之甚速。“驷不及舌”，驷马之速却不及口舌之快。这都是要阐明使用话语的谨慎态度。

4. “鞟”，兽去毛，其皮谓之鞟。犬羊、虎豹，本有异同，今去其毛，其皮鞟则难以辨析。

5. 取以为譬，动物犹且如此，人更是如此；因为人是在人间的礼文世界中长育而成的，不可外此人文也。再说，真正恰当的人文是一“文明以止”的人文，是一文质彬彬的人文，而不是重视外在华采的人文。

9 哀公问于有若，曰：“年饥，用不足，如之何？”有若对曰：“盍彻乎？”曰：“二，吾犹不足，如之何其彻也？”对曰：“百姓足，君孰与不足？百姓不足，君孰与足？”

【翻译】

鲁哀公向有若请问，说：“年来谷物收成不好，财用不足，怎么办？”有若回答他说：“何不实施十分抽一的税制呢？”又问：“如今十分抽二，我尚且不够财用，如何可能只收十分之一？”又回答：“百姓富足，国君何愁财用不足？百姓不足，国君哪会富足呢？”

【说解】

1. 周朝收税，其法名曰“彻”，十分抽一以为税。鲁国自宣公十五年改变税制，征税十分之二。

2. 此章哀公之问，可见所收税为十分抽二。“二，吾犹不足，如之何其彻也”，十分抽二，我尚且不够财用，如何可能只收十分之一？

3. 有若之答，要恢复旧时彻法，十分抽一。此有藏富于民之用意。民间财用，丰足流通，政府收税，自会增加，国家财用也就富足。

4. “百姓足，君孰与不足？百姓不足，君孰与足？”这不是高调的理想，而是具体落实的可行方案。国家税收，除了户税、粮税外，更重要的是在物尽其用，货畅其流，所收之税，应为大宗。国家富足，其道在此。

10 子张问崇德、辨惑。子曰：“主忠信，徙义，崇德也。爱之欲其生，恶之欲其死。既欲其生，又欲其死，是惑也。‘诚不以富，亦祇以异。’”

【翻译】

子张请问尊崇品德、辨明迷惑。孔子说：“忠诚信实，存心作主，迁从于义，这就是尊崇品德。喜爱的时候，就想他活；厌恶的时候，就要他死。既想他活，又要他死，这就是迷惑。”

【说解】

1. “崇德”，尊崇品德，这问的是“仁”；“辨惑”，辨明迷惑，这问的是“智”。夫子之学，仁智双彰，子张之问，不亦大哉！真乃“堂堂乎张也”。

2. 夫子答以“忠诚信实，存心作主，迁从于义，这就是尊崇品德”，何等具体，何等实在，果真儒学是仁学，是实学，全在生活世界的具体落实处用工夫。

3. 能忠信，自可行仁，行仁自能用智。因心中有个真宰之主，才能分理得清晰明白。若无忠信作主，何能迁从于义；徒随顺心念，爱欲生死，直是迷惑。

4. 仁者乐山，智者乐水。山为知止，知止而后有定，定而后能静，静而后能安，安而后能虑，虑而后能得。虑而得之，斯为智矣。智者乐水，水为流动，水为坎陷，心中有主，方可乐也。

5. “诚不以富，亦衹以异。”此句引《诗经·小雅·我行其野》，当为错简，移至《论语·季氏篇》齐景公一章再行叙议。

11 齐景公问政于孔子。孔子对曰：“君君，臣臣，父父，子子。”公曰：“善哉！信如君不君，臣不臣，父不父，子不子，虽有粟，吾得而食诸?”

【翻译】

齐景公向孔子请教为政之道。孔子回答他说：“国君要是个国君，臣子要是个臣子，父亲要是个父亲，儿子要是个儿子。”景公说：“说得真好啊！要是君不尽君道，臣不尽臣道，父不尽父道，子不尽子道，虽然有再多的米粮，我怎能得到，而得享用呢？”

【说解】

1. 此章重在阐述夫子的“正名”思想。儒家强调的是“正名以求实”，名分既正，当求其实也。“实”指的是：因其名而有的位，因其位而有的分，落实具体应当尽的责任与职分。

2. 君臣、父子，正名之道，父子重在家庭人伦，因其亲情为根据，而有的人伦孝悌；君臣重在政治公义，因其社群为范围，而有的社会法律。父子重在“情、理”、君臣重在“理、法”，父子君臣之道，“情、理、法”三者，通融为一。

3. 正名思想，总的说来，应是名分伦理，此不同于责任伦理，然也有责任伦理，只是其责任伦理是由名分伦理衍生出来的。

4. 或可这么说，与“名分伦理”关联的是“耻感文化”，与“责任伦理”关联的是“罪感文化”。耻感文化与儒家之载体为小农经济、聚村而居、聚族而居，有密切关系。罪感文化则与基督宗教之信仰密切相关。

12 子曰："片言可以折狱者，其由也与！"子路无宿诺。

【翻译】

孔子说："听片言只语就可折狱断案的，那恐怕只有仲由吧！"子路一旦承诺，从不耽留失信。

【说解】

1. 子路，姓仲名由，孔子弟子，明快果决，是勇者型的人物。

2. "片言折狱"，因其片言，而直通于道理之源，当下判断，无有犹豫，明快果决，折狱断案，无不准确。

3. 子路何能至此？以其刚勇也，以其刚正不阿也，以其中正为用也，以其当下之纯粹善之意向性，具体实存，落实以为之也。

4. "无宿诺"者，无预诺也；不事先答应，一旦答应，必不失信。

13 子曰："听讼，吾犹人也。必也使无讼乎。"

【翻译】

孔子说："听理诉讼，我与别人差不多。最为必要的是让老百姓无须兴讼。"

【说解】

1. "听讼"，听者，听理、听治之谓也。听讼，听理诉讼也。"吾犹人也"，我与别人差不多，当得求其公平合理。

2. 讼，是法律边事；无讼，则是教化边事。法律是限制，违了限制，即为犯法。教化是实践，礼乐教化，是人伦的生长、道德的育成。

3. 有人伦的生长、道德的育成，便可以回到一无讼的境遇之中。此可以与《论语·为政》“道之以政”一章，对比而观，盖“道之以政，齐之以刑，民免而无耻；道之以德，齐之以礼，有耻且格”。

4. 夫子以为道德人伦、礼乐教化，斯为本也。听讼本是不得已的，但求其公平合理；重要的是文化教养，如其性情的生长，才能不必兴讼。

甲午（2014）之夏六月十六日写于台北象山元亨居

14 子张问政。子曰：“居之无倦，行之以忠。”

【翻译】

子张请问为政之道。孔子说：“在位之时，不可倦怠懈惰；执行公务，务必忠于职守。”

【说解】

1. 子张，姓颛孙，名师，子张其字也。子张志高才大，有规模、有理想，可惜不能持之以恒，因此孔子要他“居之无倦，行之以忠”。

2.“居”，可有三解，居家、居官、居心，居家当以孝友为治，居官当以无懈为治，居心当以公正为治。

3. 敬以治事，是以不倦；忠于职守，这是责任伦理，不可忽略。

4.“居之无倦”，是内圣工夫一面为多；“行之以忠”，真乃外王之道也。内圣外王通贯为一。

5.“政治儒学”“心性儒学”，前者重在传经之儒，后者重在传心之儒，是一体不分的。

15 子曰：“博学于文，约之以礼，亦可以弗畔矣夫。”

【翻译】

孔子说：“广博学习文章典籍，再用礼仪节度来统约行事，也就可以不背离正道了。”

【说解】

1. 此章亦见于《论语·雍也》第廿五章，请参。

16 子曰："君子成人之美，不成人之恶。小人反是。"

【翻译】

孔子说："君子成全人家的美事，不成全人家的坏事。小人却恰恰相反。"

【说解】

1. 君子想的是总体而普遍的，小人想的是个别而偏私的；君子想的是较为恒久的理想公共福利，小人想的是较为短暂而现实的个人利害。

2. 君子是依持本心做主去管理耳目口腹之欲，小人是被耳目口腹之欲回过头来将心掠夺了过去。小人心为形役，君子则形为心所主管。

3. 宋明儒者说顺着躯壳起念就是小人，能逆觉反省，才能成为君子。小人顺习气，君子则归返本性。尽心知性以知天、存心养性以事天，心性天通而为一，这就是"天人合德"。

4. 看到别人的好，你高兴欢喜，自然近乎君子；看到别人的好，心生嫉妒，就容易流于小人。

17 季康子问政于孔子，孔子对曰："政者，正也。子帅以正，孰敢不正?"

【翻译】

季康子向孔子请教为政之道。孔子回答他说："为政，就要名正言顺。您要是能名正言顺作为表率，还有谁敢不名正言顺地依着呢?"

【说解】

1."政"这个字本身就是引导使其归于正的意思，而这里的"正"

特别指的是“名正言顺”，古者什么名、什么位，相对的就得合乎什么礼、什么分，名位与礼分是配当的。

2. 鲁自中叶以后，政由大夫，家臣起而效尤，据邑背叛，名不正言不顺，礼乐不兴，此三桓由之，因此，夫子警示季康子当依其名位、守其礼分。

3. 政治不只是权力的分配，更是道德的生长，唯有道德的生长，权力的分配才能允当。须知：政治是要讲道德的。

4. 现在的民主法治常被误认为不需要讲道德，而主张制衡，其实制衡仍需道德，有道德才会有恰当的认定，否则制衡就是被权力与金钱彻底控制而已。

5. 儒家就是道德教化的政治，也唯有道德教化的政治才可能成为好政治，这是进到廿一世纪重新被认可的。

18 季康子患盗，问于孔子。孔子对曰：“苟子之不欲，虽赏之不窃。”

【翻译】

季康子忧虑盗贼众多，为此向孔子请教。孔子回答他说：“要是您自己不贪求不奢欲，那即使您悬赏鼓励，也不会有人去偷窃。”

【说解】

1. “饥寒起盗心”，老百姓何以会饥寒，在上位者之贪欲所致，夫子之见真乃一针见血。

2. 儒家主张道德教化的政治，这是民本政治，是以老百姓的民生乐利为优先的。说“庶、富、教”是治国的三大端，说“足食、足兵、民信之矣”，说“大道之行也，天下为公”，皆本于此也。

3. 儒家是一菁英式的道德教化的民本之治，这是最合乎生态的一种政治方式，领导者是菁英，根本在老百姓，所以说是以民为本，而施政的方式是经由道德教化，这道德教化是要合乎生态的生长。

4. 廿一世纪是重新反思现代人类文明的世纪，也是重新思考人类该以生态文明作为目标的世纪。

5. 政治不能再以话语与权力为核心，而应回到存在与生活本身，回到一活生生的实存而有的生态世界里，共生共长、共存共荣。

19 季康子问政于孔子，曰："如杀无道，以就有道，何如？"孔子对曰："子为政，焉用杀？子欲善，而民善矣！君子之德风；小人之德草。草上之风必偃。"

【翻译】

季康子向孔子请教为政之道，说："要是诛杀了无道之人，而让老百姓亲近有道之人，这怎样呢？"孔子回答道："您从事政治，怎用得着杀人呢？你自己愿意为善，而民众也就会为善啊！君子的本性如风，小人的本性如草。风行于上，草动于下，草随风倒。"

【说解】

1. 政治是道德的延长，道德是生长，政治也是生长，所以要庶之、富之、教之，这"庶、富、教"说的都是生长。既是生长，就不是残杀，不是诛除。

2. 杀了无道，来亲近有道，这仍是落在相对的权力斗争上来说；政治不能老落在相对的权力斗争上，政治要是一绝对的、如实的、合乎生命的生长。

3. 天地有道，人间有德，道为根源，德为本性，合乎根源、顺乎本性，这就是"道德"。"君子之德风，小人之德草"，这里的"德"，说的是"性子""本性"。

4. 君子居上位，当立其风范，有了风范，小民居于下位，就能如其流风、如其范式，这就是风行草偃。

5. 风行地上，顺其道理，行之为逊，这就是风行草偃，这就是《易经》的"观"，风地为观，上逊而下顺，君主能敬畏天道，百姓自能顺其道理、行之成德也。

20 子张问士："何如斯可谓之达矣？"子曰："何

哉？尔所谓达者？”子张对曰：“在邦必闻，在家必闻。”子曰：“是闻也，非达也。夫达也者，质直而好义，察言而观色，虑以下人；在邦必达，在家必达。夫闻也者，色取仁而行违，居之不疑；在邦必闻，在家必闻。”

【翻译】

子张请问士人之道：“怎么做才可以叫作通达？”孔子说：“是哪种呢？你所谓的通达是什么呢？”子张回答说：“在诸侯之邦，必得声闻远传；在大夫之家，必得声闻远播。”孔子说：“这是‘声闻’，却不是‘通达’。通达之人，人品正直而且喜好仁义，深察言语、善观颜色，思想着如何谦让他人；这样做来，在诸侯之邦必得通达，在大夫之家必得通达。所谓有声闻之人，表面上认取仁义，而所行所事则是相违背的，却能以仁义自居，心无怀疑；这样的人，在诸侯之邦必得声闻，在大夫之家必得声闻。”

【说解】

1. 声闻者，世俗之声闻也，得世俗之认同也。通达者，通达于大道也，得大道之认证也。声闻是做给别人看的，通达是自己要求自己的；声闻是外在地去表象仁义，通达是内里地归返本心去实现仁义。

2. “邦”，指的是诸侯之国。“家”，指的是大夫之家。前者相当于现在说的国际，后者相当于现在说的社会。人不是去求得声闻，而是求通达，通达了，自然就会有声闻。

3. 求声闻因之而起的努力，这是为一外在目标而生出来的努力。求通达因之而起的努力，这是为我们自家内在认同而生出来的努力。求声闻是外铄的，求通达是内在自发的。

4. 求通达，是人人内在有其良知、良能、良贵，这是天爵；求声闻，是人人外在所为的功名、利禄、权力，这是人爵。前者，通达于天道天理，后者，坠落于世俗人欲。

5. 求声闻，引发的是欲望，有了欲望，也能生出动力；求通达，导生的是愿力，有了愿力，这才是真正的动能。前者是欲望动力，后者是愿力动能，自有所别。

21 樊迟从游于舞雩之下，曰："敢问崇德、修慝、辨惑?"子曰："善哉问！先事后得，非崇德与？攻其恶，无攻人之恶，非修慝与？一朝之忿，忘其身以及其亲，非惑与?"

【翻译】

樊迟随从夫子出游舞雩台下，说："冒昧请问如何尊崇品德、修祛恶念、辨明迷惑?"孔子说："真好啊！这问题。率先从事，然后获得，这不就是尊崇品德吗？攻治自己恶处，而不攻治别人恶处，这不就是修祛恶念吗？人一时间，忿怒起了，竟忘记了自己的身子，也忘记了自己的父母至亲，这不就是迷惑吗?"

【说解】

1."德"是本性，德通乎道，道为根源。"崇德"是尊崇品德，是尊崇内在的德性，德要尊崇根源之道。道德重要的不是去论说，而是去实践，是当下的实践，在生活世界中实践。

2."修慝"，"修"为修除，有清扫翦除之义；"慝"为藏匿于心中之恶念。修除恶念，当下用功，这要用的是内在克治工夫，这工夫须得勇猛精进，乃得。

3."辨惑"，"辨"为分别、辨析、辨明；"惑"者，心或上或下，或左或右，心无定准，心无所主，随事随俗，风动难已也。辨明迷惑，老老实实，真真切切，就此存在，就是定准，迷惑自消。

4."一朝之忿"，一时间所引生的忿怒。忿者，其心纷纷，为念所夺，今人所谓心碎者，最能传达此义。心碎而不能统整，也就忘了自家身子，忘了自己的父母至亲。

5.忿者，心碎若刀割，刀割成碎片；怒者，奴其心，因恶念而役其心，使心成为恶念的奴隶。忿怒，是德行实践的大敌，德行实践，当要心平气和。

22 樊迟问仁。子曰："爱人。"问知。子曰："知人。"樊迟未达。子曰："举直错诸枉，能使枉者直。"樊迟退，见子夏曰："乡也，吾见于夫子而问知，子曰：'举直错诸枉，能使枉者直。'何谓也？"子夏曰："富哉言乎！舜有天下，选于众，举皋陶，不仁者远矣；汤有天下，选于众，举伊尹，不仁者远矣。"

【翻译】

樊迟请问行仁。孔子说："去关爱他人。"请问智慧。孔子说："去理解他人。"樊迟不通晓明达这道理。孔子接着说："举用正直之人，将他安置在不正直之人上面，便可使不正直之人归于正直。"樊迟退下，见着子夏，问说："方才我面见夫子，向他请问智慧，夫子说：'举用正直之人，将他安置在不正直之人上面，便可使不正直之人归于正直。'这怎么说？"子夏说："多么丰富啊！这话。大舜得了天下，在大众中选拔人才，举用了皋陶，不仁之人，自然远去；商汤得了天下，在大众中选拔人才，举用了伊尹，不仁之人，自然远去。"

【说解】

1.“仁”者爱人，这说的是柔软的心肠，是种自发的关怀、自发的爱，是人与人存在的道德真实感。“智”者明达，这说的是清明的脑袋，是种辨明事物、分别清楚的智慧，是人对事对物清楚了别的认知。

2.“举直错诸枉，能使枉者直”，举用正直之人，将他安置在不正直之人上面，便可使不正直之人归于正直，这就是增强生命的正能量，正能量增强了，负面能量自然也就消解了。

3. 做事，就理念，要上通于天道天理，要神圣、要高远；就实际，要下落于实事实理，得切要、得实在。切要、实在，就会生长，这生长真真实实的。

4. 大舜，孝于其亲，友其兄弟，是孝悌典型；举用皋陶，是整齐法治，使得政治社会共同体能得确立。前者重在内圣，后者重在外王，内圣外王通而为一。

5. 商汤革命，除旧换新，所谓“鼎革”，“革”者去旧，“鼎”者取新，这大变革，须得大能量，大能量何处来，就得取用胜任者。“伊尹，圣之任者也。”能如此用人，从切身做去，自然生生，长养育成。

23 子贡问友。子曰：“忠告而善道之，不可则止，毋自辱焉。”

【翻译】

子贡请问交友。孔子说：“忠诚相告而且能好好引导他，他要是不听从，那就作罢，不要自取其辱。”

【说解】

1. 朋友相处，贵在正直，贵在宽舒，贵在善解，“忠告而善道之”，忠诚相告而且能好好引导他，道理要自自然然地，自自然然地，就会有生气、有活力。天地之大德曰生，朋友相处得有生气、有生意。

2. “不可则止”，知止，却是个起点，须知：有其止处，自有其生生处，这就是“友道”的起点。知止，就有源头活水来。

3. “君子以文会友，以友辅仁”，朋友要相互奖掖提携，相勉以德，但一切勉励的起点，是自发的、自愿的，相处要的是导生这自发自愿。

4. 知止处，就是一切文明的起点，“文明以止”，《易经》贲卦所言，正是此理。《大学》讲“明明德、新民、止于至善”，也是此理。华夏文化道统，就在知止，我们是一知止的文明，这不同于近代西方之为不知止的文明。

24 曾子曰：“君子以文会友，以友辅仁。”

【翻译】

曾子说：“君子以礼乐《诗》《书》、学问文章来会聚朋友，以志同道合、生命相与的朋友来辅助仁德的实践。”

【说解】

1.“文”是《诗》《书》礼乐、学问文章，“会”是生命相与、慧命相辅，皆足以长养性情也，皆足以坚其志向也。

2. 文当“会友”，友当“辅仁”，会友必有会心处，辅仁必有通达处。文不能“会友”，则为虚文；友不能“辅仁”，则为损友。虚文损友，亦可不必兴矣！

3. 以文会友，是共学，有此“共学”，才能以友辅仁，才能进一步谈“适道”，有了适道，才能“与立”“与权”。

4. 以文会友，以友辅仁，师友讲习，继其道统，通于天道，这是本分事、性分事，尽此本分、尽此天性，即此为圣学。

5. 朋友之道，重在慧命，重在道业，道业要讲习，慧命要传承。讲之习之，大道昌明；传之承之，生生不息。

甲午（2014）之夏七月十六日于台北象山居

子路第十三：勇者力行、以正治国

1 子路问政。子曰：“先之，劳之。”请益。曰：“无倦。”

【翻译】

子路问为政之道。孔子说：“先立理念方向，再落实努力去做。”子路请求孔子多说些。孔子说：“持续下去，不要懈怠。”

【说解】

1. 孔子因材施教，子路勇者类型，孔子以“先之、劳之、无倦”三者教之，此是一程序之展开。

2. “先之”，未发之前，立其理念，定其方向，即刻行动，先于其民也。先在理念，先在方向。

3. “劳之”，既发之后，勤勉以之，终始不变，持续不懈，劳于其民也。劳在实践，劳在持续。

4. 先之，在神，在理念；劳之，在形，在体制；无倦，在时，在持续。

5. 有理念，有信仰的确信，这是终极关怀之契入。能落实，有实践的笃定，这得整个体制结构的配合。无倦怠，有时间的持续，由这样的连续性才能长出其同一性来。

2 仲弓为季氏宰，问政。子曰：“先有司，赦小过，举贤才。”曰：“焉知贤才而举之？”曰：“举尔所知。尔所不知，人其舍诸？”

【翻译】

仲弓做了季孙氏的家宰，向孔子请教为政之道。孔子说："先要责成职有专司的人去做，宽容赦免个人些小过失，好好起用贤达的人才。"问："怎能识得贤达的人才而起用他呢？"孔子说："起用你识得的人。那些你并不识得的人，别人岂愿舍弃他呢？"

【说解】

1."宰"，是众家臣中位阶稍高者，相当于家臣中的主管。《论语》所载，仲弓大贤，可使南面，极有才德，孔子启导他，教之以为政之道。

2."先有司"，"司"，专有职司，谋定后动，职司为先；先有司，这是对专业的肯定与尊重。

3."赦小过"，"赦"，宽宥赦免，小过自然愈合，毋庸虑察；赦小过，这是对人性的关怀与信任。

4."举贤才"，"举"，拔擢起用；贤重在德，才重在能，德如其位，能称其职，德能兼备，是为贤才。

5.拔擢贤才，当秉至诚，亲临行事，如刘备之三顾茅庐，方请得诸葛孔明出山帮忙，若差张飞、关羽，何能请来孔明？其所请者，恐亦是武夫。

3 子路曰："卫君待子而为政，子将奚先？"子曰："必也正名乎。"子路曰："有是哉？子之迂也！奚其正？"子曰："野哉，由也！君子于其所不知，盖阙如也。名不正，则言不顺；言不顺，则事不成；事不成，则礼乐不兴；礼乐不兴，则刑罚不中；刑罚不中，则民无所措手足。故君子名之必可言也，言之必可行也。君子于其言，无所苟而已矣！"

【翻译】

子路说："卫国国君等待着您去治理朝政，您将会先做什么？"孔子说："必定得先端正名分。"子路说："哪有这样的呢？

老师您也真是迂腐啊！何必要先端正名分？”孔子说：“太粗野了，仲由啊！君子对于他所不知的事情，该搁置存疑。名分不正，则话语就不顺理；话语不顺理，行事便不能成功；行事不能成功，礼乐便难以推行；礼乐难以推行，刑罚便难切当；刑罚不切当，那民众便会手足无措。因此，君子端正了名分，话语才得出口；话语说得出口，必得落实可行。君子于他所言所说，没有一处是苟且了事的啊！”

【说解】

1. 此章言卫国国君公子辄，吁请孔子出而为政，孔子以其父子争国，而有所论也。卫灵公时，蒯聩出亡在外，灵公另立公子辄为储君，卫灵公薨，公子辄欲即王位，蒯聩返国，父子争国，名分大乱。正名向为孔子之主张，子路忧孔子之不愿出山为政也，因此有此问也，孔子则借机教育之。

2. 正名以求实，这是儒家之理想。正名，端正名分，所以尊其位序、如其礼乐也。名正言顺，名，就礼之位分说；言，就事之职分说。“名”重在人伦次序、礼乐教化之位分结构，“言”重在政令落实、职司行事之具体作为。

3. “名正”“言顺”，落实了就讲“事成”。事不只是一件事，而是在一个持续的序列中所成就的一件事，就好像一曲乐章一样，成不成，要守的是终始之道，不能割离开来看。

4. 名正、言顺、事成，进之可论礼乐、刑罚，名正则国体安，言顺则政令行，事成则民心定，这样落实了，其上者，礼乐教化，其下者，刑罚切中。

5. “无所苟”三个字，就是“居处恭、执事敬、与人忠”，治事修身，安邦治国，如此而已矣。

4 樊迟请学稼，子曰：“吾不如老农。”请学为圃，曰：“吾不如老圃。”樊迟出，子曰：“小人哉，樊须也！上好礼，则民莫敢不敬；上好义，则民莫敢不服；上好信，则民莫敢不用情。夫如是，则四方之民襁负其

子而至矣，焉用稼？”

【翻译】

樊迟向孔子请学种植五谷的方法，孔子说：“我不如种田的老农夫。”又向孔子请学种植蔬菜的方法，孔子说：“我不如种菜蔬的老园丁。”樊迟告退出了门，孔子说：“樊迟真是个志向很小的人啊！在上位的领导人喜好礼教，民众就不敢不心存敬意；在上位的领导人喜好公义，民众就不敢不顺服义理；在上位的领导人喜好信实，民众就不敢不用真心实情。果真能做到这些，天下四方的民众都会背负着儿女前来，哪里用得着自己去种五谷呢？”

【说解】

1.“稼”是种植五谷，“圃”是种植蔬菜。学稼学圃，这是粮食生产业，也是科门之专业。孔子所学所教，安邦治国、人伦孝悌、礼乐教化，这是精神生产业，是跨过专业科门，强调的是通识教养、人伦育成。

2. 学稼学圃，粮食生产业，是科门之专业，当有专业之所司。知之为知之，不知为不知，当予尊重。孔子于此真不如老农、老圃。

3.“礼”者，履也，重在分寸节度，经由仪节法度，以实践之也。敬，重在专诚致一，由外而内、终始如一，上通天道也。诚者，天之道；诚之者，人之道。敬能自强无息、生生不已也。

4.“义”者，宜也，重在客观法则，强调其公共性、普遍性、正当性；上位者能如此，百姓万民自能顺服也。服者，服膺天理、合乎公道人心也。

5.“信”者，实也，重在根本确信，强调其必然性、确定性、可信性；上位者能如此，百姓万民自能用其真情实理也。情者，实也。用情者，用其真情实理也。

6. 居上位者懂分寸节度、守客观法则、重根本确信，百姓民众就能专诚致一、服膺天理、用其真情实理。

5 子曰：“诵《诗》三百，授之以政，不达；使于四方，不能专对。虽多，亦奚以为？”

【翻译】

孔子说："能诵读《诗经》三百篇，授权给他去处理政事，不能通达；出使到四方诸国，不能独立应对。这样学得再多，又有什么用呢？"

【说解】

1. 诗本性情，《诗》有风雅颂。风所以观政之得失也。雅多用于朝廷宴享，盖所以传其文教人伦之雅也。颂多用于宗庙祭祀政务，盖所以显其神圣之颂也。

2. 诗教者，本乎性情，达乎人伦，敦于教化，开物成务，内圣外王之道也。

3. "诗者，可以兴、可以观、可以群、可以怨"，兴发志气、观政得失、聚合群族、发抒情感。"《诗》三百，一言以蔽之，曰：思无邪!""温柔敦厚，诗教也。"颂诗者，必其通达也，必其性情也，必其正念正能量也。

4. 诗教有其大用也，其大用者，在如其性情，温之柔之、敦之厚之，就在兴观群怨中让人的生命真真正正地生长。诗教，可以修身，可以治国，可以邦交也。诗教，其所彰显的就是王道太平的理想。

5. 孔子六经之教，首在诗教，"不学诗，无以言；不学礼，无以立"，"兴于诗，立于礼，成于乐"，中华民族可以说是一诗的民族，一重视诗教的民族。

6 子曰："其身正，不令而行；其身不正，虽令不从。"

【翻译】

孔子说："居上位者身行得正，不用号令，事情自可办成；身行不正，即使有号令，也没人听从。"

【说解】

1. "政者，正也，子帅以正，孰敢不正？"政治虽与教化有别，但政治必含有教化作用，当政者该当起一适当的教化作用。

2. 身居其位，位有其名，身正则位正，位正则名正，名正言顺，言顺事成，礼乐兴起，刑罚得中，这是儒家教化的伦理学，也是儒家教化的政治哲学。尽管政体有别，但儒家这样的德化政治学却是历久弥新的。

3. 儒家最可贵的是把人格教养提到政令落实前面，主张政令的落实应配合人格的生长，而不是权力的控驭。儒家强调柔性的生长，不主张刚烈的控制，对于人的奴役与异化，那更不能接受。

4. 儒家认为法治之前必须有德治，无德之治，只讲法治，常落到法的权力之治，最后则更滑转异化为以权力为法律的法制。

5. 儒家不是不了解法权的道理，而是要说在法权之前必须重视人格教养、德行养成，这里有本末先后。

7 子曰："鲁、卫之政，兄弟也。"

【翻译】

孔子说："鲁、卫两国的政治构成，那可真是兄弟之邦啊。"

【说解】

1. 鲁为周公之后，卫为康叔之后，周公、康叔，兄弟也，皆为文王之后，当秉文王之德、周公礼乐之教，以为政也。这是就理想层面说。就现实来说，鲁、卫两国皆不免大夫当权，礼坏乐崩，真是一对难兄难弟。

2. 鲁、卫皆为世袭之封建诸侯，传世而衰，这是宗法制度，气数所使然。宗法制度，在结构上所依循的是血缘，而孔老夫子则就此血缘深化之，而点示其人格教养、仁义道德，这是一大转折、一大发展。

3. 周公礼乐教化，其所秉持在人伦亲情，孔子继承之、发扬之，提升之、转化之，更而创造之。象山所谓"夫子以仁发明斯道"，如是之谓也。

4. 周公成就的是人伦亲情的礼乐教化，这是世袭的宗法，是小康；孔子成就的是仁义道德的礼乐教化，这不离人伦亲情，但跨过了世袭的宗法，成就了世界大同、天下为公之道。

8 子谓卫公子荆："善居室。始有，曰：'苟合矣。'

少有，曰：‘苟完矣。’富有，曰：‘苟美矣。’”

【翻译】

孔子谈及卫公子荆，说：“这人善于治理家业。起初有一些，就说：‘那就凑合凑合吧。’再增加一些，就说：‘那就更完备些啰。’更富足一些，就说：‘那就好好求其完美吧。’”

【说解】

1.“善居室”，善于治理家业之谓也。如何为善，当下具足之为善也。这是生命具体落实的智慧。即此具体落实，当下即是，知足而进也。

2.“始有、少有、富有”，这是三个生命进程、三个生命阶段。“苟合、苟完、苟美”，刚好配称这三阶段。

3. 著个“苟”字，深切之至。“苟”者，如“苟日新、日日新、又日新”的“苟”，苟者，诚也，如其当下也，清淡中有自足，自足中有瞻望，瞻望中有未来、有理想、有终极之关怀也。

4. 俗谚有云：先求有，再求好，更求更好。这里道出了生命的生长之真实，自自然然，老老实实，走作不得。

9 子适卫，冉有仆。子曰：“庶矣哉！”冉有曰：“既庶矣，又何加焉？”曰：“富之。”曰：“既富矣，又何加焉？”曰：“教之。”

【翻译】

孔子行往卫国，冉求驾车。孔子说：“人口真是众多啊！”冉有问：“人口众多了，又有什么须再加做的呢？”孔子说：“让他们都富足起来。”又问：“富足了，又有什么须再加做的呢？”说：“教化他们。”

【说解】

1.“庶、富、教”，这是治国之三大端。庶讲的是人口，富讲的是经济，教讲的是教养。人口多了，经济足了，教养好了，这就是好政治。

2. 庶讲的是人口，“有人此有土，有土此有财”，这是农耕为主、聚族而居的实际状态。

3. “衣食足，然后知荣辱”，生存问题解决了，生活问题安顿了，最后重点就在生命意义的追寻。这便是人文教养，有此教养，才会确定人们的信念、信仰。“民无信不立。”

4. 在历史发生的进程上，庶之而后富之，富之而后教之；但就生命之根底来说，教之是最为根本的，它必须内涵于庶之、富之的过程里，只是那时的教之，很可能先是无言之教。无言之教，是正德之事。正德、利用、厚生，正德为先。

10 子曰：“苟有用我者，期月而已可也，三年有成。”

【翻译】

孔子说：“如果有人用我治理国家，过一周年也就差不多了，过三周年则可以有更大成就。”

【说解】

1. “期月”，周一岁之月也，一年十二个月为一周，是为期。期月，可以略布纲纪也。

2. “三年有成”，何其速也。“三年然后免于父母之怀”，人之生也如此，其于政治也亦如此也。一年略布纲纪，二年落实生长，三年可见其长成者，亦可以见其正在生长者。

3. “三年有成”，是强调的说，也是真实的说，孔子居卫，不为所用，以故有此言。

4. 儒家政治论必得关联人格育成与文化教养，这样的政治说的是总体的、根源的生长，它不能速成，须知：十年树木，百年树人。

11 子曰：“‘善人为邦百年，亦可以胜残去杀矣。’诚哉是言也。”

【翻译】

孔子说：“‘良善之人治理邦国百年，也就可以使暴徒不敢为恶，不再使用杀戮刑罚了。’这话真的一点不假。”

【说解】

1.“善人”者，良善之人也。虽不及于君子，然迈越有恒者，虽未能有真契于性命天道者，但其为良善亦足以教化人也。

2.“善人”者，习之已熟，然未见性也。君子者，习与性成，既熟习之，又见其性也。若夫圣人者，性命天道相贯通也。

3.“胜残”者，残暴而不敢发为恶也。“去杀”者，免用杀戮刑罚也。能胜残，然后教化行；能去杀，然后道德始立。

4. 善人为邦，以待君子，以俟圣人也。“百年”者，三世有余矣！一而再，再而三，三才成个连续体，才构成一个生命机体，才成为人文积淀的质素。

12 子曰：“如有王者，必世而后仁。”

【翻译】

孔子说：“如若有圣王在位，也必定要个三十年，而后才得仁教风行。”

【说解】

1.“善人为邦百年，亦可以胜残去杀矣”，良善之人治理邦国百年，也就可以使暴徒不敢为恶，不再使用杀戮刑罚了。“王者必世而后仁”，圣王要个三十年，而后才得仁教风行。功力果有不同也。

2. 善人主要在习之为善，未见其性，亦未契于天道也。圣王之为圣王，耳听之于天、口宣之于人、身力之于行也。一贯三而为王，通天接地、参赞化育之谓王。

3. 仁政，重在人格育成、文化教养，重点在仁，因仁而有政，是谓仁政。

4. 仁政，是生长育成，不是控驭制造，这需要的是时间，是历史，有时间的连续性，才有生命的同一性。

13 子曰："苟正其身矣，于从政乎何有？不能正其身，如正人何？"

【翻译】

孔子说："如果能端正自己身行，对从事国政来说，何难之有？不能端正自己身行，如何端正别人？"

【说解】

1. 政治，政善治。政治的政，是引导人使之为正的意思。政治一定要谈正德，才能利用、厚生。

2. 儒家一定要把政治关联到教化，说这是《大学》之道，"大学之道，在明明德，在亲民，在止于至善"。学者，觉也，大学之道就是大觉之道，这是全生命的唤醒，是最大的觉醒，从"明明德"开始。

3. "大学之道，在明明德，在亲民，在止于至善"，有了这三纲，才能知止。能知止，才能定、静、安、虑、得。进一步，才能谈八目：格物、致知、诚意、正心、修身、齐家、治国、平天下。

4. 儒家最重视的是文化教养、人格育成，正因如此，特别重视政治领导人物的身行，身行正了，教化也就行了，人格也就能得育成。

14 冉子退朝，子曰："何晏也？"对曰："有政。"子曰："其事也！如有政，虽不吾以，吾其与闻之！"

【翻译】

冉求朝罢回来，孔子说："何以这么晚？"回答说："有些政务。"孔子说："那应该是些具体落实的处事吧！如果是政务，虽然现在我不参与了，我应该也会与闻其事的啊！"

【说解】

1. "政"，是政务，是普遍理想，是大方向。"事"，是处事，是具体落实，是小细节。政务为公，当立于朝堂讨论之；处事属私，则不当在朝堂上处置。

2. 一说此处所说的“政”指的是邦国大政，“事”指的是季孙氏家内私事。孔子质疑季孙氏处理政务，未能秉持公道也。

3. 朝堂应讨论大方向、大原则、大理想，不能流于小细节、小议论、小心眼。这得区分清楚“政”与“事”。

4. 孔子称赞群弟子能从政，说“赐也达、由也果、求也艺”。“艺”容易堕入琐碎，一落琐碎，就容易落入偏私。偏私不公，孔子警之，因而有此论。

15 定公问：“一言而可以兴邦，有诸?”孔子对曰：“言不可以若是其几也。人之言曰：‘为君难，为臣不易。’如知为君之难也，不几乎一言而兴邦乎?”曰：“一言而丧邦，有诸?”孔子对曰：“言不可以若是其几也！人之言曰：‘予无乐乎为君，唯其言而莫予违也。’如其善而莫之违也，不亦善乎？如不善而莫之违也，不几乎一言而丧邦乎?”

【翻译】

鲁定公问：“一句话可以使邦国兴盛，有这样的吗?”孔子回答他说：“一句话不可能像是这样切近而必成的。有人这么说：‘做国君艰难，做人臣也不易。’若果真知道做国君艰难，这句话能使邦国兴盛，岂不就是切近而必成的吗?”说：“一句话可以使邦国丧亡，有这样的吗?”孔子回答说：“一句话不可能像是这样切近而必成的。有人这么说：‘我做国君没有什么好快乐的，只是我说的话没人敢违抗。’如果是好的，没人敢违抗，那岂不是很好吗？如果是不好的，却没人敢违抗，这句话能使邦国丧亡，岂不就是切近而必成的吗?”

【说解】

1. 一言兴邦、一言丧邦，虽然话不能讲得这么切、这么急、这么必然，但究极论之，果有如是者乎？果有如是者也。“几”，近也，期其必也，说的是“切近而必成”的意思。

2.“为君难，为臣不易”，做国君艰难，做人臣也不易，能有此艰难之思，就能庄敬以之，就能谨慎从之，政务也就能推行了，邦国自也就兴盛了。

3.“予无乐乎为君，唯其言而莫予违也”，我做国君没有什么好快乐的，只是我说的话没人敢违抗。这句话轻佻、浮浅，真是一言可以丧邦。须知：君者，能群者也。做国君的，最重要是要能带领人臣往善的路上行去，不是让人臣都不敢违背你。

4. 话要说得平和，不可说得切急；话要说得自然，不要说得诡奇。更重要的是，切急的话，要平和听之；诡奇的话，要自然化之。孔子就有这方法，这方法不是一般的伎俩，而是如其方、如其法，而上遂于道也。这是一种修行。

甲午（2014）之秋八月廿一日晨写于台湾东海之滨之元亨居

16 叶公问政。子曰：“近者说，远者来。”

【翻译】

叶公请问为政之道。孔子说：“先使近处之人愉悦，远处之人自来归顺。”

【说解】

1. 叶公，姓沈名诸梁，字子高，楚大夫，食邑于叶，人称叶公。孔子陈、蔡之难后，楚昭王迎之至楚，叶公接待孔子，因有此问。

2.“近者说，远者来”，何等平易，就此而已。近者悦，是生命的生息互动感通。远者来，更是生命的追寻与向往。政治至于斯，可以说真是正途了。

3. 政治不能仅仅是权力的分配与平均而已；权力能够分配平均，必须有道理。道理道理，有道斯有理。道是根源，道是总体，能合乎根源、协调整体，斯为有道也。

4. 政治不能只讲权力的制衡，更要讲人性的生长；不论人性的生长，政治当然就成为必要之恶。近代西方政治为了废除政教合一，结果把教化都丢失了。

17 子夏为莒父宰，问政。子曰："无欲速，无见小利。欲速则不达，见小利则大事不成。"

【翻译】

子夏做了莒父的县长，请问为政之道。孔子说："不要贪求速成，不要只看到小的利益。贪求速成，往往难以成功；只看到小的利益，往往难成大事。"

【说解】

1. 莒父即今山东之莒县也。子夏姓卜名商，孔门文学科著名弟子。文学者，文化教养、典章制度皆属之，其范围大于今之所谓文学者。

2. 政治不是权力的分配与平均而已，更是人性的生长；既是人性的生长，就须得合乎生长的原理。生长必须通天接地，怎能草草了事，怎能贪求速成，生长必须如其生命地生长。

3. 当政君子，其所观，当见其全面，不能陷溺于某个小小范围。见得全局，见得大利，小利虽一时有所失，但总的说来，还是得利的。

4. 政治有生命之理，有程序之理；生命之理当得内蕴，程序之理当得落实。有此程序之理，自能从容，从容就能中道。

5. 事情要做成，人情要通达。事做成了，人情毁了，这绝非上乘；要做成了事，要通达了人情；更重要的是要上通于道，合其天理。

18 叶公语孔子曰："吾党有直躬者，其父攘羊而子证之。"孔子曰："吾党之直者异于是。父为子隐，子为父隐，直在其中矣。"

【翻译】

叶公告诉孔子说："我们乡邻里有个行正直之道的人，他父亲顺手牵了羊，他出庭作证告发父亲。”孔子说：“我们乡邻里也有行正直之道的人，却与此不同。就这例子来说，父亲对儿子会采取隐而教之，儿子对父亲会采取隐而谏之的方式，正直之道就在其中实现了。”

【说解】

1.“直躬者”，躬行正直之道的人。“党”，乡里之谓也。“攘”，顺势而取之，“攘羊”，顺手牵羊。这当然是偷盗行为，但事有轻重，应有恰当分别。

2. 又“隐”字，或有作“檃栝”之“檃”解者，作“教养”之义，亦可通。

3. 父亲顺手牵羊，儿子出庭告发举证，这是守法。但这样的法，不合人情义理。人情是这样的，父亲顺手牵羊，儿子应规劝他，将羊放回，或以其他方式补偿过失，合情合理。

4. 华人传统“情、理、法”三者兼顾，情是人情、理是天理、法是国法，人情在“亲”、天理在“尊”、国法在“切”，亲在近、尊得严、切要当。

5.“法”强调的是限定性，由此限定性而进一步有强制性。“理”强调的是法则性，由此法则性而进一步有规范性。“情”强调的是亲近性，由此亲近性而得人文教养，无人文教养则亲近性会陷溺为偏私、偏比。

19 樊迟问仁。子曰：“居处恭，执事敬，与人忠。虽之夷狄，不可弃也。”

【翻译】

樊迟请问行仁之道。孔子说：“居处在家，恭谨宽厚；执行任务，专注敬业；与人处事，忠诚信实。能如此，即使到了夷狄之邦，亦不可轻言废弃。”

【说解】

1. 此章可与《论语·卫灵公篇》“子张问行。子曰：‘言忠信，行笃敬，虽蛮貊之邦行矣；言不忠信，行不笃敬，虽州里行乎哉？立，则见其参于前也；在舆，则见其倚于衡也。夫然后行。’子张书诸绅”，合参。

2.“居处恭”，居处在家，恭谨宽厚，可见“恭”重点在于个己之修行。“执事敬”，执行任务，专注敬业，可见“敬”重点在于事情之执行。“与人忠”，与人处事，忠诚信实，可见“忠”重点在于生命之相与。

3. 恭对己、敬对事、忠对人，“恭、敬、忠”三字是行仁之途径，平易自然、顺当如理。

4.“夷狄”者，未开化之人也。未开化者，多能保其初心也，故轻轻开示，大有感动也。孔子也慨叹，“夷狄之有君，不如诸夏之亡也”。

5.“仁”是真实的感动，是生命性情的生长，就其德行之内涵说为“恭、敬、忠”，究其德行之实践向度说为“孝、悌、慈”。

20 子贡问曰：“何如斯可谓之士矣？”子曰：“行己有耻，使于四方不辱君命，可谓士矣。”曰：“敢问其次？”曰：“宗族称孝焉，乡党称弟焉。”曰：“敢问其次？”曰：“言必信，行必果，硁硁然，小人哉，抑亦可以为次矣。”曰：“今之从政者何如？”子曰：“噫！斗筲之人，何足算也？”

【翻译】

子贡问先生说：“如何实践可以称得上是士呢？”孔子说：“自己做事要有羞耻之心；出使四方列邦，不玷辱国君托付的使命，这可以称得上是士。”子贡说：“请问次一等的呢？”孔子说：“宗族里的人称赞他孝顺父母，乡邻里的人称赞他恭敬长上。”子贡说：“请问再次一等的呢？”孔子说：“说话信实，做事果断，像小石子般坚确自守，像是器量短狭的小民，却也可以算是再次一等的了。”子贡说：“当今从政的那帮人如何呢？”孔子说：“唉！这些粗鄙量浅的人，怎可以算数呢？”

【说解】

1.“士”犹如现在所说的“读书人”，《说文解字》说“十一为士”，十分之一的人可以说是菁英分子。“士以天下为己任”，“士忧道不忧贫，谋道不谋食”，“士志于道”，“士”是能顾及整体、顾及根源的人，或者说“士”是能具有普遍性、理想性的人。

2.“士”可分三种：一是“行己有耻，使于四方不辱君命”，二是“宗族称孝焉，乡党称弟焉”，三是“言必信，行必果，硁硁然，小人哉”。

3.“行己有耻，使于四方不辱君命”，自己做事能有羞耻之心；出使四方列邦，不玷辱国君托付的使命。这说的是从修身到治国、平天下，讲的是德行人格的确立，政治社会群体的安定与和平。“宗族称孝，乡党称弟”，宗族里的人称赞他孝顺父母，乡邻里的人称赞他恭敬长上。这说的是最基本的孝悌之道的实践，讲的是人伦次序的稳立与生命性情的生长。

4.“言必信，行必果，硁硁然，小人哉”，说话信实，做事果断，像小石子般坚确自守，像是器量短狭的小民，但孔老夫子却认为这也可以算是“士”。言必信、行必果，这可以说是“士”的基本款。

5. 每读《论语》“今之从政者何如?”子曰：“噫！斗筲之人，何足算也?”感慨万千，原来此事亘古皆然。其有不然者，必为盛世也。

6. 士，先要有自己的确信，之后要有人伦族群的缔结，之后则要通达于天下。这说通了就了解内圣外王之道。

21 子曰：“不得中行而与之，必也狂狷乎！狂者进取，狷者有所不为也。”

【翻译】

孔子说：“不能得到中道之行的人相与为友，那一定要有狂者、狷者这两种类型的人相与为友啊！狂者积极努力、富有进取心，狷者能贞守原则、有所不为。”

【说解】

1.“与之”，有作“教导”解释的，有作“相与为友”解释的，皆可，以后者为佳，故取之。

2. 朱熹言“狂者，志极高而行不掩。狷者，智未及而守有余”。生命要有理想、有方向、有动能，这说的是狂者。生命要有根本、有底气、有固守，这说的是狷者。

3. 有狂、有狷，习之既久，方成中道，天下未有无狂、无狷，成其中道者。无狂无狷之中道，非中道也，盖乡愿也。

4. 中道者的生命是有理想、有方向、有动能的，是有根本、有底气、有固守的。

5. 中道者，中道也，是合乎道；这不是和事佬的中，而是守原则、有理想的中。《中庸》说“喜怒哀乐之未发谓之中，发而皆中节谓之和”“致中和，天地位焉，万物育焉”，这“致中和”才是真正的中道。

22 子曰：“南人有言曰：‘人而无恒，不可以作巫医。’善夫！‘不恒其德，或承之羞。’”子曰：“不占而已矣。”

【翻译】

孔子说：“南国之人有言：‘人要是没有恒心，即使巫觋、医生也做不得。’这话可说得好啊！《易经》恒卦有这样的话：‘不能恒久贞守德性，就可能蒙受羞辱。’”孔子说：“要是没有恒心，就无须占卜。”

【说解】

1. 洎至春秋时代，南方多巫觋，且以巫觋为医者多矣！巫觋可以通鬼神，医者以之寄生死，这看似非人力所能为，皆乃任机以为事者也。孔子告知以即若巫医，都得有恒常之心。

2. “不恒其德，或承之羞。”此是《易经》恒卦九三爻辞，此可见孔子赞《易》之深也。盖如王船山之言，《易》有贞一之理，有相乘之几，贞一之理者，恒其德也。有如此的恒其德，其相乘之几，才能明白。

3. 恒心只平常，平常就在日用之间，笃实行之，自能生长。这就叫恒其德。

4. 有贞一之理，有相乘之几，惟贞常才能处变，处变者必依乎贞常，鬼神之事如此，生死之际如此，人间更是如此也。

5.《易经》者，参造化之微、体心念之几、观事变之势，深矣、广矣，微矣、至矣！《易》为君子谋，不为小人谋。

23 子曰："君子和而不同，小人同而不和。"

【翻译】

孔子说："君子随和通达，却不随便苟同；小人随便苟同，而不能随和通达。"

【说解】

1."和"，随和、和谐，这包含着诸多差异；虽然不同，但却可以和谐相处，随和待之即可。

2."同"，或强其所同，或随便苟同，因为害怕恶势力，所以苟同，苟同久了，也就随便了，小人于焉而成！

3. 君子之和同，以其道而和同也，和同者，因和而同也，和而未必同也，盖同通于道也。同通于道，这是包容，但不是姑息！

4. 小人之同，以其偏私比昵而同也，这是依势不依道、依力不依理，这样的同，常落入姑息养奸、结党营私、沆瀣一气！

24 子贡问曰："乡人皆好之，何如？"子曰："未可也。""乡人皆恶之，何如？"子曰："未可也。不如乡人之善者好之，其不善者恶之。"

【翻译】

子贡问说："乡邻里的人都喜好他，这样的人如何呢？"孔子说："无法确定。"又问："乡邻里的人都厌恶他，这样的人如何呢？"孔子说："也无法确定。这都不如乡邻里的好人喜欢他、坏人讨厌他，来得准确。"

【说解】

1. “乡人”，乡邻里的人，有好人，有坏人，其好恶是随俗之性好，作不得准的。唯有回到道理，才能作得了准。

2. 大家都喜欢他，这叫没标准；好人好之、坏人恶之，这就叫标准。这样辩证的对比与勘正，才能彰显出标准来。

3. “唯仁者能好人，能恶人”，世俗大众当然非仁者，那如何好好人、恶恶人，这就必须经由好人好之、坏人恶之，这辩证的对比与勘正。

4. 世俗化的投票，若不能经由传播媒体，好人好之、坏人恶之，辩证的对比与勘正，如何可能选贤举能。

5. 民主不是世俗大众决定就是了，而是少数高瞻远瞩的人提出理念，经由传媒去教育群众，让群众知道如何好善恶恶，才能真正的选贤举能，做出适当决定。

25 子曰：“君子易事而难说也。说之不以道，不说也。及其使人也，器之。小人难事而易说也。说之虽不以道，说也。及其使人也，求备焉。”

【翻译】

孔子说：“君子容易事奉却难以取悦。取悦他而不以正道，他必不喜悦。至于他的用人方式，因材器使。小人难以事奉却容易取悦。取悦他而不以正道，他也喜悦。至于他的用人方式，却严苛地求全责备。”

【说解】

1. 君子讲道理，小人依心念，心念有执着，执着成势力。正因为讲道理，所以容易相处，处之以道即可。仗势力，就不好相处，却可以用偏私之情取悦。

2. 讲道理的，不容易取悦，取悦当依道理；既依道理，亦只平常，既是平常，即使是喜悦，也只是澹澹然！记住：这澹澹然，天理存焉！

3. 仗势力的，容易取悦，顺其心念、合其习气，偏比了，顺从了，他也就喜悦了，这喜悦是人欲的喜悦，不必合乎天理才喜悦，却往往以为喜悦了就是真理。

4. 世俗人常说“欢喜就好”，这话不到位，应该说“依其道的欢喜才好，不依其道的欢喜可能不会太好，而且有可能很不好”。

5. 君子在“觉”，觉通于道，因此易事难悦，容易事奉，却难以取悦；小人在“执”，执陷于欲，因此易悦难事，容易取悦，却难以事奉。

26 子曰：“君子泰而不骄，小人骄而不泰。”

【翻译】

孔子说：“君子安顺通达却不傲慢骄纵，小人傲慢骄纵却不安顺通达。”

【说解】

1. 君子以道，道在根源，落实本性，如其根源，合其本性，因此宽舒通达、自然安顺。

2. 小人逞欲，欲者偏私，偏私成执，执之成势，势与势相交、相角、纠结以成，因此矜持傲慢、滞塞不通。

27 子曰：“刚毅木讷，近仁。”

【翻译】

孔子说：“意志刚正，实践坚毅，性情朴实，话语谨慎。具此四德，近乎仁者。”

【说解】

1.“刚”者必强，强须得正，故译之以刚正。“毅”者必恒，恒者必坚，故译之以坚毅。

2.“木”，树木也，如树木之朴实，朴实而如其条理也。“讷”，从言从内，言啬于内，而难言也，话语谨慎，依其道也。

3. 刚毅，不随物而趋，故可化解贪欲、发为大愿。木讷，依道理而行，故可朴实平常、生生不息。

4. 刚毅足以有为，木讷足以有守，有为有守，有守是内圣，有为是外王，内圣外王通而为一，唯仁者能之。

28 子路问曰："何如斯可谓之士矣？"子曰："切切、偲偲、怡怡如也，可谓士矣。朋友切切偲偲，兄弟怡怡。"

【翻译】

子路问说："怎么做才称得上是士呢？"孔子说："言语恳切、周勉督促、态度怡悦，像这样子，可以称得上是士了。朋友之间，言语恳切、周勉督促；兄弟之间，态度怡悦。"

【说解】

1. "士"，读书人，看的是全面，为的是理想，具有总体性、根源性的实践作为。他需要的是兄弟伦常的支持，需要的是朋友的切磋砥砺。

2. "切切、偲偲、怡怡"，"切切"说的是言语恳切，"偲偲"说的是周勉督促，"怡怡"说的是态度怡悦。

3. 此三者，君子当具之德行也，又分言之，说"朋友之间，言语恳切、周勉督促；兄弟之间，态度怡悦"。朋友者，志同而道合也，既志于道，当切磋砥砺也。兄弟者，同胞手足也，血缘亲情，同通于天地，当亲之爱之也，养其人伦性情也。

4. 人伦性情，砥砺道义，这是养成"士"的重要标杆，如一车之两轮，如一鸟之双翼，两者不可或缺。

29 子曰："善人教民七年，亦可以即戎矣。"子曰："以不教民战，是谓弃之。"

【翻译】

孔子说："贤善之人教养人民，大约七年，就可以使民知义，从戎御敌了。"孔子说："用未经教养训练的民众上场作战，这可以说是遗弃他们。”

【说解】

1.“善人”，贤善之人也，有恒心而能为善之人也。依儒家位次，“善人”在“有恒者”之上，“君子”之下，虽未及于圣贤君子，却能从道向善，盖如其风俗之醇也，教养风习以为善也。

2.“教”，教之以孝悌忠信之行，并讲求务农习武；教之以家国天下之义，所谓天下兴亡，匹夫有责也。使民知义，自可以从戎御敌也。军队要有理念、有目标、有训练，皆乃教养之谓也。

3.“七年”，约其数也。生命周期为“始、壮、究”，开始、茁壮、终结，“始壮究、始壮究”，两个“始壮究”，进到第三个“始壮究”的“始”点，可以从戎御敌矣！

4. 孔子深于生命之理者也，其所论数，或言期年，或言三年，或言七年，或言十年，或言百年，皆乃生命之数也，如其心意，参会以时，体之自得。

5. 用兵是不得已的，《孙子兵法》有云“兵者，国之大事，死生之地，存亡之道，不可不察也。故经之以五事，校之以计，而索其情：一曰道，二曰天，三曰地，四曰将，五曰法”，孔子虽不尚兵，却深于兵者也。

甲午（2014）之秋九月十七日晨三时半

写于台湾东海之滨之慈济元亨居

宪问第十四：知耻明德、修身居藏

1 **宪问耻。子曰："邦有道谷，邦无道谷，耻也。""克、伐、怨、欲，不行焉，可以为仁矣?"子曰："可以为难矣，仁则吾不知也。"**

【翻译】

原宪请问什么是耻辱。孔子说："邦国有道，政治清明，领食俸禄；邦国无道，政治不清明，也领食俸禄，这就是耻辱。"又问："好胜、自夸、怨恨、贪欲，这几样毛病都没有，可以说是仁了吧?"孔子说："可以说是难能可贵，至于是否是仁，那却不好说。"

【说解】

1. 原宪，乃原思之名，此章直书"宪问"，或有以为原思自己所记载者。

2. "耻"，羞愧，指的是面对人事物，自己良心觉得不顺当、不合理，因而从内在升起的一种愧怍的心意。这心意要求人们要能顺当合理，让人事物能恰当而如实地归返本位。

3. 有道、无道，政治清明、不清明，这区分在中国士子身上是十分重要的。政治不清明，而不能使之清明，只是领食俸禄，这便是可耻。

4. 或有云：中国为耻感文化，印度为业感文化，基督宗教为罪感文化。这亦可说得通，耻感所以去恶求其善也，业感所以去苦求其乐也，罪感所以去罪而得救赎也。

5.“克、伐、怨、欲”，能自制而不行，此真难能也，但这并不足以言仁。此只是君子之行而已，不足以为仁人之行也。

2 子曰：“士而怀居，不足以为士矣。”

【翻译】

孔子说：“士君子怀恋安居，那就不足以称为士君子。”

【说解】

1.“士”，十一也，就只十分之一的人可以为士。士君子是社会群体的秀异分子，当以天下为己任也，不可以自身之安逸为优先也。

2.“士”是有贵族气的，特别在孔子点化后的“士”，指的则是内修其德、外具才能，并以天下为己任的。

3. 士君子，其所居者当为天下之广居，广居并不是世俗的高楼大厦，而是仁义之道。孟子云“仁，人之安宅也”，“仁”才真是生命安居的宅第。

4.“士”想的是普遍理想，行的是仁义孝悌，己立立人，己达达人。

5.“士”由“十”“一”构成，“十”说的是纵贯的孝慈、横拓的悌，底下的“一”，说的是统合落实、具体实践。

3 子曰：“邦有道，危言，危行；邦无道，危行，言孙。”

【翻译】

孔子说：“邦国有道，政治清明，言语正直，行为正直；邦国无道，政治不清明，行为正直，言语要谦逊。”

【说解】

1.“危”者，高耸危峻，庄严方正，直彻本源。简译之为“正直”。

2.“危言”，所以立其标杆，直彻本源，揭示理想。有道之世，政治清明，这样的言论当可以澄清吏治，百尺竿头，更进一步也。

3."危行"，高峻其行，正直其行也。不论有道、无道，都得正直行事，但却有不同。有道时之危行，是可以高调行事，朝向理想目标的行事；无道时之危行，是要落实具体，低调行事，自修其德的正直之行。

4."言孙"，即言逊也，谦逊其言也。"谦"所以养德而容众也，容众才能化解僵局，这是无道之世，士君子所应好好学习的。

4 子曰："有德者，必有言；有言者，不必有德。仁者，必有勇；勇者，不必有仁。"

【翻译】

孔子说："有德行的人，一定有好言语；有好言语的人，不一定有德行。仁者，必定有勇气；而有勇气的人未必是仁者。"

【说解】

1."道"为根源，"德"为本性；顺其根源，如其本性，这就叫作"有德者"。这样的有德者，必能内据其德，言由心声，发而为言；这言就是有德者之言。

2."言"可以就其既成之脉络，调理之、检视之，转化之、创造之，这可以是心智之事，可以是思辨之事，它可以与人的德行无关。

3."仁"说的是关怀、仁爱、恩慈，真切了、笃实了，就会生出无与伦比的力量来。老子也说"慈故能勇"。

4."勇"可以是血气之所生，这是气魄承担的勇，不是真实的勇；真实的勇是根源于仁义的勇。

5 南宫适问于孔子，曰："羿善射，奡荡舟，俱不得其死然。禹、稷躬稼而有天下。"夫子不答。南宫适出，子曰："君子哉若人！尚德哉若人！"

【翻译】

南宫适向孔子请教，说："后羿善射箭，夏奡力能翻覆敌人的战船，两人都不得好死啊！大禹和后稷亲自耕种，得天下而治。”孔子没有回答。南宫适离开后，孔子说：“君子啊！这人。崇尚德行啊！这人。”

【说解】

1. 说“羿善射，奡荡舟”力能敌天下，但不足以治，且落到不得好死之境地。相对来说，“禹、稷躬稼而有天下”，以身作则，勤于耕作，这便是德行的成长。

2. 政治不该是勇力的争夺，也不该是权力的斗争；政治应该是德行的生长。“为政以德，譬如北辰，居其所而众星共之。”

3. 南宫适，即南容，孔子弟子。孔子称赞他“邦有道，不废；邦无道，免于刑戮”，他果真是有道君子，且能明哲保身。

4. 天道天道，就在道，没有道，光靠勇力，是不成事的；靠勇力，不只不成事，可能毁了自己。

6 子曰：“君子而不仁者有矣夫，未有小人而仁者也。”

【翻译】

孔子说：“君子或者有不仁义的，小人却没有能仁义的。”

【说解】

1.“君子而不仁者有矣夫”，即“君子而不仁者有夫矣”，亦即“有君子而不仁者矣”。这是倒装句法。

2. 君子是君子，未必能是仁人；但努力之可以成为君子。君子是迈向仁人的梯级之一。

3. 小人是小人，因小人所见者小，蔽于人欲；他连君子都不是，更不要说仁人了。

4. 常人努力不懈，斯为有恒者，得礼乐教化，行人伦孝悌，斯为君子。高尚其志，己立立人，己达达人，内圣外王，斯可以为仁人矣！

7 子曰："爱之，能勿劳乎？忠焉，能勿诲乎？"

【翻译】

孔子说："爱他，能不督促他勤劳吗？对他尽忠，能不拿正道来教诲他吗？"

【说解】

1. 此章可作政治事解，可作教化事解，皆可通。

2. "爱"是关怀，是情义，正因如此，爱他，能不督促他勤劳吗？

3. "忠"是职责，是正义，正因如此，对他尽忠，能不拿正道来教诲他吗？

4. 古时为政者，"作之君，作之师"，老百姓能勤劳，则可免于冻馁，这是保民之事也；老百姓能得教诲，则可进于文化创造之境，这是教民之事也。

5. "忠"是责任伦理，这是中国所固有的，今有汉学家认为中国没有责任伦理，只有意图伦理，这种理解是错误的。

8 子曰："为命：裨谌草创之，世叔讨论之，行人子羽修饰之，东里子产润色之。"

【翻译】

孔子说："郑国发布命令，总是先由裨谌草拟诏命，再由世叔讨论研判，之后，由行人子羽修润增饰，最后由东里子产润色完稿。"

【说解】

1. 此章谈论郑国政令由裨谌、世叔、子羽、子产，循序推敲，仔细覈认而成。

2. 或有云，此盖唐代三省之法的原初处。唐代有中书、门下、尚书三省，中书草拟政令，门下推敲覈查，尚书则落实执行。

3. 政令之出，其谨慎如此，亦可以无咎矣！此可见中国古代政治之施行，是合理的、程序的，是有其程序理性的。

4. 中国传统政治虽无如今世之民主宪政，但它是有治道的，不只有治道，而且有政道。只是其政道未能有效解决权力的合法性尔矣！

9 或问子产。子曰："惠人也。"问子西。曰："彼哉！彼哉！"问管仲。曰："人也！夺伯氏骈邑三百，饭疏食，没齿，无怨言。"

【翻译】

有人问起子产。孔子说："他是懂得对老百姓施恩惠的人。"问子西。说："他呀！他呀！"问管仲。说："这可真是个人物啊！夺了伯氏骈邑三百户，使得伯氏只能粗食菜蔬活命，一直到死，都无怨言。"

【说解】

1. 郑子产施政，懂得惠利于民，为孔子所称。至于子西，孔子则不予评论。"彼哉！彼哉！"，虽无评论，已有评论。须知：不评论就是评论。

2. 夫子颇能知道管仲的才能，管仲有理念、有见识、有谋略、有胆力，是大政治家。管仲之为小器，是就私德来论；若就公义以论之，他可真是了不起的人物。夫子称之。

3. 器量狭小，这是教养不足、胸襟不宽；但管仲能相桓公，霸诸侯，不以兵车，一匡天下，让华夏文明延续，这是了不起的千秋大业，这功业就是德行。

4. 这已经不是政治功业而已，它更是民族生存的千秋伟业。因此，夫子称赞管仲"如其仁！如其仁！"

10 子曰："贫而无怨，难；富而无骄，易。"

【翻译】

孔子说："贫穷而没有怨恨，很难；富有却不骄纵，倒是容易。"

【说解】

1. 此盖人情之常也，夫子从容道来，却有几分劝勉。

2. 贫者多怨，“贫而无怨”，必有所乐，其所乐者道也。非士君子，其谁能之。

3. 富者多骄，“富而无骄”，得有所节，能有所节者，有教养也。夫子进言之，不只富而无骄，要能富而好礼，这才是可贵的。

4. 贫而乐道、富而好礼，就能生出文化教养，文化创造于焉诞生！

11 子曰：“孟公绰，为赵、魏老则优，不可以为滕、薛大夫。”

【翻译】

孔子说：“孟公绰，作为赵、魏两门的家臣胜任有余，却不可以当滕、薛两国的大夫。”

【说解】

1. 孟公绰，鲁大夫，性情廉静，望尊而不能处杂。夫子故说其可以作为赵、魏两门的家臣，胜任有余，却不可以当滕、薛两国的大夫，盖能力有所不逮也。

2. 赵、魏之家臣，位高而无权，望尊而少责，孟公绰可以胜任。滕、薛乃小国，其政事繁杂，孟公绰难以胜任。

3. 有的人有名望，可任之以大事，但却不能任之以小事；有的人虽然位子稍卑屈，无法任之以大事，小事却可以做得很好。

4. 有名望未必有才能，有才能不一定有名望。名望名望，有名者，未必有望；才能才能，有才者，未必有能。

12 子路问成人。子曰：“若臧武仲之知，公绰之不欲，卞庄子之勇，冉求之艺，文之以礼乐，亦可以为成人矣。”曰：“今之成人者何必然？见利思义，见危授命，久要不忘平生之言，亦可以为成人矣。”

【翻译】

子路问如何是一完善人格的人。孔子说：“像臧武仲的明智，孟公绰的寡欲，卞庄子的勇敢，冉求的才艺，再加上礼乐的文化修养，也就可以说是完善人格的人了。”又说：“如今要说一完善人格的人又何必如此？看见利益，能反思正义；见到危险，能承受命令；日子久了，仍不忘平生与人邀约的誓言，这也就可以算作完善人格的人了。”

【说解】

1. 臧武仲、孟公绰、卞庄子，都是鲁国贤士大夫。

2. “若臧武仲之知”，像臧武仲的明智，能明智，则判断可准确。若“公绰之不欲”，像孟公绰的寡欲，能寡欲，则不为外势所夺。

3. 若“卞庄子之勇”，像卞庄子的勇敢，有勇气，则行事迅急，果行育德。若“冉求之艺”，像冉求的才艺，有才艺，则事事能曲尽周全。

4. “礼乐”是最重要的教养，礼者，所以节度分寸也；乐者，所以和合同一也。能有礼乐之教，人就可以成为一文明人。《易经》贲卦有言“文明以止”，盖知止所以文明也。

13 子问公叔文子于公明贾，曰：“信乎？夫子不言不笑不取乎？”公明贾对曰：“以告者过也。夫子时然后言，人不厌其言；乐然后笑，人不厌其笑；义然后取，人不厌其取。”子曰：“其然？岂其然乎？”

【翻译】

孔子向公明贾问公叔文子，说：“这是真的吗？这位先生不言、不笑、不取于人吗？”公明贾回答说：“这是因为传话的人传得太过头了。其实，老先生因应时宜，然后有言，所以人不厌其言；遇逢乐事，然后欢笑，所以人不厌其笑；依据正义，然后取用，所以人不厌其取。”孔子说：“是这样吗？难道真是这样吗？”

【说解】

1. 公叔文子，姓公孙名拔，亦作公孙发，卫国大夫；公明贾，卫国人。公叔文子时有盛名，夫子向公明贾探听，以征其实也。

2. “时然后言，人不厌其言”，知时变、识机宜，贞常处变者也。

3. “乐然后笑，人不厌其笑”，秉性情、顺自然，通达情理者也。

4. “义然后取，人不厌其取”，据义理、得公正，去取分明者也。

5. 贞常处变、通达情理、去取分明，此大贤者也，常人所难及。夫子以是有“其然？岂其然乎？”的慨叹。

14 子曰：“臧武仲以防，求为后于鲁。虽曰不要君，吾不信也。”

【翻译】

孔子说：“臧武仲仗着防邑的险要，要求他的后代继嗣鲁国的卿位。虽有人说这不是要挟鲁君，我却不信。”

【说解】

1. 防邑为臧武仲之封邑，武仲获罪，出奔于邾，又自邾至防，他派遣使者，谦辞向鲁君请求让他的后代能继嗣鲁国的卿位，之后，他才避邑他去。因其遣词极为谦逊，故时人未有言其非者。夫子不以为然，而有此论。

2. 夫子此论，盖《春秋》笔法也。臧武仲，获罪出奔，又返至防邑，据险以求，望能立嗣，如何遣词，如何谦逊，都难免是要挟。

3.《春秋》笔法，贬天子、退诸侯、讨大夫，于斯可见。这亦可见儒家名分政治的重要，盖正名以求实也，所以兴其礼乐也。

4. 于此，可见夫子《春秋》责备贤者之意。总体来说，夫子称赞臧武仲是一智者，彼亦知道，武仲之为乃不得以而为之也。其势所然也，然其道则不相称也。

15 子曰：“晋文公谲而不正，齐桓公正而不谲。”

【翻译】

孔子说：“晋文公行事诡谲而不正派，齐桓公行事正派而不诡谲。”

【说解】

1.“以德行仁者王，以力假仁者霸”，齐桓公、晋文公，皆乃霸主也。然齐桓公仍守其正也，晋文公则不守其正。齐桓公尊王攘夷，名号上以周天子为依归，晋文公虽亦攘夷，然尊王则有所不足也。

2. 有云“桓公伐楚，仗义执言，不由诡道”，“文公则伐卫以致楚，而阴谋以取胜，其谲甚矣”，以是而有此论。

3. 齐桓一传而衰，晋文之后，世代常主华夏之盟，有人以此高扬晋文之功，而忽略齐桓者，夫子审心念之几，而以正、谲二字论之，其理甚分明也。

4. 夫子所论，如其《春秋》，义理分明；然据实以论，当时世道已衰，《春秋》大义，晦而不明，滔滔天下，势利为用，晋文公谲而不正，所以成其霸也。

5. 夫子作《春秋》，乱臣贼子惧，贬天子、退诸侯、讨大夫，笔削抉择，正、谲二字，诛心之论也。

16 子路曰：“桓公杀公子纠，召忽死之，管仲不死。曰：未仁乎！”子曰：“桓公九合诸侯，不以兵车，管仲之力也。如其仁！如其仁！”

【翻译】

子路说：“齐桓公杀了公子纠，召忽为主死难，管仲却不死。有人说：管仲不仁啊！”孔子说：“齐桓公多次召集诸侯会盟，而不凭仗战车武力，这可都是管仲的力量啊。这就是他的仁啊！这就是他的仁啊！”

【说解】

1. 齐襄公无道，被弑身亡，局势混乱，后公子小白得胜即位，是为齐桓公。桓公杀其兄公子纠。管仲、召忽皆为公子纠家臣，召忽为主死难，而管仲不死，愿为囚犯，后得鲍叔牙推荐，反而帮助了敌对者桓公，成为桓公的宰相，称霸天下。管仲之行，有违世俗，子路是以有此问。

2. 仁义有大、有小，为君死难，此小仁小义也。为国族、为天下，求其太平，使老百姓能过好日子，这才是大仁大义。

3. 见识有大小，胸襟有广狭，管仲之见识、胸襟，召忽之所不及也。

4. 世云“无鲍叔，则无管仲”，鲍叔何等眼光、何等见识、何等胸襟。鲍叔、管仲两人相较，论才能，管仲胜之，论人品，鲍叔迥乎其上也。

17 子贡曰：“管仲非仁者与？桓公杀公子纠，不能死，又相之。”子曰：“管仲相桓公，霸诸侯，一匡天下，民到于今受其赐。微管仲，吾其被发左衽矣。岂若匹夫匹妇之为谅也，自经于沟渎，而莫之知也？”

【翻译】

子贡说：“管仲该不是个仁人吧？齐桓公杀了公子纠，他不能为其死难，又做了齐桓公宰相。”孔子说：“管仲辅佐齐桓公，称霸诸侯，一统天下，百姓万民到现在还享受其恩赐。如若没有管仲，我们恐怕要披着头发、左衽穿衣了。难道要像匹夫匹妇守着小信，自缢于山林沟壑，无声无息，不为所知吗？”

【说解】

1. 夫子很少许人以仁，管仲功业虽伟，然其器小，应该当不起“仁人”之称，因此，弟子尝试问之。子路先问，弟子们仍有所疑，故子贡复问之。

2. 以其私德论之，管仲之器小哉！夫子鄙之、论之，然这不妨碍其大功也。值得注意的是，这大功是“大公”的大功。大公者，至德也。这样的大功，已经不只是功业而已，它可上遂为德行也。

3. 夫子言“管仲相桓公，霸诸侯，一匡天下，民到于今受其赐。微管仲，吾其被发左衽矣”，管仲之功在天下、在万民、在百姓、在华夏，此所以为仁也。

4. 生命要看高、看远，不能看小、看狭；信是大信，不能是小信；义是大义，不能是小义；仁是大仁，不能是小仁。

5. 人之秉性、气质或有驳杂，但理想、愿力，却足以成其大德也。

甲午（2014）深秋十月廿日凌晨三时写于福德街元亨居

18 公叔文子之臣大夫僎，与文子同升诸公。子闻之曰：“可以为‘文’矣。”

【翻译】

公叔文子的家臣大夫僎，与文子一同升为朝廷公卿。孔子听闻了之后说：“这人真可以称之为‘文’了。”

【说解】

1. 公叔文子推荐其家臣，同升为朝廷公卿，可见其胸怀宽广，学勤好问，不辱社稷，斯可以称之为“文”也。

2. 公叔文子，卫献公之孙，名拔，或作发（盖古时拔、发音同），颇具见识与襟怀。

3. 依《周书·谥法》，称之为文者，凡有六等，经天纬地、道德博厚、学勤好问、慈惠爱民、愍民惠礼、锡民爵位。

4. 公叔文子非但不嫉妒其家臣之贤德者，又能为之举荐，这一方面看出其人格的高尚，另一方面，可见当时平民为士者之力量，已提升至相当地步。

19 子言卫灵公之无道也，康子曰：“夫如是，奚而不丧？”孔子曰：“仲叔圉治宾客，祝鮀治宗庙，王孙贾治军旅。夫如是，奚其丧？”

【翻译】

孔子说及卫灵公的昏庸无道，康子说："既是这样，为什么还不丢失王位？"孔子说："有仲叔圉处理外交、接待外宾，有祝鮀处理祭祀、管理宗庙，还有王孙贾处理国防、统帅军队。像这样，怎么会丢失王位？"

【说解】

1. 治国，最重要的是知人善任，仲叔圉（即孔文子）处理外交、祝鮀管理祭祀、王孙贾掌管国防，都各尽其才，得其所任。

2. 国防、外交及祭祀，三件事，可以说是国家最重要者。外交所以连结诸侯、立于国际。国防所以防御外侮、安于国内。祭祀所以续其正统、生生不息。

3. 江山不替、王位不失，在于国家有其统绪的合法性，有其立足于国际之正当性，有其军事的力量能安内攘外。依夫子所言，足食、足兵、民信之矣！

4. 老子有云"不失其所者久"，有了那样的场域、那样的处所，安立好了制度，找了适当的人，自可以生生不息。

5. "道"就在场域中，就在处所内，就在天地之间，天地有道，人间有德，斯谓之"道德"。

20 子曰："其言之不怍，则为之也难！"

【翻译】

孔子说："那人说起话来一点都不愧怍，那做起事来可也就难了！"

【说解】

1. 以上所译，大体依朱子之注："大言不惭，则无必为之志，而不自度其能否矣！欲践其言，岂不难哉？"

2. 若依马融之注，则迥然不同。马注云："怍，惭也；内有其实，则言之不惭。积其实者，为之难也。"内有其实，则言之不惭；能如此内积其实，戮力而为，此所为是为难也。

3. 就句法语势来论，朱注为佳。以义理论之，马注实有其可通处。以朱注为佳，故取以为译。

4. 话语必出于本心，其心真诚，方能生出实践之动力。

21 陈成子弑简公。孔子沐浴而朝，告于哀公，曰："陈恒弑其君，请讨之。"公曰："告夫三子。"孔子曰："以吾从大夫之后，不敢不告也；君曰'告夫三子'者！"之三子告，不可。孔子曰："以吾从大夫之后，不敢不告也！"

【翻译】

陈恒弑杀齐简公。孔子沐浴，入朝觐见，禀告鲁哀公，说："陈恒弑杀了他的国君，请出兵讨伐他。"哀公说："禀告三家大夫吧。"孔子退朝后说："只因我曾当过大夫，因此不可不禀告；而国君居然说，去禀告三家大夫吧！"孔子到了三家大夫那里禀告，他们不允许出兵。孔子又说："只因我曾当过大夫，因此不可不禀告啊！"

【说解】

1. 陈成子，即陈恒，于鲁哀公十四年（公元前 481 年）弑杀其君齐简公。弑君之贼，人得而诛之。

2. 孔子曾为鲁国大夫，时为大老，彼既知之，当上告朝廷。以其大事，上告朝廷，故必沐浴而朝，从于礼制也。

3. 夫子上朝禀告鲁哀公，盖欲有所作为也，不意哀公要他去禀告三家大夫。三家大夫不愿出兵，因三家大夫（孟孙、季孙、叔孙）并不认为此是大罪过。此可见，三家大夫根本不认为国君有其尊崇者在。

4. 此章可见当时礼坏乐崩，道理不存，唯势力为尚；以时局来论，此亦是不得不然者。然夫子仍守周制，盖尽其分、如其礼也。

5. 夫子删《诗》《书》、订礼乐、赞《周易》、修《春秋》，为的是保护古文化，以述为作，传述之、转化之、创造之，欲建立其道德之理想王国也。

22 子路问事君。子曰："勿欺也，而犯之。"

【翻译】

子路问如何事奉国君。孔子说："不可欺瞒他，而且要能犯颜而谏。"

【说解】

1. "君臣以义合，不合则去"，君是老板，臣是职员，为了一共同的志业奋斗，他们的构成须符合共同体的"义道"。

2. 古时，夏商周为宗法封建，秦汉至清季为君主专制，君臣多为隶属性的关系，但于志业上仍须以"道"为归依。"君待臣以礼，臣事君以忠。"

3. 理想的状况是"事君，无犯、无隐"；若有不得，则"勿欺也，而犯之"。

4. 进到民国，君臣关系从"隶属之局"转为"对列之局"。君臣仍有其主从关系，但这是事务上，就其功能而言的主从关系。它不再是人身的隶属关系。

23 子曰："君子上达，小人下达。"

【翻译】

孔子说："君子向上通达于道，小人向下落实于器。"

【说解】

1. "君子、小人"可以"位"言，可以"德"言。以位言，君子者，居上位之管理者；小人者，居下位之被管理者。

2. 君子须上达于道，"道"是总体的根源，"道"是普遍的理想；小人则须落实于伦常器用之中，"器"是具体的器物，"器"是人间的现实。君子须上达于道，管理方能就绪；小人须落实于器，生命才得安顿。

3. 此章可与"君子喻于义，小人喻于利"一章同参。喻于义，故心向于道，而怀理想以致之。喻于利，故身落实于器，具体真切笃实以行。

4.“君子、小人”，若以“德”言，上达下达，转成价值之评定，而不只是生存之分工。说“君子日渐通达高尚，小人日渐趋于下流”，此亦可以成说，但此不如以“位”言，来得适当。

24 子曰：“古之学者为己，今之学者为人。”

【翻译】

孔子说：“古之学者，所学是为了修养自己；今之学者，所学是为了让人知道。”

【说解】

1.“为己”者，求于内也。“为人”者，求于外也。荀子有言：“君子之学也，入乎耳，著乎心……小人之学也，入乎耳，出乎口。”孔安国有言：“为己，履而行之；为人，徒能言之。”

2. 为己，内求自我之完善，为的是人格教养之涵化。为人，外求他人之赏识，为的是外在的功名利禄。

3.“古、今”作一对比，这是拿“古、今”来说“理想的情况”与“现实的情况”。这不能轻易理解成以古非今，为的是对比的彰明。

4. 学问、道业之成，须先着力在自家身心上用工夫，如此才能“己立立人，己达达人”。

25 蘧伯玉使人于孔子。孔子与之坐，而问焉，曰：“夫子何为？”对曰：“夫子欲寡其过而未能也。”使者出，子曰：“使乎！使乎！”

【翻译】

蘧伯玉差使者去见孔子。孔子要他坐定，就问他：“您家老先生做些什么？”回答说：“老先生想减少自己些过错，却总还没能做好。”使者告退出去，孔子说：“使者啊！这可真是个使者！”

【说解】

1. 蘧伯玉，卫国大夫，姓蘧，名瑗，字伯玉。孔子老友，卫之贤者。孔子居卫，尝宿于其家。《淮南子·原道训》有言“蘧伯玉年五十，而有四十九年非”，可见他欲寡过的修行事实。

2.“欲寡其过”者，修行之事，日进于圣贤之德也。“而未能”，谦怀以让，求教于人也。人能修行而日进于圣贤之德，且谦怀以让，求教于人，真乃贤德君子也。

3.“使乎！使乎！”，赞叹之言也。赞叹其果真是一好使者。使者当如实以对，识得大体，且传述正面信息。

4. 朱子有言：“其进德之功，老而不倦，是以践履笃实，光辉宣著，不惟使者知之，而夫子亦信之也。”言之极是。

26 子曰：“不在其位，不谋其政。”

27 曾子曰：“君子思不出其位。”

【翻译】

孔子说：“不居在那职责位分上，就不谋算推行其政务。”

曾子说：“君子之所思，不可出离其职责位分。”

【说解】

1. 此可与夫子之“正名”思想同参。君君、臣臣、父父、子子，此是从礼分上说。

2. 因其礼分，而有其使命，有此使命，依位行权，造福大众，生生不息。

3. 依其所位，是为当位。切当其位，推展政务。如此为“忠”，这是“忠于职守”，这“忠”就是责任伦理。“忠”是职务之配当与行事之忠诚，非奴才般之巧言佞色也。

4. 夫子所重者礼，礼在人伦之位分，推而扩之，礼在职守之本分。此虽与今所谓“权利”与“义务”之配当相通，但精神里子，却是上通天地之道，下贯人间之德。此礼治与法治之大别也。

5. 礼治是德治、仁治，具体落实而有分寸，其所重者人性情之生长与完善。法治是权治、利治，重在切实而严格，此权利、义务之配当也，以事物之功利效益为主。

6.“君子思不出其位”，此《易经》艮卦大象传，艮为知止，知其所止，思所以不出其位也。曾子引此以证，可见其契道之深也。

28 子曰：“君子耻其言而过其行。”

【翻译】

孔子说：“君子最羞耻的是言过其行。”

【说解】

1.《论语·为政》子贡问君子。子曰：“先行其言，而后从之。”这清楚地标举出夫子极强调实践的优先性。

2. 知行问题是中国哲学的重要议题，但不论是朱子的“知先行后”，还是阳明的“知行合一”，都强调实践的重要性。只是朱子强调“行”必须依循于一超越的形式性原则，阳明则更强调“行”来自内在总体根源性的动力。

3.“耻”是从群体中生起一股自发的动能。耻是一群人约束性所形成的道德气氛，不顺意，千夫所指。我们的传统以“知耻的伦理”为重，西方文化以“责任的伦理”为重。

4. 中国：耻感文化。西方：罪感文化。印度：业感文化。中国文化是“知耻而发”，这是以“气的感通”为主导的文化脉络，它与西方文化之以“话语的论定”为主导的文化脉络有别。

29 子曰：“君子道者三，我无能焉：仁者不忧，知者不惑，勇者不惧。”子贡曰：“夫子自道也！”

【翻译】

孔子说：“君子之道有这三个，我却未能做好：仁德之人不忧心，明智之人不疑惑，勇敢之人不惧怕。”子贡说：“夫子他自己行的就是这道啊！”

【说解】

1. 仁者具柔软的心肠，智者具清明的脑袋，勇者具坚定的意志；能有这三者，就能不忧心、不疑惑、不惧怕。

2. 有柔软的心肠，故仁者多能包容，且有化解之能力，因此不必忧心。以故，夫子说“仁者必有勇”，老子也说“慈故能勇”。

3. “仁者乐山，智者乐水”，山为知止，水为灵动；灵动之水，必以山为归依。有此灵动，故可以有清明之脑袋，以故可以无所疑惑。

4. 仁为关怀，智为判断；智依于仁，而勇又依于仁、智。有真实之关怀，有清明之判断，如此之勇，是仁勇，是智勇，是仁、智之勇，以故无所惧怕。

5. “智、仁、勇”三者，恰可与“知、情、意”三者对比，分为三，然必和合同一于道也。惟“志于道”者，方可期其“智、仁、勇”也。

30 子贡方人。子曰：“赐也！贤乎哉？夫我则不暇！”

【翻译】

子贡评谤他人。孔子说：“赐啊！你果真贤明了吗？这事我可没闲工夫！”

【说解】

1. “方”者，谤也。汉语，古无轻唇音，方、谤，古音同，其义亦同。“方”有比方、议论、评谤之义。

2. 子贡方人，夫子责之。然有云：夫子亦好方人，此又何也？盖子贡方人，是依其己见；孔子方人，则是据乎天理。

3. 据乎天理，其所方者，公论也。依其己见，其所方者，私谤也。夫子见子贡之贤，犹有未足也，故教示之。

4. 中国传统必谈“有真人而后有真知”，换句话说，是将认识论与修养工夫论关联在一起。子贡方人，多属习气，未能及于天道也。

5. 盖“执”陷溺于欲，“识”了别于物，“知”定止于心，“明”通达于道。这“执、识、知、明”乃中国传统知识论及修养工夫论之层阶也。

31 子曰："不患人之不己知，患其不能也。"

【翻译】

孔子说："不用担心别人不知道你自己，该担心的是自己不具备那能力。"

【说解】

1.《论语》所载，文字稍异而义理通于此者，多矣！这可见夫子所重在于自家之真才实学，在于自家人格自我完善之养成。

2. 除此篇外，尚有数处，一在《学而》，子曰："不患人之不己知，患不知人也。"另一在《里仁》，子曰："不患无位，患所以立；不患莫己知，求为可知也。"又一在《卫灵公》，子曰："君子病无能焉，不病人之不己知也。"

3. 凡此诸章皆可归本于《论语·学而》第一章"人不知而不愠，不亦君子乎"，这正阐明了儒家所强调的是为己之学，而不是为人之学。

4. 以上所言，皆乃恕道也。恕者，如心之谓也。同情共感地去关怀别人，回到自家腔子里作主，己立立人，己达达人。

32 子曰："不逆诈，不亿不信。抑亦先觉者，是贤乎！"

【翻译】

孔子说："不可预先怀疑他人欺诈，也不可预先臆测他人不守信诺。反过来说，我果能不预先怀疑、臆测，也能事先觉察到，这可算是贤明了吧！"

【说解】

1."逆"者，迎也。事未至，我先疑其诈也，此之谓"逆诈"。"亿"者，臆也。事未至，而心有所悬也。心悬以为其为不守信诺也。

2. 盖疑者不明，臆者多惑；不疑不臆，心有主宰；诈者难隐，诚信可见，斯为善矣！

3."抑亦先觉者，是贤乎"可有两解，依朱子注，则如上所译；另依孔安国注“先觉人情者，是宁能为贤乎，或时反怨（冤）人”，则当译之为“反过来说，经由预先怀疑、臆测，也能事先觉察到，这哪里能算是贤明呢?”因为，这样有时反而会冤枉了人。

4. 两说各有胜义，今取朱子之说而译之，盖通行故也。汉、宋有别，汉注多重在生活世界之实践，宋注多重在心性修养之检点。此汉学、宋学，经学、理学，各有所长，各有所偏也。

33 微生亩谓孔子曰：“丘！何为是栖栖者与？无乃为佞乎?”孔子曰：“非敢为佞也，疾固也。”

【翻译】

微生亩对孔子说：“丘啊！为何你如此地奔忙不息呢？像是佞者巧言善辩以取信于人?”孔子说：“不敢巧言善辩做个佞者啊，我痛恶的是顽固执泥的人。”

【说解】

1. 微生亩，微生其氏，亩其名。或有作尾生亩者。又或有以为此人即尾生高。尾生之信，固执不通也。

2. 微生亩直呼夫子为“丘”，其辞甚傲慢，其年龄当长于夫子，且为相熟之人也。夫子疾其固也，恶其执一也。

3.“栖栖”者，栖栖也，夫子周游列国，栖栖遑遑，言其若飞鸟之翔集不定也。“佞”说的是巧言善辩，以取信于人。

4. 夫子周游列国，宣扬理念，为的是“大道之行也，天下为公”。微生亩议其为佞者，真乃无知妄臆也。

5. 夫子言“非敢为佞也，疾固也”，何等从容，何等自然，就只如此自然从容，说出“疾固也”，痛恶的是顽固执泥之人啊！

34 子曰：“骥不称其力，称其德也。”

【翻译】

孔子说：“千里马，我不称许牠的气力，而称许牠的德行。”

【说解】

1.“骥”者，千里马之谓也。千里马力能行远，然必待骑者相与调理，相协其性情也。苟性情不相协，则虽有气力，亦难致千里之遥也。

2. 千里马如此，人更是如此，德行是优先的，态度是重要的；没有好德行、好态度，你的能力是无法使出来的。

3.“德行”“气力”必须两相匹配。无气力，只德行，那是柔弱而空洞的；只气力，而无德行，那是刚强而盲目的；有德行、有气力，才能明照天下，千里可致。

4.“德行”“气力”，缺一不可，然德行尤其重要。《尚书》有云“正德、利用、厚生，惟和”，良有以也。

甲午（2014）之冬十一月十七日凌晨二时写于台北福德居

35 或曰：“以德报怨，何如？”子曰：“何以报德？以直报怨，以德报德。”

【翻译】

有人说：“拿善德来报答仇怨，这怎样呢？”孔子说：“那要如何报答善德呢？应拿正直来报答仇怨，拿善德来报答善德。”

【说解】

1. 儒家重视的是人伦世界的是非对错，这里隐含一价值的相互配称。“以直报怨，以德报德”，正是如此。

2. 道家重视的是自然本性的回归与解化，重点不在价值的配称，而是回到总体根源的生长。“报怨以德”，正是如此。

3. 老子讲“善者吾善之，不善者吾亦善之，德善”“报怨以德”，这里说的“德”重点是“内在的本性”，而不只是相互配称的善德而已。

4. 儒家从“人伦的位序”说起，重在“正名以求实”；道家则回归“自然的常道”，重在“去名以就实”。

5. 从“人伦的位序”到“自然的回归”，再从“自然常道”落实为“人伦位序”，这是回环相生、生生不息的。

36 子曰："莫我知也夫！"子贡曰："何为其莫知子也？"子曰："不怨天，不尤人。下学而上达。知我者，其天乎！"

【翻译】

孔子说："真没有人理解我啊！"子贡说："怎么说没有人理解您呢？"孔子说："不怨怼天道，不责怪他人。往下落实学习人间事务，往上通达于造化之源。理解我的，恐怕只有那造化之源的上天了吧！"

【说解】

1."下"是就具体落实说，"上"是就总体根源说；"下学而上达"，往下落实学习人间事务，往上通达于造化之源。

2. 下学而上达，践仁以知天，天人合德，本为同一，这是中国哲学之血脉，夫子深有体悟也。

3. 古代典籍有言"帝""天""道"者，虽有不同，意旨相近，都有造化根源之义。殷商说"帝之令"，周初说"天之命"，而春秋则说"道之德"。

4."天、人"关系，可以借用马丁·布伯（Martin Buber）之言，这是"我与您"（I and Thou）的关系，而不是"我与它"（I and It）的关系。天虽有其超越义，但又有其内在义，祂是既内在而又超越的。"天人、物我、人己"，是通而为一的，这是存有连续观的格局。

37 公伯寮愬子路于季孙。子服景伯以告，曰："夫子固有惑志于公伯寮，吾力犹能肆诸市朝。"子曰："道之将行也与？命也！道之将废也与？命也！公伯寮其如命何？"

【翻译】

公伯寮在季孙氏那里说子路的坏话。子服景伯拿这事来告诉孔子，说："季孙氏听了公伯寮的话，心志已经被迷惑了。我有能力杀了公伯寮，使他陈尸街头。"孔子说："那造化根源的大道将要行开来了吧？这是天命啊！那造化根源的大道果就无法行开来吗？这也是天命啊！公伯寮他岂能奈何得了天命呢？"

【说解】

1. 公伯寮，字子周，鲁人。"愬"，谮谗、毁谤、说坏话。"肆"，诛而杀之，暴尸于众也。"市朝"，犹今之市场也，人群汇集；古时行刑于市朝，警惕大众也。

2. 夫子及群弟子所要行的是大道，夫子周游列国为的是自己的道德理想，而不是为了功名利禄。

3. 大道得行，"得志，泽加于民"；大道不行，"不得志，修身见于世"。行不行，有天命，圣贤豪杰知其不可而为之。

4. 知其不可而为之，天命昔果不行，然信其将行也。天命之信，信其永恒不辍也，信其将行也。夫子相信天道，深切笃实而有光辉。

38 子曰："贤者辟世，其次辟地，其次辟色，其次辟言。"子曰："作者七人矣！"

【翻译】

孔子说："贤者见天下无道，而逃避其世；其次，见邦国险乱，而逃避其地；再其次，见辞色坏乱，而逃避其色；又其次，见言语秽恶，而逃避其言。"孔子说："因此起而离去的，已经有七人了。"

【说解】

1. "辟"，避也。逃避，不是消极的逃遁，而是积极的蕴蓄。这为的是生生不息的民族生命延续。

2. 贤者见天下无道，而逃避其世；避世，所以救其世也。这为的是人世之道的培育。

3. 贤者见邦国险乱，而逃避其地；避地，所以救其地也。这为的是邦国政治的重建。

4. 贤者见辞色坏乱，而逃避其色；避色，所以救其色也。这为的是辞色诚敬的生长。

5. 贤者见言语秽恶，而逃避其言；避言，所以救其言也。这为的是话语朗畅的清明。

39 子路宿于石门。晨门曰："奚自？"子路曰："自孔氏。"曰："是知其不可而为之者与？"

【翻译】

子路在石门歇了一宿。早晨进城，城门守卫说："你打从哪儿来？"子路说："我从孔门氏族来。"那人应答说："就是那位知其不可为而为的人吗？"

【说解】

1. 子路、晨门之问，子路与那早晨守门者的问答，可见晨门亦是有学之人，可见夫子之理想闻达于诸侯也，闻达于大夫也，闻达于庶民百姓也。

2. 夫子是"知其不可而为之"，老子是"为而不有"；夫子庄严而可敬，老子自然而可亲。

3. 夫子保住的是文化慧命，老子保住的是自然生机。

4. 文化慧命要承担，方得永续；自然生机要放开，才得任化。

40 子击磬于卫，有荷蒉而过孔氏之门者，曰："有心哉！击磬乎！"既而曰："鄙哉，硁硁乎！莫己知也，斯已而已矣。'深则厉，浅则揭。'"子曰："果哉！末之难矣！"

【翻译】

孔子在卫国时，一天正敲着磬，有个荷着草筐经过孔氏门前的人，说："有用世之心啊！这敲磬的人啊！"过了一会儿又说："这磬声硁硁然，真是固执啊！没有人理解你自己，既然这样，那也就算了。'水深，就连带衣裳一起蹚过去；水浅，就撩起衣裳涉水过去。'"孔子说："果就这样！但这又有什么困难的呢？"

【说解】

1. 听闻击磬之声，而知夫子为有心之人，此非有心人，何能听之。谁为有心，夫子固有心，荷蒉者亦有心也。夫子有心而坚持之，荷蒉者有心而避弃之。

2. "有心"者，有用世之心也。夫子用世心切，以是之故，磬声硁硁然。以其硁硁然，故荷蒉者鄙之。

3. 硁硁然，不可鄙也。硁硁然，用世心切，非为功名利禄也，乃为大道不行，先天下之忧而忧也。

4. "深则厉，浅则揭"，语出《诗经·卫风·匏有苦叶》，借此以指责夫子为不识深浅时宜者。其实，夫子真知世俗之时宜，然不愿为之。夫子所知之时宜，盖调适而上遂于道也，依乎天理，以论人世也。

5. 果决容易，坚持则难；果决是断，坚持为续；果断则离，持续则生。

41 子张曰："《书》云：'高宗谅阴，三年不言。'何谓也？"子曰："何必高宗？古之人皆然。君薨，百官总己，以听于冢宰，三年。"

【翻译】

子张说："《尚书》说：'殷高宗居丧，三年不听政事。'这是什么意思？"孔子说："哪里只是高宗？古时的人都是这么做的。君主过世，文武百官总摄其职，都听命于宰相，嗣君三年不听政。"

【说解】

1. 古代政治在"宗"与"社"，"宗"是血缘的、纵贯的，"社"是地缘的、横摄的。会于社，统于宗，又以宗为主。以是之故，天子薨，嗣君当守丧三年。这三年政事归于宰相。

2. 天子之责在于纵贯的生命的延续，冢宰之责则在于横摄的政务之操持；国君、宰相相辅相成。

3. “谅阴”，古时天子居丧之名。“谅”者，信也，诚信以继之也。“阴”者，荫也，承继祖先以受其庇荫也。“谅阴”者，诚信以继之，受其祖先之庇荫也。

4. “三年不言”，所以默而契之于祖先、神明、天地也，此所以尽其孝道也。“孝”乃是对生命根源的纵贯追溯与崇敬，守孝三年，所以求其生生不息也。

42 子曰：“上好礼，则民易使也。”

【翻译】

孔子说：“居上位的人喜好礼仪节度，那么人民也就容易役使了。”

【说解】

1. 礼者，履也，是实践的途径，是礼仪节度，是规范、分寸。居上位者好礼，必有常节、有常德，能如此，老百姓心中那把尺自然分明。

2. 民意如流水，流水平，可以载舟；流水荡，可以覆舟。何以平之，唯礼而已矣！

3. 本章可与“克己复礼”一章同参。克己复礼，天下归仁焉！

4. 礼以别异，乐以和同；无有别异，如何和同；别异所以和同也，和同所以别异也。

43 子路问君子。子曰：“修己以敬。”曰：“如斯而已乎？”曰：“修己以安人。”曰：“如斯而已乎？”曰：“修己以安百姓。修己以安百姓，尧舜其犹病诸！”

【翻译】

子路请问君子之道。孔子说："修己之身，使之诚敬。"再问："像这样就可以了吗？"再答："修己之身，以安养家人。"又问："这样就可以了吗？"又答："修己之身，以安养百姓。修己之身，以安养百姓，这连尧舜他们可能都难以做到啊！"

【说解】

1."修己以敬"，直是核心，这是内圣外王之交关处，子路不解，以为不足，故有"如斯而已乎"之问。

2."敬"是"主一无适"，专注于一，心无他往，这"一"既是部分，又是整体。"敬"的工夫是贯彻内外的，是贯彻动静的。

3."修己以安人"，此内圣外王，交与为一体，既本内圣而开外王，又由外王而回返内圣。

4."修己以安百姓，尧舜其犹病诸"，点出教化大行之不易也。以其不易，故当生生不息地努力，薪尽火传。

44 原壤夷俟。子曰："幼而不孙弟，长而无述焉，老而不死，是为贼！"以杖叩其胫。

【翻译】

原壤蹲踞在地。孔子说："幼时不敬逊长上，年长又无可称述，老了还活着不死，这可真是害群之贼啊！"用手杖敲叩他的脚胫。

【说解】

1.原壤，孔子故旧老友，夷俟以待，蹲踞在地，非礼也。说是非礼，却也有几分自然天机。引来夫子骂之为贼，更是鲜活有趣！

2.对比来说，"幼而逊弟，长而有述，死而不亡"，斯可以成其人伦孝悌之美善也。

3."以杖叩其胫"，用手杖敲叩他的脚胫，这是说"该起而力行，怎能坐在那儿不动呢？"

4. 生命不能平铺地摊在那儿，生命该起而力行，生命该落实具体，并纵贯地向上发展。

45 阙党童子将命。或问之曰："益者与?"子曰："吾见其居于位也，见其与先生并行也。非求益者也，欲速成者也。"

【翻译】

阙党地方的一位童子来见孔子，孔子要他传递讯息。有人问孔子说："这童子求上进吗?"孔子说："我看见他居坐在成人席位，又看见他与长辈并肩而行。他不是什么求上进的，而是急于求成功表现的。"

【说解】

1. "阙党"之为"阙"，所缺者何？礼也，教养也。童子来见夫子，夫子见其欲速成，故使之"将命"，要他传递信息，让他有机会见识到该当如何也。

2. 学如行水，"盈科而后进"，岂可躐等而进。阙党童子真不知分寸，然他却是有意愿求进步的，只是用错了心力。

3. 此章可见"夫子循循然善诱人"，调理折中，让人性能在实践的过程中，归返到本位，殊为难得也。

4. 学当"求益"，不当"速成"；"求益"当"日知其所亡，月无忘其所能"，步步踏实，充实了自有光辉，有了光辉，自能"美、大、圣、神"。

甲午（2014）之冬十二月十八日午前写成于花莲慈济大学

卫灵公第十五：恭己南面、忠恕一贯

1 卫灵公问陈于孔子，孔子对曰：“俎豆之事，则尝闻之矣；军旅之事，未之学也。”明日遂行。在陈绝粮，从者病，莫能兴。子路愠见曰：“君子亦有穷乎?”子曰：“君子固穷，小人穷斯滥矣。”

【翻译】

卫灵公向孔子请教用兵布阵之方，孔子回答他说：“宗庙祭祀之礼，我听说过；但军旅用兵之事，可没学过。”第二天，孔子就离开了卫国。行到陈国，断绝了粮食，跟随的学生都饿病了，起不了床。子路心里愠怒，晋见孔子说：“君子也有穷困窘迫的时候吗?”孔子说：“君子穷困窘迫时要坚定其志向，小人穷困窘迫，便胡作非为了。”

【说解】

1.“陈”，同阵。“俎豆”者，古时之祭器，借此以说祭祀之礼仪。

2. 安邦治国，不在军旅用兵，不在布阵作战；而在礼乐教化，在人伦孝悌。儒家认为政治是离不开教化的，离不开礼乐的。

3. 子路之问，安危之际，真乃性情也。但孔子之答，却见道德之崇高庄严，这崇高庄严，就是华夏立身齐家、治国平天下之本。

4. 子路“愠见”孔子，这“愠”字极有味，这是“生命之本然”，“人情之自然”；夫子即于此，明白点化，说出“义理之当然”，“人心之自觉”。

5.“固”，坚定其志向，坚固其义理，坚持其理念也。志，心中有了定盘针，便能坚固义理、坚持理念。思虑抉择，为中流砥柱，这便是“固”。

2 子曰：“赐也，女以予为多学而识之者与?”对曰：“然，非与?”曰：“非也，予一以贯之。”

【翻译】

孔子说：“赐啊，你以为我是个多学又强记的人吗?”子贡回答说：“是啊，难道不是吗?”孔子说：“不是的，我将所学贯通起来成了一个整体。”

【说解】

1.“多学而识”，这是知识的累积。孔子学问固然博大，但重点不在此，子贡所见仅及于此。此亦可见其犹不免商人习气也，可惜了。

2. 孔子之学贵在融贯，贵在通达，所谓“一以贯之”，是总体而通贯，是贯通而为总体。这是有本有源的根源之学，是承继往古来今的通贯之学。

3. 是“一以贯之”不是“以一贯之”，一以贯之，是通达、融贯的天人性命之学；以一贯之，则成了绝对化、强制化的意识形态。

4. 今人有谓，儒家是一个世界论者，此不同于西方文化之为两个世界论者。这说法，得强调：儒家的一个世界是贯通生死幽明、神圣与凡俗的一个世界，绝不能只当成这俗尘世界的此生此世而已。

5. 一以贯之，是包容多元的，是多元而一统的格局，不是单元而统一的格局。“春秋大一统”，这是“一以贯之”。“秦汉大统一”，这变成了“以一贯之”。这就是“道的错置”。

3 子曰：“由，知德者鲜矣!”

【翻译】

孔子说：“仲由啊，能晓得德性的人，太少了啊!”

【说解】

1.“德”者，得也，得于己也，得于天理也，得于天道也。

2.“德”是就本性落实处说，这是德性；“道”是就天理根源处说，这是天道。道德道德，因其道，如其德，斯为道德。

3.“知”，不只是认知，而且是参与、实践、体会、证成，这“知”得上升到“乾知大始，坤作成物”去说。

4. 认知容易，体知为难，因其体知，而能行之笃切，更是难上加难。

4 **子曰：“无为而治者，其舜也与！夫何为哉？恭己正南面而已矣。”**

【翻译】

孔子说：“能任化无为而治理天下的，那大概只有舜吧！那他做些什么呢？恭敬修己，端正地坐在朝向南面的天子之位罢了。”

【说解】

1. 儒、道两家本为同源互补，都盛赞无为而治，都强调少些人为的干预，多些任化无为。

2. 这“无为而治”是不造作，是顺着生命的韵律，是如其本然，让它好自生长。

3. 道家说的是“自然常道”，儒家说的是“人伦常道”。同样的，道家的无为而治，是依于自然常道，儒家的无为而治则依于人伦常道。

4. 人伦常道，重点在参赞化育，从“恭己”说起，重在由人伦的内圣通向礼乐的外王；自然常道，重在顺成无为。

5.“恭己正南面”，这样的无为而治，看似容易，其实难上加难；这是人伦孝悌，这是礼乐教化，而且是通天接地、往古来今、由人伦常道通达于自然常道的无为而治。

5 **子张问行。子曰：“言忠信，行笃敬，虽蛮貊之邦行矣；言不忠信，行不笃敬，虽州里行乎哉？立，则**

见其参于前也；在舆，则见其倚于衡也，夫然后行。”子张书诸绅。

【翻译】

子张问实践之道。孔子说：“说话忠诚信实，行事笃厚庄敬，即使在野蛮的国度也行得通；说话不忠诚信实，行事不笃厚庄敬，即使自己乡里能行得通吗？站着时，就看到它站在你前面一样；在车上，就看到它倚靠在车前横木上一样，这样也就到处行得通了。”子张把孔子的话，书写在自己腰间的大带上。

【说解】

1. 广义的实践之道，包括“言”与“行”，言得忠信，行当笃敬，方为君子。

2.“忠”是忠诚，“信”是信实，忠诚本乎天，信实结乎人，即此忠信，便是天人性命之学。

3.“笃敬”，“笃”说的是厚重落实，“敬”说的是诚实完成。今人说老实做事、老实念佛，这“老实”两字就是笃敬。老者，持续不已；实者，敦笃不虚。

4.“蛮”，古称南蛮。“貊”，古称北狄。“蛮貊”者，未开化之邦也。虽未开化，却是人心笃厚，忠诚以之，必可行也。

5. 儒家实践，不离人伦，不离孝悌，不离仁义道德，不离礼乐教化。儒家强调内圣外王之道，说透了仍然是“言忠信，行笃敬”，这是儒家实践的法钥。

6 **子曰：“直哉！史鱼！邦有道，如矢；邦无道，如矢。君子哉！蘧伯玉！邦有道，则仕；邦无道，则可卷而怀之。”**

【翻译】

孔子说：“正直啊！史鱼这位贤人！国家政治清明时，言行像箭矢般正直；国家政治黑暗时，言行也像箭矢般正直。君子啊！蘧伯玉这位贤人！国家政治清明时，他出来做官；国家政治黑暗时，他可把自己收卷怀藏起来。”

【说解】

1. 这里说的是两个典型贤人，一是不论国家有道无道，行事都如箭矢般正直；另一是明事理、知进退，怀藏仁义、修己教化。

2. 史鱼，名鰌，字子鱼，卫国大夫，行事正直，著名于世，是铮铮的好汉子。蘧伯玉，名瑗，卫国大夫，是个谦怀能让、修身切己的君子。

3. 人各依性情做事，史鱼的正直，成就的往往是社会正义；而蘧伯玉成就的往往是文化教养。

4. 在华人社会来说，史鱼的正直是更难得的，是更可贵的；但这并不意味蘧伯玉就不可贵，其实总的来说，蘧伯玉才是较为圆满的。只是两千年帝皇专制，须有史鱼之正直才能打破一点沉闷！

5. 蘧伯玉之行事，不是一般世俗人所以为的惧怕势力、明哲保身，他是为长久的人伦教养、礼乐教化而努力。

7 子曰：“可与言，而不与之言，失人；不可与言，而与之言，失言。知者不失人，亦不失言。”

【翻译】

孔子说：“可以和他言谈，却不和他言谈，这错失了人才；不可以和他言谈，而却和他言谈，这错失了言谈。智者既不错失人才，也不错失言谈。”

【说解】

1. “可与言，而不与之言，失人；不可与言，而与之言，失言。”错失人才，宁不可惜！错失言谈，却可能招来祸害。

2. 要能不失人、不失言，就得知言、知人；知言不易，知人尤难。知言，要得历事经验多；知人，要得心性体会深。

3. 智慧像是太阳一样，光照万物，自然分明，无所隐遁。智慧也像水一样，活活泼泼，灵动无方。

4. 此章可与《孟子》一书的知言养气章合看。孟子说："诐辞（偏曲之辞）知其所蔽，淫辞（荡肆之辞）知其所陷，邪辞（邪僻之辞）知其所离，遁辞（闪躲之辞）知其所穷。"

8 子曰："志士仁人，无求生以害仁，有杀身以成仁。"

【翻译】

孔子说："志道之士和仁德之人，不会为了求得生命而伤害仁德，而会牺牲身家性命来成全仁德。"

【说解】

1. "志士"者，志道之士也。志道，"志"是心有存主、有定向；"道"是总体根源，是普遍理想。志士可说是那心有存主、有定向，心向那总体根源、那普遍理想的读书人。

2. "仁人"者，仁德之人也。"仁"是存在的道德真实感，是一"我与您"的关系下的不可自已的真情相与，仁人的情感是通乎天地苍生，通乎宇宙创造之源的。

3. 躯体是承载生命的载体，躯体重要，而生命更重要。宇宙是一大生命，天人、物我、人已本来就是通而为一的，志士仁人懂得这道理，所以做得来。

4. 生命生命，"生"是创造，"命"是限制，生命就是在限制中创造，在创造中限制，躯体是有限制的，但生命精神却是传诸久远的。

5. 求生害仁，这会害了宇宙大生命；杀身成仁，这便救了宇宙大生命。

9 子贡问为仁。子曰："工欲善其事，必先利其器。居是邦也，事其大夫之贤者，友其士之仁者。"

【翻译】

子贡请问如何实践仁德。孔子说："工人想要做好他的工作，必先使他的工具锐利。居住在邦国里，先事奉这邦国的贤大夫，并结交这邦国的仁德士人。"

【说解】

1. "为仁"，实践仁德。为仁无所不在，修身、齐家、治国、平天下，自内圣以至于外王，都是"为仁"。这里所指大体以在一政治社会共同体下的实践来说。

2. "工欲善其事，必先利其器"，说的是方法与效益，这是孔子所重视的，儒家不只要有理想，也要有现实实践的能力，这样才叫作"道术兼备"。

3. "贤者"，此偏在治国面上说。"仁者"，此偏在教化面上说。教化为本，治国当以贤能者为优。

4. 教化足以润泽天下苍生，才能将国家政事做好，这样就是实践了仁。仁的实践是必须置于生活世界、置于历史政治社会总体下来理解的。

5. 一个国家，"士"是基础，"大夫"是骨干，有了厚实的基础，有了能干的骨干，这便可以称作"仁"的实践。

10 颜渊问为邦。子曰："行夏之时，乘殷之辂，服周之冕，乐则《韶》舞。放郑声，远佞人。郑声淫，佞人殆。"

【翻译】

颜渊请问如何治理邦国。孔子说："行夏代历法，节气正确；乘商代木车，朴实坚固；戴周代礼帽，文质相宜；采用舜时《韶》音乐舞，尽善尽美。禁绝郑国的乐曲，远离小人。郑国的乐曲淫漫无节，小人的言语逢迎谄佞。"

【说解】

1. 夏建寅、殷建丑、周建子，到孔子时，历法已须改革，孔子主张夏代之历法，以其节气准确故也。

2.“时、辂、冕、乐”，根据的都是历史经验，孔子是十分重视历史经验的。历史像一面镜子，后之视今，如今之视昔，足为鉴戒。

3. 孔子总结了夏、商、周三代，并且上契于尧、舜，虽处末世，但追本溯源，欲重开一道德理想的教化政治。

4. 孔子对郑国音乐时有贬斥，所说“郑声淫”，淫者，过也，情思无节，所以为过也。情思无节，则难以从容中道也，难以节制而长养其仁也。

5. 孔子十分重视音乐，而此必与礼仪、诗颂，关联一处，所谓“兴于诗、立于礼、成于乐”也。诗所以兴发性情志气也，礼所以分寸节度也，乐所以和合同一也。

11 子曰：“人无远虑，必有近忧。”

【翻译】

孔子说：“人若没有长远的思虑，一定会有当前的忧患。”

【说解】

1. 远虑所以免其近忧也，近忧则知当远虑矣！远虑者，多能长远地看事情，带有历史意识、时间意识，这是孔子生命性的思考。

2. 中国文化最讲天长地久，最重视大空间、长时间；但却也重视当下，重视此时此刻，因为千里之行必起于足下，这里看到我们先哲的真切智慧，就是一个“实”字而已。能实就能切，谓之切实。

3. 有远虑，能长远看问题，带有历史意识、时间意识，进一步便能生出超越意识、神圣意识，孔子“文王既没，文不在兹乎”，“知我者，其天乎！”便是如此。

4. 中华民族是最具有时间意识的民族，这是我们生生哲学的可贵处、平常处，在平常中见到可贵，在小草的生长中，看到哲学的奥秘。“生”者，小草之出于泥土也。

12 子曰：“已矣乎！吾未见好德如好色者也！”

【翻译】

孔子说："算了吧！我不曾见到爱好德性如爱好美色一样的人啦！"

【说解】

1. "好色"者，生命之自然，人情之本然也。"好德"者，生命之自觉，人文之当然也。

2. 自然容易，自觉为难；本然容易，当然为难，难在何处？难在反躬，能反躬以践其实，那何难之有？

3. 好色是顺着生命血气的，好德是要逆着生命血气，回返生命之源，重新启动，让那本体良知，如如生长。好色可说是本能，但好德是良知良能。

4. 良知良能，不是生物学意义的，而是道德学意义的，它要的是"知良能良"，知能为一，皆以良善为本性。

13 子曰："臧文仲，其窃位者与！知柳下惠之贤，而不与立也。"

【翻译】

孔子说："臧文仲，应该是一个会窃据官位的人吧！他明知柳下惠的贤德，却不推荐给国君和他同朝共理国事。"

【说解】

1. 臧文仲，鲁国大夫，臧孙辰，妒贤而窃位，孔子以为其不仁也。柳下惠，鲁国大夫展获，字禽，食邑于柳下，谥曰惠，史称柳下惠。孟子谓"柳下惠，圣之和者也"。

2. 居上阶官位者不知贤，谓之不明，知贤而不举用，谓之蔽贤。蔽贤者，窃其位而自据之也，此之谓"窃位"。

3. 往古来今，窃位者多矣！不仁者多矣！中国后来想出的拔擢人才方式，开科取士，让寒门得以仕进，社会阶层流动，文化因此得广布民间，这是一极大进步。可惜后来僵化了，又是一病。

4.“和”是和而不同，不同而和，和最为强调的是差异性、多元性，以其多元而差异，才构成和谐也。

5. 中国文明之极致，强调其为宇宙造化之源，这是将极大的差异统合于一，“一阴一阳之谓道”，这即张载所说“太和所谓道”。这智慧是极为深刻的。

14 子曰：“躬自厚，而薄责于人，则远怨矣。”

【翻译】

孔子说：“对自己要求严格，而对别人过错应轻微指责，那就可以远离别人对你的怨怼了。”

【说解】

1. 勇于责己才能长气力，若勇于责人，那是会耗尽气力的。

2.“厚”者，多也，深也，切也，笃实也。“躬自厚”，就能长出许多气力来，就能生长出大志向来。

3. 勇于逆着自家生命本能血气的，能回归生命本体的，就能得天地厚重之气，得此厚重之气，方得生养也。

4. 厚重者老实，老者，持续不断也；实者，笃切不虚也。能得老实，就得契入性命天道。

5.“薄责”所以宽容也。宽者能容，能容才能调理，才能长育，如此便生机盎然。

15 子曰：“不曰‘如之何如之何’者，吾末如之何也已矣。”

【翻译】

孔子说：“不说‘这事应当怎么做怎么做’的人，我也不知道该对他怎么办。”

【说解】

1. 不说“这事应当怎么做怎么做”的人，可以说是一昏蒙之人，少了觉醒，少了反思，这样的人必然远离了仁心。

2. 如此昏蒙之人须得启蒙，但启蒙是童蒙求我，不是我去求童蒙，生命只能靠自己，不能依靠别人。

3. 孔子慨叹，正可见当时世风如此，孔子周游列国，为的是人伦孝悌、礼乐教化，唯有人伦孝悌、礼乐教化，才能让人有所觉。

4. 中华民族文化传统最重要的教养哲学之核心是“觉性”，觉是唤醒，唤醒生命本体之源，这是心体之源，同时也是道体之源，宇宙造化与心性本体是通而为一的。

16 子曰：“群居终日，言不及义，好行小慧，难矣哉！”

【翻译】

孔子说：“一群人聚在一起一整天，所说话语多不及于义理，就喜好卖弄小聪明，这种人可真难教导啊！”

【说解】

1. 顾炎武《日知录》说及当时世代，北方人是“饱食终日，无所用心”，南方人是“群居终日，言不及义”，风气之衰，于斯可见。

2. 饱食终日，无所用心，是浑噩其心智。群居终日，言不及义，是轻浮其言谈。此亡天下之衰世也。悲夫！

3. 有小慧者，必无大智，是不可与于大道也。大智者上通于道，以其大道所以为明也。

4. 言及义、行及仁，德修之、学讲之，斯可以养其文教之风也。

17 子曰：“君子义以为质，礼以行之，孙以出之，信以成之，君子哉。”

【翻译】

孔子说："君子以义理作为根本，依礼法而力行，用谦逊的话语来表达，用信实的态度来完成，这就是君子了。"

【说解】

1. 这里说的是君子所以为君子的行事方式，明白义理，还是居在首位；明白义理，才能笃守礼法。

2. 态度谦逊，便是恭敬，能此恭敬，就能内修于己、外成其事，当然，信实是必要的，没了信实，那"孙以出之"，只是表象，那是无效的。

3. "义以为质"，义须得落在质地上说，这样的义理才是真切而笃实的义理。没了质地，空谈何用?

4. 义、礼、孙、信，就此四者，义、礼、信三者可以为德目，而孙则不足以为德目，但在落实处却是最重要的，应该好好重视。

5. "信"是确定性、必然性，五德配五行，信为土，这是说那确定性与必然性，须是如地之厚德载物。土居中，信是一切中和所归之所。

18 子曰："君子病无能焉，不病人之不己知也。"

【翻译】

孔子说："君子所担心的是自己没有什么才能，而不是担心别人不知道自己。"

【说解】

1. 此章可与《里仁篇》所载子曰："不患无位，患所以立；不患莫己知，求为可知也。"共参。皆所以明君子所求者在己之谓也。

2. 儒家君子之道最强调的是人格的自我完善历程，这是求诸己，而不是求诸人的。

3. "病"，以此为病痛，转语即为"担心"。生命重点在于自家好自生长，而不是与人争竞短长，论得失输赢。

4. 你长成了大树，谁都见得，太阳大了，过路者总要来乘凉；即使没有过路者，你却也是昂然而立，立于天壤。

5. 儒、道两家都强调不争之德，儒家置于人伦位序来生长，道家置于天地之间，归返自然。两家都强调以生长取代竞争，强调共生、共长、共存、共荣。

19 子曰："君子疾没世而名不称焉。"

【翻译】

孔子说："君子担心的是，自己过世了，声名却不称其真实。"

【说解】

1. 此章世俗多作"君子担心的是他殁世之后，他的名字不为人们所称扬"。此世俗之论，非孔子之言也。

2. 夫子强调的是"正名以求实"，其所惧者、所疾者，没世而"名不称实"，并不是"名不称扬"。

3. 如此，才能与《论语》首章孔子所说"人不知而不愠，不亦君子乎"相应和。若作"名不称扬"解，显然违背了孔子之义理。今当改正。

4. "称扬"固然也重要，但须有可称扬者，无可称扬者，如何称扬？君子所求者"称实"而已，何必称扬也？称扬之说，世俗之儒之俗言也。

5. 儒学也者，安身立命之学也，为的不是出人头地；契得了天道性命，自是顶天立地，岂止出人头地。

20 子曰："君子求诸己，小人求诸人。"

【翻译】

孔子说："君子求的是自己，小人求的是别人。"

【说解】

1. 君子强调的是人格的自我完善，小人是要做给别人看，让人来肯定他。

2. 君子所求在己，因此生命充实而有光辉，小人所求的却是别人的掌声与青睐。

3. 君子所由者道，所喻者义；小人所因者势，所喻者利。

4. 常人而志于道则成君子，常人而求于利则多成小人。

5. 以前的教育是士君子以为教，现在的教育则是小人以为教，以前说的是人生义理，现在却只要教你世俗功利。哀哉！

21 子曰："君子矜而不争，群而不党。"

【翻译】

孔子说："君子庄重而不与别人争执，与人相处合群而不结党。"

【说解】

1. "矜"有多意，骄矜是矜，矜持是矜，但此处作矜庄、庄重之意。庄重者，以道为庄敬而厚重也。道，任其生长，而不必与之争竞也。

2. "群"是就公共说，"党"是就偏私说。公共而普遍，故讲公义；偏私而昵己，故讲情义。

3. 儒家所说的道德是在公领域说的，"道"是公体，"德"是德行，在公体下的德行，是之谓道德也。

4. 今有学者，以为儒学所论多在私领域，而不及于公领域，此说不确。"为人谋而不忠乎？""言忠信，行笃敬，虽蛮貊之邦行矣！言不忠信，行不笃敬，虽州里行乎哉？"这当然说的是公领域。

5. 儒家所重之道德自应在公领域说，居然被认为是私领域，这样的认定呈现的意义为何，这却是值得注意的。

22 子曰："君子不以言举人，不以人废言。"

【翻译】

孔子说："君子不因为好的话语就举用人，也不因为这人不好就废弃他好的话语。"

【说解】

1. 话语虽是人说出来的，但说出来了就有自己的生命、客观的领域，与说话者应有一适当的分别。

2. 话语就其适当的领域说，有其客观性，有其普同性，可以辩证而清楚地来确认其是否切近于真理。

3. 提出者之话语尽管切近于真理，但必须与此提出者分离开来，再去审视这提出者；因为人的生命实践力是更复杂的。

4. 人的生命实践力与话语的辩证所得之真理是迥然不同的；话语可以因厘清而了别清楚，但实践则因具体落实而真切。

5. “以言举人”，失于人者多矣；“以人废言”，失于言者多矣！必当因其言而察其行，知其行之笃切而用其人；必当因其言之有理，而用其言。

23 子贡问曰：“有一言而可以终身行之者乎?”子曰：“其恕乎！己所不欲，勿施于人。”

【翻译】

子贡问说：“有没有一句话可以终身奉行的呢?”孔子回答说：“那就是恕吧！自己所不愿意的，就不要强加给别人。”

【说解】

1. “恕”，如心之谓恕也。如心说的是将您的心比成我的心，您我通一个心地也。恕，简单地说就是“同情共感”。

2. “己所不欲，勿施于人”不同于“己所欲，施于人”，前者为儒家所主张，后者为基督教所主张。前者重在包容、同情、共感，后者重在相信、希望与贯彻。

3. 儒家重视的是人伦孝悌的常道，基督教则强调的是博爱同一的真理。前者是弱控制系统，后者为强控制系统。

4. “己所不欲，勿施于人”多的是包容，因包容而有余地，因有余地而两相尊重，因而生意盎然。

5. “己所欲，施于人”重在贯彻，因贯彻而少有余地，因没余地而两相争持，因而杀机重重。

24 子曰："吾之于人也，谁毁谁誉？如有所誉者，其有所试矣。斯民也，三代之所以直道而行也。"

【翻译】

孔子说："我对于人啊，诋毁过谁？赞誉过谁？如有所赞誉，那他一定曾经受过考验。说起人民嘛，夏商周三代都是直道而行的啊。"

【说解】

1. 依朱子所说，"毁"是"称人之恶而损其真"，"誉"是"扬人之善而过其实"。

2. "吾之于人也，谁毁谁誉？"说的是：胸中了无一物，无所挂碍；所谓"空空如也"之谓也。

3. "如有所誉者，其有所试矣"说的是：不离存在的觉知，不离经验之真实也。

4. "斯民也，三代之所以直道而行也"说的是：直道而行，通天接地，无有偏倚之行也。

5. "直"者，通天接地，入于根源也。孔子云"人之生也直"，孟子云"其为气也，至大至刚，以直养而无害"，《易传》云"直方大，不习无不利"。"直"皆可如此理解也。

25 子曰："吾犹及史之阙文也；有马者，借人乘之；今亡矣夫！"

【翻译】

孔子说："我还来得及看到史官记事，多有阙疑的地方；像是有马的人（自己还不会调教）先借给别人乘用；这态度现在恐怕早已亡失了吧！"

【说解】

1. 古者史官记事，遇有疑处，则阙其文，以待来者补其阙也。这说的是一种务实求真的态度。

2.“有马者，借人乘之”说的是：术业有专攻，务实求真，且多有容人之胸襟。

3.“今亡矣夫”说的是：慨叹世衰道微，人心不古。

4. 有言，宜将上章“斯民也，三代所以直道而行也”冠于此章之首，此说亦通。

5. 三代去尧舜未远，更切近于根源。中国习惯以历史之源头，去说道理之根源，能入于此根源，才能“直方大，不习无不利”也。

26 子曰：“巧言乱德。小不忍，则乱大谋。”

【翻译】

孔子说：“花言巧语败坏德行。小事情不忍耐，那会败坏了大事情。”

【说解】

1. 德为本，言为表；言表过分精巧，必定会坏乱根本。孔子有“刚毅木讷近仁”之说，可同参。

2. 做事要大处着眼，小处着手；不能只看到小处，而于大处反而遮蔽了，那是不成的。

3. 观其全局，才能真正掌握到变易；观其全局，必须要有一双冷静的眼睛，“静为躁君”，如是之谓也。

4. 见识足了，心地静了，气也就平了，加之以胆略，这样才能任大事。

27 子曰：“众恶之，必察焉；众好之，必察焉。”

【翻译】

孔子说：“大众都厌恶他，那必须详察一番；大众都喜欢他，那也必须详察一番。”

【说解】

1. 民众眼睛既是雪亮的，也是昏翳的；当其事者，必须要有清明之理性。

2. “察”，是详察，是仔细地看，是落实具体地看。理可能是抽象的，但事必然是具体的，一定要“即事言理”，并进一步可以“立理限事”。

3. 好恶常常是一时的，但为政必须考虑时间的持续性，及其所可能影响到的同一性。

4. 民主，并不是要求毫无教养的人民来作主，而是在充分的民主教养、清明的沟通下才能有的人民作主。因为真正作主的不是人民的好恶情绪，而是人民的理性抉择。

28 子曰：“人能弘道，非道弘人。”

【翻译】

孔子说：“人能使道弘扬光大，不是借由道来弘扬人。”

【说解】

1. 道，是就总体根源说，是就普遍理想说；人是重要的参赞者、触动者，但不是拿“道”来作为工具。

2. 人拿“道”来作为工具，“道”就下降为意识形态（ideology）、观念系统，此时的“道”就已经不是“道”了。

3. “人能弘道”，不是把“道”当成一对象物去弘，而是依循着道，而去弘扬此道。“道”优先于人，人不能摆在道之先。

4.《易经》有言“一阴一阳之谓道，继之者善也，成之者性也”，船山先生以为“道大而善小，善大而性小”，此可见存在之韵律是优先于一切的，道之先在性于斯可见矣。

29 子曰：“过而不改，是谓过矣。”

【翻译】

孔子说：“犯了过错而不改正过来，这可真叫过错了。”

【说解】

1. 人之为人，根身习气，相与为伴，难免有过，但改之为贵。

2. 过错，让我们有了崭新的学习机会，这叫“改过”。改过，就像去了云翳，太阳亮光，依旧灿烂。

3. “过而不改”，这过就成了过习，过习久了，就成了恶性，不可不慎。

4. 恶性若入了根身，那就不只是当下此身而已，它却也可能进到更深层的业识之中，流转生死，轮回不已。

30 子曰：“吾尝终日不食，终夜不寝，以思；无益，不如学也。”

【翻译】

孔子说：“我曾整天不食饭，彻夜不就寝，而努力思想；这毫无益处，还不如努力学习。”

【说解】

1. 应该“学思互济”，不该只是“思”，思想太过，或者“虚玄而荡”，或者“情识而肆”，都是大病。

2. “学而不思则罔，思而不学则殆”，只学习而不思考，则迷惘而不明；只思考而不学习，则荒疏而危殆。两章可以合参。

3. 思想须得本诸经验，立乎事实，必须从具体存在的觉知，经由概念的反思，才能够有理论的构建。

4. 套用康德式的语句来说，“没有学习的思考是空洞的，没有思考的学习是盲目的”。

31 子曰：“君子谋道不谋食。耕也，馁在其中矣；学也，禄在其中矣。君子忧道不忧贫。”

【翻译】

孔子说：“君子谋求的是大道之行，而不是谋求衣食。若只耕田，也难免要饿肚子的；好好学习，却可以得到俸禄。君子担心的是大道不行，而不是担心个人的贫穷。”

【说解】

1. 孔子想的是“劳心者治人，劳力者治于人”，君子是劳心者，劳心者最重要的是思考整个经济、政治、社会所成的共同体。

2. 君子要有全面的思考、整体的思考，要有普遍性、理想性的思考；而这必须要有充分的教养学习。

3. 小民百姓，若只是劳力者，他思考的往往只是具体的、个别的，难以及于总体的、普遍的、理想的思考。

4. 君子“谋道不谋食”“忧道不忧贫”，这君子是以天下为己任的，这君子的卓越是因为他思考的是根源的总体，是普遍的理想，这是中国文明最重要的教养。

32 子曰：“知及之，仁不能守之，虽得之，必失之。知及之，仁能守之，不庄以莅之，则民不敬。知及之，仁能守之，庄以莅之，动之不以礼，未善也。”

【翻译】

孔子说：“智力能明白它，仁德不能持守它，即使得到它，必定会失掉它。智力明白它，仁德能持守它，但不能庄严地来治理百姓，那么百姓就不知敬重其事。智力明白它，仁德能持守它，又能庄严地来治理百姓，但动员百姓而不依礼分的节制，那还是不够完善的。”

【说解】

1. 此章点出君子修行治事的四个阶段，“知及、仁守、庄莅、动礼”，逐层深化，颇见义理之谨严，实践当如斯笃实也。

2. “知及”说的是理念的辨明、清楚的把握。“仁守”说的是情志的相与、德行的坚定。

3. “庄莅”，庄严地来治理百姓，这说的是为政者的态度、身教、意志。“动礼”，动员百姓，依其礼分，这说的是教化风行、施于有政。

4. 此章所论，可见儒教内圣外王，理事不二，和合为一也。“知及、仁守”偏在内圣说，“庄莅、动礼”偏在外王说；实者，通而为一，不可分也。

33 子曰：“君子不可小知，而可大受也；小人不可大受，而可小知也。”

【翻译】

孔子说：“君子不能让他管些小事，但可以让他承担重大使命；小人不能让他承担重大使命，但可以让他管些小事。”

【说解】

1.“知”，此处作“司理”解，有管理、搭理、料理之义。“受”，是承担、承受、担当之义。

2. 君子所见者大，小人所见者小，“大”，说的是“总体、根源、普遍、理想”，“小”，说的是“部分、末节、具体、现实”。

3. 君子说的是有德行而居上位者，是治人者；小人指的是一般小民百姓，是治于人者。

4. 君子、小人，是有别的，这里说的是儒家的菁英政治、民本政治，但不是民主政治，更不是民粹政治。

34 子曰：“民之于仁也，甚于水火。水火，吾见蹈而死者矣，未见蹈仁而死者也。”

【翻译】

孔子说：“人民百姓对于仁德，比对于水火的需要更迫切。我只见过人足蹈水火之中而死的，却从没有见过足蹈仁德而死的。”

【说解】

1. 水火，人生存之所须也，无水火，则不足以生。仁德，亦是人共生共存共长共荣之所须，而仁德是更为必要的。

2. 孔子“足食、足兵、民信之矣！”之论，强调“民无信不立”，正是此道理。

3. 水火于人之生存至为重要，但却隐含着至险；仁德更为重要，但却无他险。

4. 水火是有形的物质，仁德则为无形的精神，它是更为重要的。老百姓不只要求生命的存活，更要求生命意义的延续。

35 子曰：“当仁，不让于师。”

【翻译】

孔子说：“当着仁德，不必谦让于老师。”

【说解】

1. 此章与西哲所说“吾爱吾师，吾更爱真理”可合看；然义理境界各有不同，中哲重在“仁爱的感通”，西哲则重在“真理的确定”。

2. “当仁”，这“当”字，有当下感、迫近感，亦由此当下迫近，须有一承担、担当也。

3. “师者，传道、授业、解惑也。”老师所传授的就是仁义之道，“当仁”，则当率先以之，行之于前，“不让于师”，所以慰其情也，所以勉其志也。

4. 此章可见觉性之仁，重于权威法则；道德重的是存在的真实感通，而不是抽象的法则规范。

36 子曰：“君子贞而不谅。”

【翻译】

孔子说：“君子恪守正道，而不拘泥小信。”

【说解】

1. “贞”者，守其正也。“谅”者，执着于小信也。君子重视的是大方向、大原则的确立，不会落在小事上拘泥不通。

2. 信用虽然是重要的，但有比信用还重要的，那就是义理，义理正确的，信用才能正确。

3. 君子所重的是义理的正确，而不是斤斤计较、拘泥于小信。盖君子所见者大，小人所见者小，各有所异也。

4. 君子，此处可作居上位解，亦可说是有德行之人，或合而称之，可说为“那些有德行而居于上位的人”。儒家本来强调社会政治皆当由有德者居其位，才能保民、教民、养民、卫民也。

37 子曰：“事君，敬其事而后其食。”

【翻译】

孔子说：“事奉君上，要庄敬尽力其职责事务，而把俸禄放在后面。”

【说解】

1.“君”者，能群者也。“事君”，事奉君上，所以保家卫国也。这说的是为政治社会共同体做事，而不只是为了长官而已。这里强调的是职责事务。

2.“敬”，有庄敬义，有专注义，主一无适谓之敬。“敬其事”，说的是专注地把一件事从头到尾，毫不含糊地完成它。

3. 做事要有个志意在，要有个职责在，做事不是为了换取俸禄而已。做事是人的理想得以实现的重要向度。

4.“敬其事”，事中有大道，即其事而上契于道也。此章可与“君子忧道不忧贫，谋道不谋食”章合看。

38 子曰：“有教无类。”

【翻译】

孔子说：“该人人接受教育，不该分别差类。”

【说解】

1. 孔子之教，推而广之，就是今日所说的教育平等权。这在两千多年前提出，真乃震动天地之铎声也。

2. 教育是必要的，让人们从“自然状态”进到了“自觉状态”，让人们参与到了文化教养的价值之源，让人们参与到了宇宙造化生生之源。

3. 孔子有此平等之教，因此进一步可宣称“雍也可使南面”，“人皆可以为尧舜”，孟子进一步确立了人性本善。

4. 这可是人类文明最早的平等呼声、和平呼声，也是立基于性善的呼声，这是“大中至正”之道。

39 子曰：“道不同，不相为谋。”

【翻译】

孔子说：“总体根源的理念不同，就不必相互商议筹划。”

【说解】

1. 理念不同，方法有异，途径入路，当然也就不同。既然如此，就不必相互商议筹划了。

2. 孔子之道，忠恕而已矣。此至中至正、至宽至广之道也，此孝悌仁义、文行忠信之大道也。

3. “道不同，不相为谋”，轻轻说来，却有万钧力量。本来柔性的坚持，是最能长久的。

4. 孔子所守者，直道而已矣。此与老子“曲则全、枉则直”之教，大异其趣。盖“直方大，不习，无不利也”。

40 子曰：“辞，达而已矣。”

【翻译】

孔子说：“言辞的重点在于通达。”

【说解】

1. 此章说的是修辞之方法，也是孔子的语言哲学，这哲学强调“下及于物、中定止于心、上及于道”。

2. 通达，一方面指的是对象的清楚，另一方面指的是主体的确认，更重要的是道体的明白。

3. “达”，说的是通达，其实也就是将其所遮蔽的除掉了，回到事物本身，令其显现其自己而已。

4. 中文之表达，为形象之表意文字之表达，是最接近于存在本身的表达。

41 师冕见，及阶，子曰：“阶也。”及席，子曰：“席也。”皆坐，子告之曰：“某在斯，某在斯。”师冕出，子张问曰：“与师言之道与?”子曰：“然，固相师之道也。”

【翻译】

乐师冕来见孔子，走到了台阶，孔子说：“这儿是台阶。”走到了坐席旁，孔子说：“这儿是坐席。”大家都坐了下来，孔子告诉他：“某某在这里，某某在这里。”师冕出了门离开之后，子张问说：“这就是与瞎眼的乐师谈话之道吗?”孔子说：“是啊，这就是扶持瞎眼的乐师之道啊。”

【说解】

1. 师冕，乐师，其名为冕，瞽者也。孔子于残疾者，深致其爱心也。

2. 此章具体真实，全用叙事语法，说出圣人气象，这气象就只温柔敦厚，就只体贴同情，就只将尔心比作我心尔矣！

3. 孔子之道，忠恕而已矣。忠恕也者，中心之谓也，如心之谓也。中心者，如其仁，如其仁尔矣！如心者，己立立人，己达达人也。

4. 这里体贴出的是“如在”，如其临在也。这样的如其临在，让你看到瞽者的自尊与庄严，也看到孔子的温柔敦厚，看到天理造化之生生处。

乙未（2015）立春后二月十二日于台中湖水岸元亨居

季氏第十六：礼乐征伐、君子三畏

1 季氏将伐颛臾。冉有、季路见于孔子，曰：“季氏将有事于颛臾。”孔子曰：“求，无乃尔是过与？夫颛臾，昔者先王以为东蒙主，且在邦域之中矣，是社稷之臣也！何以伐为？”冉有曰：“夫子欲之，吾二臣者，皆不欲也。”孔子曰：“求，周任有言曰：‘陈力就列，不能者止。’危而不持，颠而不扶，则将焉用彼相矣？且尔言过矣！虎兕出于柙，龟玉毁于椟中，是谁之过与？”冉有曰：“今夫颛臾固而近于费，今不取，后世必为子孙忧。”孔子曰：“求，君子疾夫舍曰欲之而必为之辞。丘也闻，有国有家者，不患寡而患不均，不患贫而患不安。盖均无贫，和无寡，安无倾。夫如是，故远人不服，则修文德以来之；既来之，则安之。今由与求也，相夫子，远人不服而不能来也，邦分崩离析而不能守也，而谋动干戈于邦内。吾恐季孙之忧不在颛臾，而在萧墙之内也！”

【翻译】

季孙氏将讨伐鲁国的附庸小国颛臾。冉求、子路一起来见孔子，说："季孙氏将出兵攻打颛臾。"孔子说："冉求，这恐怕就是你的过错啰？那颛臾，以前先王要他主持东蒙山祭祀，而且就在鲁国疆域之内，他就是国家社稷之臣啊！为什么还得去讨伐他呢？"冉求说："季孙大夫要这么做，我们两个做臣子的都不愿意啊！"孔子说："冉求，古代著名的史官周任有句话说：'尽自己力量，依其位列，担负职务，不能尽责，就辞去不干。'有危险不去扶助，跌倒了不去搀扶，那还需要辅佐的人吗？再说，你的话太过了！老虎、犀牛从笼子里跑出来，龟甲、玉器毁坏在匣子里，这是谁的过错呢？"冉求说："现在颛臾城墙坚固，而且离费邑很近，现在不攻取，后世必成为子孙的忧患。"孔子说："冉求，君子痛恨隐瞒欲望而非要为自己辩解。我听闻诸侯治国和大夫治家，不忧患贫穷，而忧患不均；不忧患人口太少，而忧患民心不安定。财富平均了，就不会贫穷；民众和睦了，就不会寡少；民心安定了，就不会倾覆。这样一来，远方的人还不归服，就修明文教道德而招徕他们；已经招徕他们，就好好安顿他们。如今，仲由和冉求啊！你们辅佐季孙氏，远方的人不归服，而不能招徕他们；邦国之内民心分崩离析，而不能坚守原则，竟而谋划在国内大动干戈。我只怕季孙氏的忧患不在颛臾，而就在萧墙之内呢！"

【说解】

1. 颛臾，鲁之附庸。季孙氏为鲁之大夫，无征伐之权；竟欲伐之，非礼之至也。冉求、子路为其家臣，无力阻止，故为此求见孔子也。

2.《论语》多为短篇之对话，此章文例与他篇不类，或云此出自《齐论》杂入者。又《季氏篇》，三友、三乐、三愆、三戒、三畏、九思等，其文例与他篇亦不类，此章尤甚。总的说来，《论语》纂集，本自多方，出自多人手笔，其精神不悖者，即为可取也。《季氏》一篇，多涉礼乐征伐之事，其言及外王者多矣。

3."夫子"，犹今之所谓老板也，此章所指乃季孙氏也。"相"，此为相瞽之相，引申为辅佐之相也。"兕"为野牛，"柙"为兽槛，"椟"为匣子。"固"，完固、坚固。"分"为分裂，民有异心；"崩"为崩颓，民心凋敝；"离析"为散乱而不可统合。"干戈"为盾戟，此引申为兴兵战争也。

4."不患寡而患不均，不患贫而患不安"，或有作"不患贫而患不均，不患寡而患不安”，此连下文“均无贫，和无寡，安无倾”，文义较顺，故翻译取之。原文义亦通。

5.“萧墙”者，肃墙也。古者，立屏风以为墙，静肃其言也，是为肃墙。后写作萧墙。萧墙者，近内也。较诸颛臾，为境内附庸，可谓切身也，此指君臣之际也。颛臾不当征伐，当礼乐文德以抚之，使之能安身立命也；萧墙之内，不当诡诈，当得清明条理，“直方大，不习，无不利”也。

6.“虎兕出于柙，龟玉毁于椟中，是谁之过与”，夫子轻轻一问，力道千钧。“陈力就列，不可则止”，当下告知冉求、仲由，人生出处，进退有度也。

7. 夫子有大臣、具臣之论，大臣事之以道，具臣则事之以势也。道势之别，当下了然，此为《季氏》开篇之首章，所以明其名分、严其纲纪也。

2 孔子曰：“天下有道，则礼乐征伐，自天子出；天下无道，则礼乐征伐，自诸侯出。自诸侯出，盖十世希不失矣；自大夫出，五世希不失矣；陪臣执国命，三世希不失矣。天下有道，则政不在大夫；天下有道，则庶人不议。”

【翻译】

孔子说：“普天之下，大道昌明，礼乐制作、出兵征伐，都由天子作出决定；普天之下，大道隐微，礼乐制作、出兵征伐，都由诸侯作出决定。由诸侯作出决定，经过了十代很少有不失去政权的；由大夫作出决定，经过了五代很少有不失去政权的；落到家臣来执掌国家政令，经过了三代很少有不失去政权的。普天之下，大道昌明，国家政权就不会落在大夫手中；普天之下，大道昌明，则百姓庶民也就不会议论纷纷了。”

【说解】

1.“道”之位阶，如同太阳，有其神圣义、理想义、普遍义，亦有其根源义、总体义，相当于立国的理念，以至总体组织结构，以及社会之风习教化也。

2. 此章所论，是就一宗法封建下的贵族教化政治，进而转为一具有普遍义、理想义之道德教化政治。周公所制之礼乐为本的一统而多元，诸侯分封、宗法阶层，夫子加之转化，而成为一道德教化之政治也。

3. 就此道德教化政治而论其历史之大势也。盖势中有理，即势言理也。于此可见夫子之历史哲学之一斑也。

4. 春秋中末期，陪臣执国命者多矣，夫子见此大势，所以作《春秋》，以定名分也。《春秋》作，而乱臣贼子惧；《春秋》作，而彰显王道之理想，和平之呼唤，于此可见夫子之深心宏愿也。

5. 古者有言：夫子志在《春秋》，行在《孝经》。《春秋》彰明王者之道，《孝经》落实人伦日用，前主外王，后主内圣，内圣外王，通而为一。

3 孔子曰："禄之去公室，五世矣；政逮于大夫，四世矣；故夫三桓之子孙微矣。"

【翻译】

孔子说："爵禄之权远离了鲁国公室，已经五世了；政权落到大夫之手，已经四世了；因此，那三桓的子孙也已衰微了。"

【说解】

1. 权位者，当依其位，而行其权也。不可躐其位而行其权也。进一步说，若以其权力，而乱其位，则天下必随之衰颓矣！

2. 夫子想的是，如何如其德，来正其位，德位正了，名分明了，顺序秩然，天下也就能回得头来，转化成一人伦的道德教化政治。

3. 这种"德、位""道、势"，两端而一致，观其事变，如此为论，所成的历史哲学，可以说是夫子学问之所关注，也可理解成太史公所说"究天人之际，通古今之变"。所不同的是，孔子重在"立德位之正，审道势之几"。

4.《季氏篇》，前三章重在礼乐教化的外王之道、政事之道，它说的是：要如其位分，依其德行，行其权力，通于大道；如此审势度几，便可见天下大势，盖夫子深于《易》也。

5. 大《易》之道，参造化之微、审心念之几、观事变之势也。此天道论、心性论、人事论之所会归于一也。《易经》重在“承体启用”，《春秋》则重在“即用显体”也。前者重在天人性命之贯通，后者重在践仁以知天、下学而上达也。

4 孔子曰：“益者三友，损者三友。友直，友谅，友多闻，益矣。友便辟，友善柔，友便佞，损矣。”

【翻译】

孔子说：“有益的交友有三类，有害的交友有三类。和正直的人交友，和诚信的人交友，和见闻广博的人交友，这是有益的。和惯于巧饰外貌的人交友，和习于伪善饰柔的人交友，和惯于花言巧语的人交友，这是有害的。”

【说解】

1.“友直”，和正直的人交友，以其真实性情也，故能深入生命之根源也。“友谅”，和诚信的人交友，以其宽解胸怀也，故能培养包容之德也。“友多闻”，和见闻广博的人交友，以其视野宽广也，故能长其见识也。

2. 依朱子注，“便辟，谓习于威仪而不直；善柔，谓工于媚悦而不谅；便佞，谓习于口语而无闻见之实”。

3. 朋友让我们广胸襟、增见识，又能培育我们的真性情，这当然好。相反，性情不真实，见识短浅，胸襟狭窄，这当然有害。这是明明白白的。

4.“君子以文会友，以友辅仁”一章，可与此同参。“文”所以增其见识、广其胸襟也，“仁”所以育其性情也。

5.“朋友有信”为五伦之一，是由“血缘性的纵贯轴”迈向“人际性的互动轴”最重要的关键，是社会所以能确立、政治共同体所以能发展的重要基底。

5 孔子曰：“益者三乐，损者三乐。乐节礼乐，乐道人之善，乐多贤友，益矣。乐骄乐，乐佚游，乐宴乐，损矣。”

【翻译】

孔子说：“有益的快乐有三种，有害的快乐有三种。乐于用礼乐调节自身，乐于称道别人的好处，乐于结交许多贤德之友，这真是有益的。喜欢骄傲放肆，喜欢游荡放逸，喜欢饮宴快乐，这就有害了。”

【说解】

1.“乐节礼乐”前一“乐”，读如爱乐之乐。“礼乐”之“乐”，则另读为音乐之乐。乐之为爱乐，本乃真实之感触，可上遂于天理之境，亦可下坠于感官之域。

2. 礼，重在分寸节度；乐，重在和合同一。能以礼乐为节，这样的爱乐，当然是上遂于天理之境的。

3. 能“道人之善”者，自有胸襟，自成气度；如此自能“乐多贤友”，有了贤友，如居芝兰之室，久久自芬芳也。

4.“骄乐”，骄傲放肆，必乱其心志。“佚游”，游荡放逸，必散其气力。“宴乐”，饮宴快乐，必颓其精神。这分明是有害的。

5. 人能远离“损者三乐”，能一其心志、聚其气力、养其精神；进而能以“益者三乐”教养自己，必日渐高明。

6 孔子曰：“侍于君子有三愆：言未及之而言，谓之躁；言及之而不言，谓之隐；未见颜色而言，谓之瞽。”

【翻译】

孔子说：“侍奉君子，要避免三种过失：还没有轮到你说话，就说话，这叫急躁；轮到你说话，你却不说，这叫隐瞒；不看脸色情况，便贸然说话，这叫盲目。”

【说解】

1.“君子”，有德者而居其位，此泛称在上位者。“愆”，过失之谓也。此章讲明言语动容如何为节度适当也。

2.《荀子·劝学篇》有言“故未可与言而言，谓之傲；可与言而不言，谓之隐；不观气色而言，谓之瞽。故君子不傲、不隐、不瞽，谨顺其身”。就此可推想，《季氏》以下多篇可能多为传经之儒所纂集。

3.“言未及之而言”，这是躁动失言，此轻浮之病也。“言及之而不言”，这是心有隐匿，此伪饰之端也。言语当从容，从容所以中道也。“道者，万物之所由也。”

4. 老子言“孰能浊以静之徐清，孰能安以动之徐生”，此动静安守，生养之道也，言语动容之理也。此儒、道之所同也，可以同参。

5.“颜色”者，有诸中，形于外也。见其颜色，识其心意，“时然后言，人不厌其言”也。不只不厌其言，而能入于其中也。

7 孔子曰：“君子有三戒：少之时，血气未定，戒之在色；及其壮也，血气方刚，戒之在斗；及其老也，血气既衰，戒之在得。”

【翻译】

孔子说：“君子要有三戒：年少之时，血气还未安定，要警惕迷恋形色；身强体壮之时，血气正刚强，要警惕与人争斗；年岁老迈之时，血气已衰弱，要警惕贪求好得。”

【说解】

1. 君子三戒之言，于斯可见夫子深于人性者也。人性是整体的，是身心灵合而为一的，要如此理解，才能得其全。

2. 此章可与“兴于诗，立于礼，成于乐”，对比同参。“少之时，血气未定”，此时应当“兴于诗”，诗所以抒发其志意也。志意既兴，则形色之迷恋可以克节也。

3.“及其壮也，血气方刚”，此时应当“立于礼”，礼为分寸节度，立于礼，其“斗”为可戒也。大礼者，与天地同节也。

4.“及其老也，血气既衰”，血气衰了，就会贪得，贪得是因为要把捉、执着曾经拥有的。这时唯有音乐之教化可以让人通达于和合之道，所以说“成于乐”。大乐者，与天地同和也。

5. 血气是自然的，是生物学的，因其时，而有盛衰强弱；志气者，自觉者也，是道德学的，是越过天地之时限，“四时行焉，百物生焉”，有着创造的生意，而且生意盎然！

8 孔子曰：“君子有三畏：畏天命，畏大人，畏圣人之言。小人不知天命而不畏也，狎大人，侮圣人之言。”

【翻译】

孔子说：“君子所敬畏者有三：敬畏天命，敬畏德位高的人，敬畏圣人话语。小人不知天命，因而也不知敬畏，只想亲狎德位高的人，又轻侮圣人话语。”

【说解】

1.“天命”有两义，一是自然之命限，一是上苍造化所赋予之义命也。君子之于天命也，知其自然之命限，而以义立命也。如斯之谓“畏天命”也。

2. 孟子言“充实而有光辉之谓大”，“大人”者，生命充实而有光辉之人也。有德者而居其位，如此之为大人也。《易传》有言“大人者，与天地合其德，与日月合其明，与四时合其序，与鬼神合其吉凶”。大人者，领受天命，戮力实践，成己成物之人也。当敬畏之也。

3. 孟子言“大而化之之谓圣”，圣者，通天接地，听之于天，宣之于人也。圣人之言，是天地之常道，人伦之道德，开物成务之智慧也。当敬畏之也。

4. 小人蔽于血气之私，因而不知敬畏天命；以为亲狎大人会有好处，因而不知敬畏大人；更不知圣人话语乃禀受天命而来的智慧，不知敬畏，甚至轻蔑侮辱，实可惜而可悲也！

5. 古者“巫政合一”，因惧而生畏；后来转而“德政合一”，因畏而生敬。此章所言“三畏”，既有畏惧，复有敬畏，这是由巫祝传统逐渐进至道德教化传统的历程。须知：敬畏是一切文明的起点。

9 孔子曰："生而知之者，上也；学而知之者，次也；困而学之，又其次也。困而不学，民斯为下矣。"

【翻译】

孔子说："生来就知道，那是最上等的；学了就知道，那是次一等的；遇到困难，勉力去学，那又次一等。遇到困难，还不愿学习，这人可说是下等的了。"

【说解】

1. 说人之知识习得有三等，"困而不学"，在三等之外，是为下民也。下民者，指陷溺于一己之私欲，而不知学习的人。盖盲昧之民也。

2. 困勉而学，则如《中庸》所言"人一能之己百之，人十能之己千之。果能此道矣，虽愚必明，虽柔必强"。

3. 困勉而学，亦可以上及于"学而知之"者。学习是重要的，学者觉也。因为学习是生命根源的唤醒，它是通宇宙造化之微、达人文价值之源的。

4. 子曰："我非生而知之者，好古，敏以求之者也。"（《述而》）生而知之，这是一理想，无人可及。若说为可及，必待学之真切笃实，敏勉以求，方为可能。

5. 学问是重要的，知识是重要的，没有学问，没有知识，是不可能有胸襟、有气度、有智慧、有德行的。

乙未（2015）之春三月廿三日凌晨一时于台北象山居

10 孔子曰："君子有九思：视思明，听思聪，色思温，貌思恭，言思忠，事思敬，疑思问，忿思难，见得思义。"

【翻译】

孔子说："君子有九件该思虑的事：看视，要思虑其分明；听闻，要思虑其清楚；颜色，要思虑其温和；容貌，要思虑其谦恭；言谈，要思虑其忠诚；处事，要思虑其庄敬；忧疑，要思虑其询问；忿怒，要思虑其险难，见得财利，要思虑其正义。”

【说解】

1. 此“九思”，重在“思”，思，是回到心田，回到可以作主的根源上去，孟子云“心之官则思，思则得之，不思则不得”。荀子云“心居中虚，以治五官，是之谓天君”。此皆可见思虑的重要性。

2. 心之官则思，心有感，感有觉，觉有主，主能断。从感受、觉知，而后能为主宰、裁断，儒学所论心官之虑所重在此也。

3. 儒学所论不离生活世界，九思所记，由近及远，由身而物，先之以“视、听”，继之以“色、貌”，再继之以“言、事”；由此“视、听”“色、貌”“言、事”，或有忧疑、忿怒，或有利得，这便是心灵思考所当感知、觉醒、主宰、裁断处。

4. 面对生活，知所主宰，当事而行，行之如礼；礼者，履也，体也，具体之生活规范也，实存之生活仪则也，乃至政治社会之节度也。论其关键处，就在“思”，思想从感受、觉知，而后能为主宰、裁断，这是儒学之核心。

5. 孟子道性善，言必称尧舜；荀子言性恶，常称许夏禹。尽管有所不同，但皆依归于孔子，皆不离此九思也。

11 孔子曰：“见善如不及，见不善如探汤。吾见其人矣，吾闻其语矣。隐居以求其志，行义以达其道。吾闻其语矣，未见其人也。”

【翻译】

孔子说：“见到良善的事，就像是赶不及地要去实践，看到不善的事，就像是手探触到热开水赶快避开。我见过这样的人，也听闻过这样的话。隐居避世以追求自己的志向，依正义而行以明达真理大道。我听闻过这样的话，却没有见过这样的人。”

【说解】

1.“见善如不及，见不善如探汤”，言其切己切身，不可忍，而当下可为也。

2.“隐居以求其志，行义以达其道”，须持之以恒，终身以之，是所难也。

3. 这两段话作对比，可知道德实践应从当下具体处，实存做去；但须得持恒，须得勉力，须得坚持，须得终身以之。

4. 学当识痛痒，识得痛痒，便自能觉，能觉、有觉，即觉即行，行之而成。学无痛痒，只是个习惯，这习惯也是作伪得成。只如此，便无有着力处。

5. 学当有习，习当成性，性者，入于造化之源也，天命性道，通贯为一也。能如此，志可立，道可成。志者，心有存主、心有定向也。道者，总体也、根源也、理想也，其必止于至善也。

12 齐景公有马千驷，死之日，民无德而称焉。伯夷、叔齐饿于首阳之下，民到于今称之。其斯之谓与?

【翻译】

齐景公有马四千匹，身死之日，人民寻不着个好德行来称颂。伯夷、叔齐饿死于首阳山下，人民到现在还称颂。说的就是这意思吧。

【说解】

1.“有马千驷”，一驷四马，千驷者，四千匹马也，此大国也。大国者，力大而势大也。然而势大不若道大，不若德大也。

2. 齐景公者，位尊而势大也；位尊当养之以德，若只逞其势力，人在势在，人亡势亡，故尔无德可称也。位尊、势尊，不若道尊、德尊也。

3. 伯夷、叔齐，参见《述而篇》第十四章说解 3。

4. 程子以为《论语·颜渊篇》第十章“诚不以富，亦祇以异”为错简，当移置于此章之首，则语气通贯、语意完足。此《诗经·小雅·我行其野》句。以此为兴，论人之相与，不在财富势大，而在德行异操也。

5. 财势，是现实的堆积，因缘所生，成住坏空，了不可得。德行，是内在的生长，绵绵若存，永不停歇。

13 陈亢问于伯鱼曰：“子亦有异闻乎?”对曰：“未也。尝独立，鲤趋而过庭，曰：‘学诗乎?’对曰：‘未也。’‘不学诗，无以言。’鲤退而学诗。他日，又独立，鲤趋而过庭，曰：‘学礼乎?’对曰：‘未也。’‘不学礼，无以立。’鲤退而学礼。闻斯二者。”陈亢退而喜曰：“问一得三：闻诗，闻礼，又闻君子远其子也。”

【翻译】

陈亢问伯鱼：“你在老师那儿有听到过什么特别的教诲吗?”伯鱼回答说：“没有呀！有一次夫子他独自立在堂上，我趋步行过中庭，夫子说：‘学诗了吗?’我回答说：‘没有。’他说：‘不学诗，就不懂如何说话。’我告退后，就去学诗。又有一天，夫子他又独自立在堂上，我趋步行过中庭，夫子说：‘学礼了吗?’我回答说：‘没有。’他说：‘不学礼，就不懂如何立身。’我告退后，就去学礼。就听到过这两件事。”陈亢告退后，高兴地说：“我提一个问题，得到三个收获：听闻到诗教的道理，也听闻到礼教的道理，又听闻到君子不偏私亲昵自己的儿子。”

【说解】

1. 陈亢，字子禽，疑夫子之必阴厚其子也，是而有此问。问后方知，夫子坦诚明白，通于大道也。

2. 父子至亲，论其情，必有所亲也；然亲之、爱之，而不可昵也。昵之、私之，则大道难传也。

3. 大道所传者，天命也、慧命也、道命也，不必私于己，不必期于父子也，当期于师生也。盖道命、慧命、天命，大过于血缘之生命也。

4. “不学诗，无以言”，诗言志，诗者，志之所之也。诗，是我们生命最为真诚源头的声音。诗，可以兴、可以观、可以群、可以怨，事父事君，不可须臾离也。

5.“不学礼，无以立”，兴于诗、立于礼，诗，让人兴发志气；礼，让人得以卓然确立。礼者，体也、履也，是具体的规范、实存的仪则，是生命分寸节度的调理。

14 邦君之妻，君称之曰“夫人”，夫人自称曰“小童”；邦人称之曰“君夫人”，称诸异邦曰“寡小君”；异邦人称之亦曰“君夫人”。

【翻译】

邦国之君的妻子，国君称她为“夫人”，夫人自称为“小童”；邦国之人称她为“君夫人”，相对于其他邦国，则称她为“寡小君”；其他邦国的人也称她为“君夫人”。

【说解】

1. 此章与其他诸章相较，文类颇有所异，又阙“子曰”，恐非夫子之言。近人梁启超以为此乃后世儒者记其礼制而纂入以为编。又此章《古论》《鲁论》皆有之，或有以为应为夫子之言，非后人所附记者。

2.“邦君”者，诸侯之君也，邦国之君也。春秋时代，诸侯放恣，常有僭越其礼者，夫子特于此教示之也。名号正，则位正，位正则德正，“正德”方可以“利用、厚生”也。

3. 孔安国注“当此之时，诸侯嫡妾不正，称号不审，故孔子正言其礼也”。盖名正言顺，言顺事成，事成则礼乐兴矣！此正名所以求其实也。

4. 邦君之妻，君称之曰“夫人”，夫人自称曰“小童”。称“夫人”，这是从“德位之义”来说。称“小童”，则可见“情分恩爱”也。

5. 称诸异邦曰“寡小君”，寡者，谦词也。小君者，如其为君也，盖言君夫人之如其为君也。德位所加，名实所重，不可轻易视之也。

乙未（2015）之夏六月十六日清晨五时于台北象山居

阳货第十七：出处进退、兴观群怨

1 **阳货欲见孔子，孔子不见，归孔子豚。孔子时其亡也，而往拜之，遇诸涂。谓孔子曰："来，予与尔言。"曰："怀其宝而迷其邦，可谓仁乎？曰：不可。好从事而亟失时，可谓知乎？曰：不可。日月逝矣，岁不我与！"孔子曰："诺，吾将仕矣。"**

【翻译】

阳货想见孔子，孔子不愿意与他相见，他便馈赠孔子一只熟小猪。孔子伺知阳货出门不在家时，前往拜谢，却在半路上遇见了他。阳货对孔子说："来，我有话与你说。"阳货说："怀藏着道德本领而听任国家迷乱，这可以说是仁吗？不可以啊。"又说："喜好参与政事而又屡次失去时机，这可以说是智吗？不可以啊。"接着又说："日月光阴就这样过去，年岁不等人啊！"孔子说："好的，我且将要出仕为官了。"

【说解】

1. 阳货，亦称阳虎，鲁国季孙氏家臣，尝囚季桓子而专鲁国之政。阳货之所以要孔子来见他，是想结纳孔子以扩增自己的势力。孔子不愿与此小人为助，因此不见。

2. 阳货按照当时的礼法，故意在孔老夫子不在时，馈赠一小猪；依据礼法，孔子就得往而拜之，就得见面。孔子亦清楚得很，故伺阳货不在，而往拜之。结果在路上相遇，引发了这段议论。

3. 此章，小人欲果胁君子，而君子定见如此，有若泰山之重，稳当适切，小人亦莫由也矣。小人者，巧言令色鲜矣仁。君子者，刚毅木讷近仁。如斯可见。

4. 不合道德仁义的机遇，纵使再大，都不是好机遇；不合天地自然的运气，纵使再大，都不是好运气。君子所守的是"贞一之理"，而不是伺候着"相乘之几"。在"相乘之几"做工夫，头出头没，虽称英雄，实只是世俗之末流而已矣。

5. 孔子曰："诺，吾将仕矣。"这是随顺机缘而说的话，这话不愠不火，从容自然，在自然间见到的是雍容静默，就这等雍容静默，可见夫子之气象。只此雍容静默，足以退小人之威逼利诱也。

2 子曰："性相近也，习相远也。"

【翻译】

孔子说："人的根源本性是相近的，后天熏习差别那也就愈远了。"

【说解】

1. "性"，生之所以然者。可就气质之性说，亦可就义理之性说。前者，偏在自然生成义；后者，重在道德创生义。"习"，熏习、学习、习染、习惯，此就后天生成义来说。

2. "性""习"，两者对比，可说成"根源之本性"与"后天之熏习"。学习、熏习，不只是习染，不只是养成个好习惯而已；更重要的是，要由习惯入于造化之源，成为根源之本性。学的重点是由"习"，而进一步入于根源的"觉"。

3. 习惯养好了，这样的好人，就像戏场中的好人，仍不免假借，仍不免只是表象而已。重要的是，要入于本性之源，分毫假借不得，这才见到真性情、真义理，真豪杰、真君子就在此也。

4. 船山有言"命日降，性日受"，"习与性成"，但说透了还得入于根源之性，惟此根源之性，才能"学觉不二""性习合一"。

5. 根源之性者，"一阴一阳之谓道，继之者善也，成之者性也"。一阴一阳，就存有之律动说；继之者善，就人之参赞化育说；成之者性，就文化之教养习成说。此三者通而为一。

3 子曰："唯上知与下愚不移。"

【翻译】

孔子说："只有上智之人与下愚之人是无法迁动的。"

【说解】

1."知"同"智"，上智之人，契于造化之源，依天命之性而行，因此之故，是不会迁移的。

2."愚"，愚痴，愚痴之人，蔽于人欲习染，既深且重，虽想要有所振作，却是乏力，无法迁动。

3. 智慧在知识之上，知识是对事物的了别，到认知的确立；而智慧则是上达于道体的，是通透而明白的。有智慧者必通透而明白，并且从容而坚定。

4. 愚痴之人陷溺于"贪、嗔、痴"三毒，俗尘所覆，难以照显；佛教所云无明、业力，虽欲有所为，亦有所难也。

5. 一般人，多在上智与下愚之间，是可迁移的；这迁移就在于你后天的学习，由学习而进到深层的觉醒。有了真觉醒，才有真切的改变。习可迁，而性可化也。

4 子之武城，闻弦歌之声。夫子莞尔而笑曰："割鸡焉用牛刀？"子游对曰："昔者偃也闻诸夫子曰：'君子学道则爱人，小人学道则易使也。'"子曰："二三子！偃之言是也。前言戏之耳。"

【翻译】

夫子到了武城，听闻琴瑟弦歌之声。夫子微笑着说："杀鸡何必用宰牛的刀呢？"子游回答说："以前我言偃听先生说过：'君子学了礼乐之道就能爱人，小人学了礼乐之道就容易遵从使命。’”夫子说：“学生们！言偃的话说得对啊。我刚才说的话，只是开个玩笑罢了。”

【说解】

1. 武城为鲁国一小县邑，子游为武城宰，礼乐教化大行，因此弦歌处处，夫子喜之，莞尔而笑。就此而有一番道理。这道理虽是子游所说，却是夫子所教习者。

2. 子游，姓言名偃，是孔门文学科之高足，与子夏齐名。此文学，非仅今日之纯文学而已，乃文以载道、礼乐教化之文也；盖传经之儒者也。

3. 夫子阐发“大道之行也，天下为公”之旨，《礼记·礼运篇》之言也；夫子之言，言偃在侧，由斯可见：文学者，天下礼乐教化之大事也；由小康而进于大同之教也。

4. 有了文学，有了诗歌，才能显发真性情，有了真性情，才可能有真正的政治，这政治是让人的生命性情能好好长养的政治。这是道德教化的政治，是礼乐教化的政治。

5. 文学者必根于文心也，文心者必源于大道也。刘勰《文心雕龙》一书以“原道”开篇，这是大有见地的，这是大有智慧的。

5 公山弗扰以费畔，召，子欲往。子路不说，曰：“末之也已，何必公山氏之之也？”子曰：“夫召我者，而岂徒哉？如有用我者，吾其为东周乎。”

【翻译】

公山弗扰盘据费邑反叛季氏，来召孔子，孔子准备前往。子路不高兴地说：“没地方去也就算了，何必要去公山弗扰那里呢？”孔子说：“他来召我，岂会只是空话？若果真用我，我就要在东方复兴周礼，建设一理想的国度。”

【说解】

1. 公山弗扰，即公山不狃，季孙氏家臣，盘据费邑而反叛季孙氏。

其事在鲁定公十二年，或说是鲁定公八年。或云，夫子岂有参加叛乱团体者乎，当为错简，争议颇多。

2. 就全章文义看来，亦有可通者。鲁国长年为三家大夫所把持，今有公山不狃反叛季孙氏，而欲召孔子，其召必大有言也。就此大言，若能兴于周礼，复于旧制，或可另开新局也说不定。正因此，夫子欲往。

3. 夫子虽欲往，但仍必须与诸弟子商量，子路大声反对，夫子想了又想，还是没去，但却也说出他的一番道理来。这道理说的是一理想国度的建立，而不只是守旧而已。此亦可见夫子“温故而知新”“因不失其新”之谓也。

4. 这亦可进一步参究夫子重订礼乐，确有过于周公者。周公之礼乐，小康之局也；孔子之礼乐，其教化所行，大同也。“大道之行也，天下为公。”

5. 若以“大道之行也，天下为公”为最后依归，则“公孙弗扰以费畔，召，子欲往”，这便很容易理解，孔子所为的是全天下的礼乐教化及人类和平，此公天下也，而不是陷溺在家天下来思考。

6 子张问仁于孔子。孔子曰：“能行五者于天下，为仁矣。”“请问之?”曰：“恭、宽、信、敏、惠。恭则不侮，宽则得众，信则人任焉，敏则有功，惠则足以使人。”

【翻译】

子张向孔子请问仁的道理。孔子说：“能在天下力行五种品德的，就是仁人了。”子张说：“请问哪五种?”孔子说：“恭敬、宽厚、信实、勤敏、恩惠。恭敬就不致遭受侮辱，宽厚就会得到众人拥护，信实就能得到人们的信任，勤敏就会增长工作效益，恩惠才能使唤得了人们。”

【说解】

1. 此章体例与他章有别，说者疑其由《齐论》而来，或为再传弟子所记亦未可知。然以孔子弟子来说，“堂堂乎张也”，子张是孔门弟子中极具外王倾向的。故本章所问与其说是“问仁”，毋宁说是问如何行仁政于天下。

2.“恭”者“恭敬”，这说的是“人格的涵养”。“宽”者“宽厚”，这说的是“心地的丰厚”。“信”者“信实”，这说的是“社群的共信”。“敏”者“勤敏”，这说的是“实践的动能”。“惠”者“恩惠”，这说的是“恩义的相与”。

3. 从“人格的涵养”到“心地的丰厚”，进而到“社群的共信”，并能兴起“实践的动能”，继之以“恩义的相与”。这看似由内圣向外王推进。

4. 其实，“恭、宽、信、敏、惠”，内圣外王，通而为一；显然，它不只是由内圣通向外王，而且是内圣外王交藏互发，互为体用，如如不二也。

5.“恭、宽、信、敏、惠”可以说是儒家最高的管理哲学，而“恭敬”为首出。《论语·卫灵公》“子曰：无为而治者，其舜也与！夫何为哉？恭己正南面而已矣。”可以和参而论也。

7 佛肸召，子欲往。子路曰：“昔者由也闻诸夫子曰：‘亲于其身为不善者，君子不入也。’佛肸以中牟畔，子之往也，如之何？”子曰：“然，有是言也。不曰坚乎！磨而不磷。不曰白乎！涅而不缁。吾岂匏瓜也哉？焉能系而不食？”

【翻译】

佛肸来召孔子，孔子想要前往。子路说：“以前我仲由听先生这么说过：‘亲自做了坏事的人那里，君子是不愿意进去的。’佛肸盘据中牟反叛，你却想要前去，这如何说呢？”孔子说：“是啊，我有说过这样的话。不有说坚硬的东西啊！磨也磨不损。不有说洁白的东西啊！染也染不黑。我难道是个匏瓜吗？怎可以只挂在那里，而不让人来采食呢？”

【说解】

1. 佛肸乃晋大夫赵简子之邑宰，盘据中牟，叛乱赵氏，此鲁哀公五年之事也。来召孔子，而孔子欲往，引发了孔子与子路的论议。时孔子五十九岁。

2. 春秋晚期，诸侯放恣，大夫专权，周王室没落极矣！夫子为此忧心不已，故“公孙弗扰叛，子欲往”，“佛肸召，子欲往”。此可见夫子见道之不行，而欲有所为也。所为者，世界大同，天下为公，岂以一家一姓为限哉！

3. 此章，夫子用了“磨而不磷”“涅而不缁”，来诠释其人格的坚定与洁白。这里，我们可以看到孔老夫子所坚持的是内在的人格，而不是外在的礼仪规范而已。

4. “吾岂匏瓜也哉？焉能系而不食？”匏瓜味苦，人不喜食，夫子引此为喻，其胸中之抑郁痛苦，于斯可见！夫子生命之坚定与洁白，想要实践一伟大而和平之理想，而世人竟尔不能理解，不亦悲夫！

5. 儒门之学重在实践，重在力行，欲有所为于天下也。学问不是挂在那里妆点的，不是挂在那里标榜的；学问须置于天地之间，于人伦日用，于民生社会，于道德风教，真有所用也。

8 子曰：“由也，女闻六言六蔽矣乎？”对曰：“未也。”“居！吾语女：好仁不好学，其蔽也愚；好知不好学，其蔽也荡；好信不好学，其蔽也贼；好直不好学，其蔽也绞；好勇不好学，其蔽也乱；好刚不好学，其蔽也狂。”

【翻译】

孔子说：“由呀，你听说过六言六蔽吗？”子路回答说：“没有啊。”孔子说：“坐！我告诉你：爱好仁德而不爱好学习，它的遮蔽是受人愚弄；爱好智慧而不爱好学习，它的遮蔽是行为流荡；爱好诚信而不爱好学习，它的遮蔽是狭隘贼害；爱好正直而不爱好学习，它的遮蔽是急切刻薄；爱好勇敢而不爱好学习，它的遮蔽是犯上作乱；爱好刚正而不爱好学习，它的遮蔽是自大狂妄。”

【说解】

1. 六言者，“仁、智、信、直、勇、刚”，仁爱、智慧、信实、正直、勇敢、刚正，此六种德行，都是值得重视，而且应该发扬的；但不能不经由教养学习，以作为重要的调节，及学习分寸的掌握。

2. 教养学习是极为重要的，少了它，便无法准确。盖学者，觉也。教养学习重要的是生命内在根源的唤醒与照亮。

3. 德行不是外在表象的追求，不是德目的限定，而是生命的觉醒，觉醒才能见到生生之源，才能见到内在德性的生长。

4. “蔽”，遮蔽，壅塞不通之谓也。世俗之匹夫，其所蔽者人欲；而自以为是的贤者，其所蔽者德目。甚至以此德目为天理，执着顽固，反而伤己伤人。遮蔽既久，以理杀人，也就出现了。

5. 教养学习是极为重要的，下学而上达，落实于具体的生活世界中去学习，才能上达于天道，通体明白，了彻道理。

9 子曰：“小子！何莫学夫《诗》？诗，可以兴，可以观，可以群，可以怨。迩之事父，远之事君。多识于鸟兽草木之名。”

【翻译】

孔子说：“学生们！为何还没学习《诗》呢？诗，可以兴发志气，可以观政得失，可以蓄集群志，可以抒发怨尤。近处来说，可以事奉父母；远处来说，可以事奉国君。而且还可以多识得些鸟兽草木之名。”

【说解】

1. 孔子不是道貌岸然的礼教维护者，孔子是诗人，是艺术家，是音乐家，是生活哲学家。“兴于诗、立于礼、成于乐”，“诗、礼、乐”三者通而为一，而诗居于其首，其重要可见一斑。

2. 兴于诗，诗可以兴发志气。诗歌是我们心灵中的真实声音，要如其性情地去开启它。这样地开启它，符合于生生之德，便见此中生意盎然。

3. 古有采风之官，采集民间歌谣，《诗经》之国风是也。因其风谣，可以观政得失。既尔观之，才能风行于上，民从于下也。如《易经》观卦，《象传》“风行地上，观；先王以省方，观民设教”，这是不离诗教的。

4. 可以兴、可以观，故尔能群也。“群”是蓄集群志，如其生命之蓄积与生长也。古者先王，最重视的是诗，他本身就是在大地上生长的诗人。因为诗，让他能亲近土地，让他能与百姓万民同其悱恻、通其性情也。

5.“怨”者，抒发怨尤也。人的情志有所壅塞不通，斯为怨尤也。既有怨尤，当得疏通也。读诗、诵诗、品诗、写诗，这是最能抒发怨尤的。

6.“鸟兽草木”，具体而真实，能识得才能入于其生命之中，才能体会得真正的生意盎然。盖“草木虫鱼皆诗作，之乎者也是文章”，不可轻忽此“鸟兽草木之名”。

10 子谓伯鱼曰：“女为《周南》《召南》矣乎？人而不为《周南》《召南》，其犹正墙面而立也与！”

【翻译】

孔子对孔鲤说：“你读了《诗经》的《周南》《召南》了吗？一个人要是从没学过《周南》《召南》之诗，那就好像面对着墙壁而站立啊！”

【说解】

1.《周南》《召南》，《诗经·国风》开首的两篇，有云：《周南》十一章，言夫妇男女者九；《召南》十五章，言夫妇男女者十一。夫妇男女者，人伦之始也，人伦之美也。因此之故，说：一个人要是从没学过《周南》《召南》之诗，那就好像面对着墙壁而站立啊！

2. 或有云，《周南》《召南》，多男女夫妇之诗，夫子对他儿子孔鲤如此教示，是要他娶妻生子，传其人伦之道也。

3. 生命有性情，性情要通达，岂可“正墙面而立”呢？夫子之教，诗、礼、乐之教也，无诗、无乐，何以成其礼也耶！诗，重在兴发；乐，重在和合；礼，则重在规范。

4. 兴发在志气，规范在社群，和合在身心，“诗、礼、乐”这三者通了，这人也就通了，生命也就能畅达而生长了。

5. 诗有所谓诗教，“温柔敦厚，诗之教也”。儒者之教，最重要的在诗教。要一个人成个人，要他先成为诗人。

11 子曰：“礼云礼云！玉帛云乎哉？乐云乐云！钟鼓云乎哉？”

【翻译】

孔子说：“礼呀礼呀！难道说的只是玉帛之礼吗？乐呀乐呀！难道说的只是钟鼓之乐吗？”

【说解】

1. 玉帛饰其礼，然非此即礼也。钟鼓达其乐，然非此即乐也。礼乐有其本源，不可轻忽也。

2. 礼，重在分寸节度；乐，重在和合同一。礼乐皆本乎性情，皆不离诗教也。分寸节度，不只是外在的分别，而要能有内在的觉醒。和合同一，不只是表象的浑同，而是根源的通达。

3. 这里夫子要讲明的是礼乐在于人内在性情的调理与通达，而不只是外在的表象形式。此章可与《论语·八佾》子曰：“人而不仁，如礼何？人而不仁，如乐何？”一章合看。

4. “仁”讲的是人与人之间的真情实感，说的是人要通气，要通性情，礼乐的目的也在此，而这都不离诗。就做个诗人吧！山河大地莫不有诗也。

12 子曰：“色厉而内荏，譬诸小人，其犹穿窬之盗也与！”

【翻译】

孔子说：“外表装作威严而内心却是软弱，以小人作比喻，就像是穿越墙洞的小偷吧！”

【说解】

1. 人是不能假借的，不能装作的，因为假借装作，便会坏了人自身；自身坏了，人就成了假的人，成了壳子而已。

2. “厉”，是威厉、严厉；“荏”，是柔弱、软弱。色厉者，多半内荏；外表装作严厉，内在常是软弱的。不是大声就能有力量，真正的力量，可以是温柔敦厚的，可以是大音希声的，甚至可以是默而不言的。

3. 孟子说得好，“有诸己之谓信，充实之谓美，充实而有光辉之谓大，大而化之之谓圣，圣而不可知之之谓神”。这“信、美、大、圣、神”就以“有诸己”作起点。

4. 儒者之教，充实之教也，实有生动之教也。此不同于佛、老，佛、老者致虚之教也，虚无寂静之教也。儒者之教，生生之教也。道家之教，自然之教也。佛家之教，无生之教也。

5. 今人常以无生而包蕴自然，进而包蕴生生；据实而论，生生本自然，自然可以还其无生也。生生才是源头。

乙未（2015）之秋八月十七日晨于台北元亨书院福德分院

13 子曰：“乡原，德之贼也！”

【翻译】

孔子说：“乡邻的老好人，道德的败坏者啊！”

【说解】

1. “乡原”，“原”通“愿”，“愿”即谨厚之义，世俗乡邻以为谨厚者，只是貌似而非真实也。乡原即乡愿，即一般所说的老好人。

2. 老好人没主见，只是随世俗而趋，看似和谐，却是败坏了德性。

3. 道德必须基于主体的自觉，不能只是任由世俗风气之所趋。没有觉性的唤醒，只是随俗而往，顺势而趋，最后是会湮没德性的。

4. 乡邻的老好人，本来不是伪君子，但久了，却极可能变成伪君子。离了原初性、本真性，到头来，看似好的，却是坏了。

5. 夫子此说，淡淡然中，恳切精确，一针见血，果为的论也。

14 子曰："道听而涂说，德之弃也！"

【翻译】

孔子说："路上听着，而就在路上喧说，德性的丢弃者啊！"

【说解】

1. "道"者，路也。"涂"同途，亦路也。"道听而涂说"，在路上随听也就跟着随说，连回家想想都没有，可见一斑。

2. "志于道，据于德"，"道"为根源，"德"为本性，顺其根源，如其本性，才成为道德。德为本性，本性须得涵养。

3. 涵养者，听之于耳，当契之于心，纳之于腹，不可只是口耳之间而已。口耳之间，弃德者也。

4. 听了好话，须有一番蕴藉工夫，才长得成自家本性；若只是随着说，跟着讲，恐不是真懂，也让自家的心气变得浮了、躁了。

5. 心气浮躁，难以内存，如何长得德性？如此却是弃了德性。

15 子曰："鄙夫可与事君也与哉？其未得之也，患得之；既得之，患失之。苟患失之，无所不至矣。"

【翻译】

孔子说："那样一个鄙夫，可以和他一起事奉君主吗？他在没有得到官位时，总担心得不到；已经得到了，又怕失去它。如果他只担心失掉官职，那他就什么事都干得出来了。"

【说解】

1. "鄙夫"，志量短浅、德性浮薄，只为世俗功利之人也。

2. "君"，从尹从口，是管理者、发话者的意思。也就是政治社会共同体的领导者、发话者。事奉国君，为的是整个政治社会共同体的经营与生长。

3.“事君”，是出仕做官，为的是整个政治社会共同体、人伦共同体的公共事务，这为的是公务，不是私事。为的是群体的福祉，不是个人的权位。

4.“患得之”，担心权位得不到；“患失之”，担心权位失去了。其所患者权位也。其实，要知道，权之所以返其经也，“经”是经常之道。位之所以为位，“位”所以立其地也，要脚踏实地。

5. 志量高卓、德性真实，自然不会患得患失。前贤许昌靳裁之有言：“士之品大概有三，志于道德者，功名不足以累其心；志于功名者，富贵不足以累其心；志于富贵而已者，则亦无所不至矣！”其言极透辟！

16 子曰：“古者民有三疾，今也或是之亡也。古之狂也肆，今之狂也荡；古之矜也廉，今之矜也忿戾；古之愚也直，今之愚也诈而已矣。”

【翻译】

孔子说：“古代人民有三种病痛，现在恐怕连这些病痛也都没有了。古代狂者志愿太高、不拘小节；现在狂者放荡不羁、胡作非为；古代矜持的人，持己太严、满是棱角；现代矜持的人，凶恶蛮横、暴戾好争；古代愚笨的人，暗昧不明、自以为是；现在愚笨的人，根本是巧诈自私、愚笨不堪啊。”

【说解】

1.“民有三疾”，“疾”说的是病痛。古者之疾，是气质之病痛；今者之疾，是性情之坏乱。气质之病痛，在个人，矫正即可；性情之坏乱，在社会，极难矫治。

2. 狂肆之人，志愿太高，因此不拘小节，加之以礼乐即可。狂荡之人，无视法度，胡作非为，非刑罚不足以止之。

3. 矜持之人，其善者，持己严、自视高，满是棱角，令人难以接近；其不善者，自恃身份，矜其权位，暴戾争斗，由之而生。

4. 愚有真愚，有诈愚。真愚病在鲁直，虽鲁直但不失其真；诈愚则病在私己，私己者必然巧诈。

5. 为政者，应当确立良善之制度，兴发美好之风气，才能矫治人之气质病痛，才能如其性情，教化风行。

17 子曰："恶紫之夺朱也，恶郑声之乱雅乐也，恶利口之覆邦家者。"

【翻译】

孔子说："厌恶紫色的鲜艳夺取了朱红色的端正，厌恶郑国乐声的逸荡扰乱了雅乐的平和，厌恶巧嘴利舌颠覆了国家大政。"

【说解】

1. 朱色不同于紫色，紫色鲜艳夺目，朱色为正色，有端庄之感。

2. 雅乐不同于郑声，郑声淫，而雅乐平和，有宁静之感。

3. 中正平和是孔子的道德理想。他认为这道德理想要体现在日常生活之中。耳之所听，目之所视，都应该是中正平和的。

4. 儒家重视的是人伦的共同体，这是以情气的感通所建构成的，他不强调话语的辩论，而强调回到存在的情意脉络之中。

18 子曰："予欲无言。"子贡曰："子如不言，则小子何述焉？"子曰："天何言哉？四时行焉，百物生焉。天何言哉？"

【翻译】

孔子说："我想不说话了。"子贡说："老师您如果不说话，那么我们这些学生还有什么可以传述的呢？"孔子说："天何尝有说话呢？四季就这样运行着，百物就这样生长着。天何尝有说话呢？"

【说解】

1. 此章可与《旧约·创世记》所记“上帝说要有光，就有了光，上帝看光是好的，就把光暗分开了”作一对比。明显可看出两者大相径庭。

2.《论语》“天何言哉？天何言哉？”“予欲无言”，这可看出天道“默运造化”。相对来说，《旧约·创世记》则是“分说万物”。

3.“默运造化”者，多为“道论”者；而“分说万物”者，则为“一神论”者。前者重气的感通，重情意的交融，也重存在的脉络；而后者重话语的论定，重逻辑的构造。

4. 道论，言已于无言，言起于无言，既有天道论的“默运造化”，也就有修养论的“默契道妙”。

5. 一神论强调话语的论定、主客的分立与个殊的散开，必然同时强调诫命与律令，那重点也就在于彻底地臣服于上帝。

19 孺悲欲见孔子，孔子辞以疾。将命者出户，取瑟而歌，使之闻之。

【翻译】

孺悲想见孔子，孔子以生病为由推辞不见。传话的人刚出了门，孔子便取来瑟边弹边唱，（有意）让孺悲听到。

【说解】

1. 有可见、不可见，有当见、不当见，有乐见、不乐见，有愿见、不愿见，孔子之不见孺悲，必有其理由，然不好明着说，所以有此不说之说、不教之教也。

2. 显然，孔夫子“辞以疾”，这“疾”可不是身子上的疾病，而是心理之不乐意，心理之不乐意，要孺悲自家想想就是了。

3. 门为大门，户是内户，可以约莫想到孔老夫子时在书房内室，等不及将命者之传话，当下就取了瑟，来弹唱，目的就是要对方听到。

4. 这章看出夫子教导人的艺术，他重视实存的脉络，重视情志的感通，须知：不教之教，也是一种难得的教育，就怕孺悲不懂得夫子的苦心。

20 宰我问："三年之丧，期已久矣！君子三年不为礼，礼必坏；三年不为乐，乐必崩。旧谷既没，新谷既升，钻燧改火，期可已矣！"子曰："食夫稻，衣夫锦，于女安乎？"曰："安！""女安，则为之！夫君子之居丧，食旨不甘，闻乐不乐，居处不安，故不为也。今女安，则为之！"宰我出，子曰："予之不仁也！子生三年，然后免于父母之怀。夫三年之丧，天下之通丧也。予也，有三年之爱于其父母乎？"

【翻译】

宰我问："父母过世，服丧三年，丧期实在太久了！君子三年不践行礼仪，礼仪一定会败坏；三年不践行音乐之教，音乐之教也就荒废了。旧谷吃完了，新谷登场了，钻木取火的木头轮过了一番，有一年的时间就可以了吧！"孔子说："你吃起了大米饭，穿起了锦绣衣，对你来说，心安吗？"宰我说："心安的！"孔子说："你心安，那你就这样做去吧！君子守父母之丧，食美味不觉得甘甜，听音乐不觉得快乐，平居所处，不敢求其舒服，正因如此，所以不那样做。如今你觉心安，你就那样去做吧！"宰我出去后，孔子说："宰予真是个仁心不足的人啊！孩子生下来，三岁才能离开父母怀抱。为父母服丧三年，这是天下通行的丧礼。宰予给了他父母三年的爱吗？"

【说解】

1. 这章牵涉到守丧丧期可否缩短、如何缩短的论题。父母之丧的守丧期，当时通常为三年，但已逐渐难守，可见时代变迁，难以回溯。孔老夫子与宰我的主张，形成强烈对比。

2. 守丧之期的变化，其根据何在？站在当时政治社会共同体的立场来说，"君子三年不为礼，礼必坏；三年不为乐，乐必崩"。这是说三年之丧，不适于当时政治社会共同体的建立。

3. 再说，以自然天地来说，"旧谷既没，新谷既升，钻燧改火，期可已矣”。这是自然共同体的规律，守丧一年是适当的。

4. 但孔子问的是真存实感，“食夫稻，衣夫锦，于女安乎？”若果真是“安！”那你就去做吧！孔子强调“君子之居丧，食旨不甘，闻乐不乐，居处不安，故不为也。今女安，则为之！”可见就在存心如何，存心可安，自当依此。

5. 我们可以说这样的伦理学是存心伦理学，是依据着人伦共同体而生长出来的。这存心伦理学看起来很像自律伦理学，其实不然。自律伦理学是关联着个体性的个人所缔建成的，依持着自由意志的自律而成的；存心伦理学是关联着人伦共同体所缔建成的，依持着那群体生命感通所焕发出来的耻感心理机制而成的。

6. 这样的伦理学上通天道，惧之、畏之、敬之，内契于心性之源，诚之、慎之、存之，这分辨是需要的。

21 子曰：“饱食终日，无所用心，难矣哉！不有博弈者乎？为之犹贤乎已。”

【翻译】

孔子说：“吃饱了饭，过一整天，没什么地方让他用心思的，这种人要他觉醒，那可真太难了！不是还有玩骰子和下围棋的吗？做这些游戏，也比那闲着的好。”

【说解】

1. 儒家强调用心、立志，但总要落在具体的实理实物上。这不同于佛教要你“无念”。

2. 儒家认为“志”要有定向，“心”要有主宰，如斯方可。儒家重点是在“生生法”，要“范围天地之化而不过，曲成万物而不遗”。

3. 相对来说，佛教认为“生老病死”都是苦，重在苦业的解脱。唯有大解脱，才能大自在。

4. 佛教重在苦业的解脱，儒家则重在生生的成全。儒家认为有业居之，才能成德成才。

5. 佛教所说的业，有善业、恶业，但毕竟偏重于负面来说；儒家则从正面看此问题，《易经》说“富有之谓大业，日新之谓盛德”，于斯可见。

22 子路曰："君子尚勇乎？"子曰："君子义以为上。君子有勇而无义为乱，小人有勇而无义为盗。"

【翻译】

子路说："君子崇尚勇力吗？"孔子说："君子以正义为最高准则。君子有勇力无正义就会生出乱事来，小人有勇力无正义就不免会干出偷盗来。"

【说解】

1."勇"是自然之气力，"义"才是自觉的道理。夫子崇尚的是自觉的道理，而不是自然之气力。

2."义"说的是客观的法则，它往上提则为"仁"，"仁"为真实的感动。仁义是一体的，而且是内在于我心的。

3. 有了真实的感动、客观的法则、具体的规范，有了"仁、义、礼"，天下事务方得成全。

4. 君子居于上位，当有正义作为客观的法则以为依持，有此依持，才能管理好这个政治社会共同体。

5. 小人居于下位，也当有此正义作为客观的法则以为规范，才能守住纲纪，才能洁身自好。

23 子贡曰："君子亦有恶乎？"子曰："有恶。恶称人之恶者，恶居下流而讪上者，恶勇而无礼者，恶果敢而窒者。"曰："赐也亦有恶乎？""恶徼以为知者，恶不孙以为勇者，恶讦以为直者。"

【翻译】

子贡说："君子也有厌恶的事吗？"孔子说："有厌恶的事啊。厌恶那宣扬别人恶处的人，厌恶那身居下流而谤议在上者的人，厌恶那勇敢而不懂礼节的人，厌恶那果敢固执而不通情理的人。"孔子又说："端木赐啊，你也有厌恶的事吗？"子贡说："厌恶那偷取别人的而作为自己智慧的人，厌恶那把不谦逊当作勇敢的人，厌恶那揭发别人隐私而自以为正直的人。”

【说解】

1. 君子有好恶，好善而恶恶，好善如“好好色”，恶恶如“恶恶臭”。这样的好善恶恶，对君子来说可以说是天生之觉性的觉醒，是良知良能的，是自发的，是秉持于天道性命的。

2. 夫子与子贡之对话颇有机趣，夫子所厌恶者为真小人，而子贡则更进一层，所厌恶者为伪君子。

3. 真小人，恶处清楚，当下可见，也可恶。伪君子，多所掩匿，不易看见，所以子贡的厌恶，必见其深切也。

4. 子贡善于“闻一以知二”，听夫子之言后，继续对比而推之，真是“如切如磋，如琢如磨”，师生情志，于斯可见矣！

24 子曰：“唯女子与小人为难养也。近之则不孙，远之则怨。”

【翻译】

孔子说：“女子和小人是最难教养的。亲近他们，他们就不会谦逊合礼；疏远他们，他们却会抱怨。”

【说解】

1. 这要关联着一个君主专制、父权高压、男性中心的时代来说，这话就是明白人说的明白事。

2. 像朱熹就这么说：“此小人亦谓仆隶下人也。君子之于臣妾，庄以莅之，慈以畜之，则无二者之患矣！”

3. 或有言：夫子所说为特指，“女子”说的是卫国夫人南子，“小人”说的是弥子瑕，都是夫子所厌恶之人也。这样的诠释也通。

4. 在一个现代化的社会里，我们可以对比地去想这论点，将它开掘出来，不能老落在这不合理的烙印之中。何以如此？如何可以免除如此？

25 子曰："年四十而见恶焉，其终也已！"

【翻译】

孔子说："一个人到了四十岁，还被人所厌恶，那终其一生也就这样而已啰！"

【说解】

1. 四十岁，是个立功的年龄，是个确立德性的年龄，居然为人所轻贱、所厌恶，可见此人无功、无德，令人慨叹也。

2.《论语·为政》子曰："吾十有五而志于学，三十而立，四十而不惑，五十而知天命，六十而耳顺，七十而从心所欲不逾矩。"可同参。

3.《论语·子罕》子曰："后生可畏，焉知来者之不如今也？四十、五十而无闻焉，斯亦不足畏也已！"可同参。

4. 四十当为不惑，这是生命之确立。四十当必闻达，这是生命之贡献。生命要于人伦共同体有所确立，于政治社会共同体有所贡献。

5."立"是"立于礼"，这是"己立立人"，内圣外王，通而为一。这是中壮年最不容易做到的，能立得住才是真工夫。

丁酉（2017）之夏六月三十日于台北象山居

微子第十八：陪臣柄政、贤臣远隐

1 微子去之，箕子为之奴，比干谏而死。孔子曰：“殷有三仁焉!”

【翻译】

微子避开离去了，箕子被囚做了奴隶，比干劝谏而死难了。孔子说：“殷朝有三位仁人啊!”

【说解】

1. 微子，纣王之庶兄。见其无道，避而去之，以存其国也。武王伐纣后，封于宋，存殷商宗庙之祀也。

2. 箕子、比干，皆为纣王诸父。箕子劝谏不听，佯狂走辽东。比干劝谏，不幸而死。

3. 朱子谓此章多记圣贤之出处，良有以也。大道不行，仁者蒙难，所以彰显其神圣之理想也。

4. 最坏的时代，也就是有一复兴可能的时代，这叫“剥复”之几。“剥”者，五阴消尽，一阳独存。“复”者，一阳来复，阳气渐长，有所归复也。

5. 殷之三仁，所以为人类存正气也，为人类存天理也，为人类存仁道也。

2 柳下惠为士师，三黜。人曰：“子未可以去乎?”曰：“直道而事人，焉往而不三黜？枉道而事人，何必

去父母之邦？”

【翻译】

柳下惠当典狱官，三次被罢黜。有人说：“你不可以离开鲁国吗？”柳下惠说：“我按正道去奉公办事，到哪儿可以不被罢黜三次呢？要是按着邪枉之道来办事，何必要离开父母之邦呢？”

【说解】

1. 柳下惠，姓展名获，一名季，字禽。封于柳下，因以为氏，谥号为惠，世称柳下惠。孟子以为“柳下惠，圣之和者也”。此章可见其一体也。

2. “士师”，犹今之典狱官也。“三黜”，三次被罢黜，也可以是多次被罢黜之意。

3. 柳下惠于鲁国属五服内之贵族，所以不忍去也，且依其道理，亦不必去也。这道理是没道理的道理，是一种不得已下的和平之理。

4. “直道而事人，焉往而不三黜”，既然如此，在自己的家里还好办些，何必离开呢？我若肯“枉道而事人”，就没事了；但我不愿意，就这样吧！

5. 这里有着“直道而事人”的体贴与和谐，不愠不火，却有着柔韧而和平的光辉，饱蕴了生命的可能，充满了慈悲的生机。

3 齐景公待孔子，曰：“若季氏则吾不能，以季、孟之间待之。”曰：“吾老矣，不能用也。”孔子行。

【翻译】

齐景公谈起对待孔子的礼节，说：“像鲁君对待季氏那样，我做不到；我用介于季氏、孟氏之间来对待他。”又说：“我老了，不能用他。”于是孔子离开了齐国。

【说解】

1. 依《史记·孔子世家》，孔子时年三十五，入于齐，齐景公将以仅次于上卿之礼待之也。当时，齐国以田氏为上卿，景公见仲尼先生之贤，而想用之以治齐国。

2. 后来，孔子的政治理想，难以施展，景公托辞，自己已老。仲尼先生听闻后，就决定离开齐国，以其不可能施行抱负故也。

3.《孟子·告子》有言：陈子曰："古之君子，何如则仕？"孟子曰："所就三，所去三。迎之致敬以有礼，言将行其言也，则就之；礼貌未衰，言弗行也，则去之。其次，虽未行其言也，迎之致敬以有礼，则就之；礼貌衰，则去之。其下，朝不食，夕不食，饥饿不能出门户；君闻之，曰：'吾大者不能行其道，又不能从其言也，使饥饿于我土地，吾耻之。'周之，亦可受也，免死而已矣。"孔子离开齐国，以其礼貌衰也。

4. 取予去就，须有觉醒力，也要有当下的决断力，没有此，不足以做出好的去就取予。本章可深深体会玩味。

4 齐人归女乐，季桓子受之，三日不朝。孔子行。

【翻译】

齐国人赠送歌女给鲁国，季桓子接受了，鲁君三天不上朝。孔子于是离开了鲁国。

【说解】

1. 依据《史记·孔子世家》，鲁定公十四年，孔子年五十六，由大司寇摄相事，与闻国政三月，政教大行，齐国担心鲁国因之而霸，采用犁沮之计，送女乐以迷惑鲁君，鲁君三日不朝。

2."归女乐"，"归"，馈赠之意。馈赠歌女。"三日不朝"，三日不上朝理政。

3. 孔子见大道难行，于是离开了父母之邦，周游列国，宣扬大道，普教世人。

4. 此章亦可见夫子取予去就，何其明白也，何其清澈也。

5 楚狂接舆歌而过孔子，曰："凤兮！凤兮！何德

之衰！往者不可谏，来者犹可追！已而！已而！今之从政者殆而！”孔子下，欲与之言。趋而辟之，不得与之言。

【翻译】

楚国的狂人接舆唱着歌经过了孔子居所，他唱道：“凤凰啊！凤凰啊！天德何其衰弱啊！过去的，已经无可谏阻！未来的，还来得及追赶呢！算了吧！算了吧！现在的从政者可都是危险人物啊！”孔子下堂出门，想与他谈谈。他却趋步赶紧离开，孔子没能和他谈上话。

【说解】

1. 依据《史记·孔子世家》所载，孔子周游列国，受困陈、蔡，后由楚昭王出兵，迎接到了楚国，本要将书社之地七百里封给夫子，但被楚国令尹子西阻止，不久，昭王去世，孔子仍在楚国，楚狂接舆歌而过孔子，应该在这时候。盖鲁哀公六年，孔夫子已六十三岁矣！

2. 凤乃神瑞之鸟，说唱“凤兮！凤兮！何德之衰”，此盖言世之衰也，德之颓也。圣君不见，大道难行。

3. “往者不可谏，来者犹可追”，本来兴起了一个崭新的可能向往，却又说“已而已而，今之从政者殆而”。接舆将夫子的心情看透了，说出来了。

4. 夫子下了堂，想与他好好谈谈，他却又趋而避之，真个是神龙见首不见尾，这里可以看到隐者与孔子对话中的机趣，却也看到隐者的限制。

5. 世衰道微，又如何？夫子知其不可而为之，这份坚持，是儒者的襟怀所在。这是儒者与隐者不同的地方。

6 长沮、桀溺耦而耕，孔子过之，使子路问津焉。长沮曰：“夫执舆者为谁？”子路曰：“为孔丘。”曰：“是鲁孔丘与？”曰：“是也。”曰：“是知津矣。”问于

桀溺。桀溺曰："子为谁？"曰："为仲由。"曰："是鲁孔丘之徒与？"对曰："然。"曰："滔滔者，天下皆是也！而谁以易之？且而与其从辟人之士也，岂若从辟世之士哉？"耕而不辍。子路行以告，夫子怃然曰："鸟兽不可与同群！吾非斯人之徒与而谁与？天下有道，丘不与易也。"

【翻译】

长沮、桀溺两个人同耜共耒一起耕种，孔子路过，派子路去询问渡口何在。长沮说："那个手拿着缰绳的是谁？"子路说："是孔丘。"长沮说："是鲁国的孔丘吗？"子路说："是的。"长沮说："那他早已知道渡口的位置了。"子路再去问桀溺。桀溺说："你是谁？"子路说："我是仲由。"桀溺说："你是鲁国孔丘的门徒吗？"子路说："是的。"桀溺说："洪水滔滔，天下都是这样的啊！谁能改变它呢？况且你与其跟随着避人的人，为什么不跟着我们这些避世的人呢？"说完，仍旧做着田里的农活，手不停歇。子路行回，把情况报告了孔子，孔子很怅惘地说："人不能与飞禽走兽同群共处啊！如果不同世上的人群打交道，还与谁打交道呢？如果天下太平，我就不必与你们一道来从事改革了。"

【说解】

1. 依《史记·孔子世家》，此段所记，应该是孔子离开了楚国叶县，要回到蔡国，在途中遇到了长沮、桀溺，两个隐者在那一起耕作，好不快活，但从其论点，却可见他们仍犹有未足，那种惆怅之情是难以掩怀的。

2. 子路问津，孔子执辔，隐者问明那执辔者正是孔丘，用讥讽的语气说，孔丘不是到处去指点迷津吗？你们老师会指点人生的渡口何在，他怎会不知这里的渡口何在？

3. 子路问不出所以然，又往问桀溺，桀溺问明他是仲由，是孔丘之徒。他要说的是天下滔滔皆是，谁能改变呢？不可能的。

4. 孔子并不是避人之士，也不是避世之士，他的热情与真切，告诉我们人与鸟兽是不同的。鸟兽在自然共同体里，人呢？人是在人伦共同体里，才得安身立命。

5. 隐者多属道家，希望能顺成自然；而孔子则主张要参赞化育，要曲成万物，要人文化成。

7 子路从而后，遇丈人，以杖荷蓧。子路问曰："子见夫子乎？"丈人曰："四体不勤，五谷不分，孰为夫子！"植其杖而芸。子路拱而立。止子路宿，杀鸡为黍而食之，见其二子焉。明日，子路行以告。子曰："隐者也。"使子路反见之。至，则行矣。子路曰："不仕无义。长幼之节，不可废也；君臣之义，如之何其废之？欲洁其身，而乱大伦。君子之仕也，行其义也。道之不行，已知之矣！"

【翻译】

子路随从孔子出行，落到了后头，遇见一位老丈，用杖挑着除草的工具。子路问道："你看到夫子了吗？"老丈说："你四肢不劳动，五谷分不清，谁是你的夫子！（我手脚不停地劳作，五谷还来不及播种，哪里顾得上你的夫子是谁？）"说完，便把杖树立起来，拿着草具去除草。子路拱着手恭敬地站在一旁。老丈留子路到他家住宿，杀了鸡、做了小米饭给他吃，又叫两个儿子出来与子路见面。第二天，子路上了路，向夫子报告了这事。孔子说："真是个隐士啊。"派子路回头去看他。子路到了那里，老丈已经走了。子路说："不出仕为官，这是不对的。长幼的伦节是不可废弃的，君臣的义理又怎能废弃呢？想要自身清白，却坏乱了根本重大的伦理关系。君子出仕为官，是为了实行君臣义理的。大道之所以不行，那早就知道了啊！"

【说解】

1. 每读及此，总觉悠然。子路去问路，见那荷蓧丈人，何等真朴，何等从容，他接地气而通天道，至于人间事务，则有所不知也。子路也就此，还吃了顿丰盛的晚宴，睡了个好觉，那丈人还要两个孩子出来拜见，子路也当了个好师长。这事有趣至极。

2. 隐士，是中华民族的保鲜剂，是中华民族保住生机的种子，是整个中华民族文化接地气、通天道的民间契机。

3. 隐士之为隐士，虽然避世，但他们所逃的是政治社会的共同体。何以逃呢？因为政治社会共同体已经毁坏崩颓了，故尔逃之，逃之所以保其生机也。

4. 自然共同体、人伦共同体，是隐士所肯定的。儒家也肯定此，儒家是想经由这两个共同体，去建构良善的政治社会共同体。所不同的是，儒家要积极地投入，而隐士则采取消极避世的态度。

5. 儒家对于隐士虽然采取批评态度，但却是十分敬重的；隐士虽然讥讽儒者，但却是心怀不忍与慈悲的。

8 逸民：伯夷、叔齐、虞仲、夷逸、朱张、柳下惠、少连。子曰："不降其志，不辱其身，伯夷、叔齐与？"谓："柳下惠、少连，降志辱身矣；言中伦，行中虑，其斯而已矣！"谓："虞仲、夷逸，隐居放言，身中清，废中权。我则异于是，无可无不可。"

【翻译】

散逸之民有：伯夷、叔齐、虞仲、夷逸、朱张、柳下惠、少连。孔子说："不降低自己的志向，不屈辱自己的身份，这是伯夷、叔齐吧？"又说："柳下惠、少连虽然被迫降低了自己的志向，屈辱了自己的身份；但所言合乎伦理，所行合乎思虑。"又说："虞仲、夷逸隐居过活，说话随便，身子却是洁净明白，离开官位也合乎权宜。我却与这些人不同，我不一定非这样，也不一定非那样。"

【说解】

1.《论语·尧曰》有言“兴灭国，继绝世，举逸民”，这说的是要扶持人伦共同体，让它能够传延祭祀，世代相传，而标举逸民，为的是文化教养。逸民者，遗落天边海角的人间珍珠也。这是整个民族文明的丰标，是整个民族能立于天壤之间的标杆。

2. 伯夷、叔齐，孤竹君之子，武王伐纣，叩马而谏，义不食周粟，采蕨而食，饿死于首阳山。孟子称其为“圣之清者也”。真乃“不降其志，不辱其身”也。

3. 柳下惠、少连，柳下惠为鲁人，封于柳下，谥号为惠，称柳下惠。少连，据称乃东夷隐士。孟子称“柳下惠，圣之和者也”。孔子说此二人“降志辱身矣；言中伦，行中虑，其斯而已矣！”

4. 虞仲、夷逸，虞仲可能就是泰伯之弟仲雍，夷逸，东夷之逸民也。孔子说此二人“隐居放言，身中清，废中权”。

5. 孔子论隐逸之士显然区分了三个层阶，而借此说自己是“无可无不可”，所可者何？就在人伦义理，就在天理良知，如此而已。承天命、继道统、立人伦、传斯文，所以为夫子也。

9 大师挚适齐；亚饭干适楚；三饭缭适蔡；四饭缺适秦；鼓方叔，入于河；播鼗武，入于汉；少师阳，击磬襄，入于海。

【翻译】

首席乐师太师挚到齐国去了，第二乐师亚饭干到楚国去了，第三乐师三饭缭到蔡国去了，第四乐师四饭缺到秦国去了，打鼓的方叔到黄河边去了，敲小鼓的武到汉水边去了，伴奏的少师阳和击磬的襄到海滨去了。

【说解】

1. 鲁哀公时，国势已衰，乐官四散，有的到了齐、楚、蔡、秦，有的到了黄河边上，有的到了汉水边上，有的还到了海角之滨。此不得已也，势所然也。

2. 钱穆说此“云天苍凉，斯人寥落。记者附诸此篇，盖不胜其今昔之悲感。记此八人，亦所以追思孔子也”。

3. 一九四九之后，钱穆、唐君毅等有感于中华民族之花果飘零，于香江建立新亚书院，以求其灵根自植也。感之既深，出而为文，慨然肃然矣！

4. 礼乐是不可分的整体，礼在节度，乐在风教，礼乐衰，政治衰，文化的传播力却因之而四散开来了。

5. 文化像是落地的种子一样，一有水分就能发荣滋长，接了地气，就可能上通天道、再造文明。

10 周公谓鲁公曰：“君子不施其亲，不使大臣怨乎不以，故旧无大故则不弃也，无求备于一人。”

【翻译】

周公对鲁公说：“君子不疏远他的亲属，不让大臣抱怨不被重用，旧友老臣没有大的过失不要抛弃，不要求全责备于一人。”

【说解】

1. 周公，武王弟，姬旦也。鲁公，周公之子伯禽受封，将到鲁国就职，周公告诫之，此为鲁国立国之训诰也。

2.“不施其亲”者，不弛其亲也，当亲其亲也。这说的是人伦共同体的建立。

3.“不使大臣怨乎不以”，“不以”即是“不用”之意，让大臣有所用。这说的是政治社会共同体的建立。

4.“故旧无大故则不弃”，亲亲尊尊，友善之人也，敦美人伦友孝也，所以养其仁厚之风教也。这说的是文化风气氛围的建立。

5.“无求备于一人”，当付有司管理也，此职务之专业任用也。

6. 立人伦、用大臣、善氛围、付有司，这是管理学上的大事，是政治所以成就为善政的大事。

11 周有八士：伯达、伯适、仲突、仲忽、叔夜、叔夏、季随、季騧。

【翻译】

周代有八位贤士：伯达、伯适、仲突、仲忽、叔夜、叔夏、季随、季騧。

【说解】

1. 据云：周时，四乳生八子，皆为显士。四乳说的是四胎，四胎生了八个，四对双胞胎依次排开，这事怪奇而有趣，亦可见当时人才之盛也。

2. 这八位贤士，身处何时，多有说法，但大体不出周朝初年也。国家之兴，首在人才，文化风教所以养此人才也。人才之兴，人伦共同体以兴，政治社会共同体以兴，文化风教由是而益兴也。

3. 钱穆有言“本篇孔子于三仁、逸民、师挚八乐官，皆赞扬而品列之。于接舆、沮溺、荷蓧丈人，皆惓惓有接引之意。盖维持世道者在人，世衰而思人益切也。本章特记八士集于一家，产于一母，祥和所钟，玮才蔚起，编者附诸此，思其盛，亦所以感其衰”。

4. 钱穆之语，深矣！切矣！远矣！感时忧怀，夫子自道也。

丁酉（2017）之夏七月一日于台北象山居

子张第十九：道德宏笃、仲尼日月

1 子张曰：“士见危致命，见得思义，祭思敬，丧思哀，其可已矣。”

2 子张曰：“执德不弘，信道不笃，焉能为有？焉能为亡？”

【翻译】

子张说：“贤士遇见危险，能委致天命；看见利益，能想到正义公理；祭祀之时，能想到恭敬有度；居丧之时，能想到哀伤有节，这样也就可以了。”

子张说：“执守德行而不能弘扬光大，信仰道理而不能笃实坚定，这样子怎能说是有呢？又怎能说是没有呢？”

【说解】

1. 朱子言“此篇皆记弟子之言，而子夏为多，子贡次之。盖孔门自颜子以下，颖悟莫若子贡；自曾子以下，笃实无若子夏。故特记之详焉”。愚以为可以将此篇视为孔门弟子的读书报告，众弟子就其所得，彼此切磋尔。

2. “见危致命”者，致天命也，天命之义也，如其义而致其天命也。“见得思义”，也说的是此义，“正义公理”是儒家所追求的，只是它将此正义公理，建立在人伦共同体的基础之上。

3. “祭思敬”“丧思哀”，说的是“祭祀之时，能想到恭敬有度；居丧之时，能想到哀伤有节”，这里说的丧祭，都立基于人伦共同体而立言。

4.“道”为根源义，“德”为本性义。志于道、据于德，进而可以依于仁、游于艺。道从根源义，进而说普遍义、理想义。德从本性义，进而说内在义、功能义。

5.“执”者，执守也。“信”者，信守也。两者说的都是持久毋失。“不宏”则不足以说普遍之理想也。“不笃”则不足以启动内在的动能也。言信道要笃，执德要宏也。

3 子夏之门人问交于子张。子张曰：“子夏云何？”对曰：“子夏曰：‘可者与之，其不可者拒之。’”子张曰：“异乎吾所闻：君子尊贤而容众，嘉善而矜不能。我之大贤与，于人何所不容？我之不贤与，人将拒我，如之何其拒人也？”

【翻译】

子夏的门人向子张请教交友之道。子张说：“子夏怎么说呢？”回答道：“子夏说：‘可以相交的就和他交往，不可以相交的就拒绝。’”子张说：“这不同于我所听到的：君子当尊崇贤者，又能容纳众人；当赞美善人，又能同情能力不足的人。若我果真是大大的贤者，对别人有什么不能容纳的呢？我如果不够贤良，那人家就会拒绝我，你说我们岂能拒绝人家呢？”

【说解】

1. 这章颇有意思，可见子张器量宏伟，而子夏却是小了些格局，虽小了些格局，却也笃实，能接地气。正因如此，其门下有吴起、李克等法家之徒。

2. 交友之道，“尊贤而容众，嘉善而矜不能”。有判断、有追求，有慈心、有悲悯。

3. 子夏重点在于谨慎论交，子张重点在于宽大为怀。郑玄谓“子夏所云，伦党之交也。子张所云，尊卑之交也”。交友之道，当可兼取。

4. 或者可以这样理解，子夏所重在于性情具体之落实，子张所重在于义理普遍之推致。

4 子夏曰："虽小道，必有可观者焉；致远恐泥，是以君子不为也。"

5 子夏曰："日知其所亡，月无忘其所能，可谓好学也已矣。"

【翻译】

子夏说："即使技艺小道，也必定有可观可取之处；但要是至远大目标，那就拘泥不通了，因此君子不这样做。"

子夏说："每天都学到过去所不知的，每月都不忘已经学会的，这可叫作好学了。"

【说解】

1. 技艺小道，若能入契于内，亦可以见其大也。此所谓技进于道也。如《庄子·养生主》所述的"庖丁解牛"，可以养生主也。

2. 具体的、实存的、实在的，若不能往上提升到抽象的、普遍的、理想的，那就很难往上发展了。如孟子之所强调"先立乎其大者，则其小者不能夺也"。

3. 学习是件具体的事，就是"日知其所亡，月无忘其所能"，这样就能累积，真积力久则入，生命也就这样长养起来了，学问也就这样生长起来了。

4. 不要忽视宏大，因为宏大，生命才有开展；不要忽略笃实，因为笃实，生命才能接地气。

5. "好学"有两义，一是喜欢学习，一是懂得学习。能懂得学习，必有学习之乐，就会更喜欢学习。此两者相因相果。

6 子夏曰："博学而笃志，切问而近思，仁在其中矣。"

7 子夏曰："百工居肆以成其事，君子学以致其道。"

8 子夏曰："小人之过也必文。"

【翻译】

子夏说："广博学习而志向笃实，切己提问而懂得思考，仁的实践就在其中了。"

子夏说："各行各业的工匠须在作坊里，才能成就自己的工作；君子须经由广博学习，才能推致其理、实践大道。"

子夏说："小人犯了过错，一定想掩饰。"

【说解】

1. 子夏之言，甚是笃切，故其门下，也多为笃实好学之人，他能成为魏文侯的老师，是有一定道理的。

2. "博学而笃志，切问而近思"，后来《大学》所说"博学之、审问之、慎思之、明辨之、笃行之"，可以说是就此进一步的发展。

3. 若果真是曾子作《大学》，曾子年纪小于子夏，必有取于子夏之言也。同门受教，皆为孔夫子之所教授也，故尔相近也。

4. "百工居肆以成其事；君子学以致其道"，这说的就是一场域与处所，没有此何足以成呢？老子说"不失其所者久"，言之切实。

5. "小人"可有两义，一是百姓草民，一是道德不高的人。这两种人都可能犯了过，要掩饰自己。前者，是位卑而害羞；后者，是虚假掩饰。前者可怜，后者可议。

9 子夏曰："君子有三变：望之俨然；即之也温；听其言也厉。"

10 子夏曰："君子信而后劳其民；未信，则以为厉己也。信而后谏；未信，则以为谤己也。"

11 子夏曰："大德不逾闲；小德出入可也。"

【翻译】

子夏说："君子有三变：远望他，觉得庄严端正；接近他，觉得温和可亲；听他说话，觉得刚正严明。"

子夏说："君子取得信任之后才能劳役百姓；未取得信任，百姓就会以为是在虐待他们。要取得信任，才能劝谏；未取得信任，国君会以为你在诽谤他。”

子夏说：“大的德行关节处，不能超越界限；小的德行关节处，有些出入那是可以的。”

【说解】

1.“君子有三变：望之俨然；即之也温；听其言也厉”，此样态容貌之变也，论其义理则不变也。

2.“望之俨然”，生命气象也。“即之也温”，心灵温度也。“其言也厉”，思想敏锐度也。君子当三者兼具。

3. 一个政治社会共同体最重要的是共信，这共信的养成，须由领导者去带领出来、开发出来、生长出来。

4.“信”是人与人之间确定的连结，是落实于人间世，必然性、确定性的构成原理。“民无信不立”，夫子所说，至为剀切。

5.“德”是本性的生长，要观其大，不要泥于其小。说“大”，就是有个范围，不越过那范围也就可以了。千万不能成为拘拘小儒。小儒者，未入于道，而害道也。

12 子游曰：“子夏之门人小子，当洒扫应对进退，则可矣。抑末也，本之则无，如之何？”子夏闻之，曰：“噫！言游过矣！君子之道，孰先传焉？孰后倦焉？譬诸草木，区以别矣。君子之道，焉可诬也？有始有卒者，其惟圣人乎！”

【翻译】

子游说：“子夏对门人弟子，要他们学会打扫、应对、迎送客人的事，这是可以的。但这是末节小事，根本的东西若没有学到，这怎么行呢？”子夏听了，说：“唉！子游错了！君子之道先传授什么？后传授什么？这就像草和木一样，都是分类区别的。君子之道怎么可以随意歪曲，欺骗学生呢？能按次序有始有终地教授学生们，恐怕只有圣人吧！”

【说解】

1. 此章看到子游、子夏之别，“子夏之门人小子，当洒扫应对进退”，这看起来似是细枝末节，其实，这正是用工夫的地方。

2. 细枝末节，当由末返本，追本溯源，这样才能接地气，通天道，契乎心，并且于伦常日用间实现出来。

3. 子游气象宏阔，理想高远，孔子为他讲《礼运·大同篇》，于此可以知之矣！

4. 子夏笃实有余，契入稍有不足，其弟子吴起、李克，流于法家之流，良有以也。

5. 学当有次第，有其终始本末之道，由终而启动了始，由本而贯通到末，这道理是极重要的。

13 子夏曰：“仕而优则学；学而优则仕。”

【翻译】

子夏说：“出仕为官，要能做得好，必须靠充实饱满的学习；充实饱满，学习好了，要能出仕为官，为民服务。”

【说解】

1. 仕之优者，必本于学。无学问，怎可能做好事情。学之优者，当出仕为官，为民服务也。学问本来就是为了经世济民的。子夏言之，剀切极了。

2. 这两句话，在世俗上常被指为学官两栖，这与原意是不相称的。原意甚好，世俗的学官两栖，其行径常有令人难以苟同者。这应当区分清楚。

3. 没学问是做不了大事，做不了实事的，但学是在做中学，并不是学成了才去做。阳明所说的知行合一，“知是行之始，行是知之成”，就是这道理。

4. 知是良知，也是真知，也是知得真理，即此知，即此行，知行不二，当下一体，当体为仁，力之行之，不可以已。

14 子游曰："丧致乎哀而止。"

15 子游曰："吾友张也！为难能也，然而未仁。"

16 曾子曰："堂堂乎张也！难与并为仁矣。"

【翻译】

子游说："办理丧礼，要做到尽哀为止。"

子游说："我的朋友子张啊！可以说是极难得的了，只是还没达到仁人的地步。"

曾子说："仪表堂堂光明盛大的子张啊！我很难和他并行仁道啊。"

【说解】

1."丧致乎哀而止。"这里说的"止"，就是标准。践行丧礼，以哀为标准。礼不能只是空讲形式，礼须是具体落实的、可以践行的途径，它有个准，这准是实理实事，不是抽象的。

2. 子张气象俨然、宏阔光大，其他弟子或有不能理解者，然子游与曾子都能理解，于斯可见。

3. 子游颇能参赞乎天地造化之大道也，以是之故，夫子告之以"大道之行也，天下为公"，《礼运·大同篇》由此而展开也。

4. 曾子以忠恕之道阐扬夫子的"吾道一以贯之"，当然也就能理解子张的宏阔盛大、光明俊伟。

17 曾子曰："吾闻诸夫子：'人未有自致者也，必也亲丧乎。'"

18 曾子曰："吾闻诸夫子：'孟庄子之孝也，其他可能也，其不改父之臣与父之政，是难能也。'"

【翻译】

曾子说："我听闻夫子说：'人不可能自动地致尽其感情的，

果真有，那一定是亲临父母之丧的时候。’”

曾子说：“我听闻夫子说：‘孟庄子的孝，就其他来说，一般人也可以做到；但他不改换父亲的旧臣及其政治措施，这可是极难能的。’”

【说解】

1. 父母是我们生命的源头，父母之仙逝，痛彻心扉；守丧者，自当追本溯源，尽其情也，不可以已。

2. 孝悌人伦，皆乃至情至性也；而其中尤以孝道为最。“孝”是对生命根源纵贯的追溯与崇敬，是人伦共同体建立的基础点。

3.“三年无改于父之道”，本为难能也。大禹就不是，其父鲧之治水，用的是围堵，而禹用的是疏导。因其父的法子并不合乎道，因此也就不必守着父之道。大禹如此，舜更是如此。

4. 孟庄子之孝，能不改父之臣与父之政，其为难能也。因其父乃贤大夫也，其所用之臣亦贤士也，其所行之政亦善政也。臣为贤臣，政为善政，所以可以不改动，这真乃难能也。

5. 圣人之学，大道之学也。不合乎大道者，虽圣贤亦当斥之；合乎大道者，虽为愚夫愚妇，亦当取之，并从而奖掖之。大道乃可行也，可继承也，可传续也。

19 孟氏使阳肤为士师，问于曾子。曾子曰：“上失其道，民散久矣。如得其情，则哀矜而勿喜。”

【翻译】

孟氏任命阳肤做典狱官，阳肤向曾子请教。曾子说：“居上位的人失去正道，百姓万民离心离德很久了。如果你能审察清楚他们的情况，就应当悲悯哀怜他们，而不要自鸣得意。”

【说解】

1. 什么是温情厚义？一个典狱官，该做什么？好像就是查案，就是管理好罪犯。但曾子说“上失其道，民散久矣。如得其情，则哀矜而勿喜”。

2. 谁说政治不需要道德，谁说政治不需要温情厚义，没有了道德人伦，没有了深情厚义，那政治就只是权力的斗争而已，宁不可惧！

3. 现代的学者，动不动就说道德是道德，人伦是人伦，与政治无关，我想有道德的政治、有人伦的政治，一定胜过那没有人伦、没有道德的政治。

4. 儒家可贵的是这种有温度的理性，这种有柔情的政治，这种人性化的真实相与。当然，它可能与政治的权力制衡不是一个调子，但它会是更为基础的。

20 子贡曰：“纣之不善，不如是之甚也。是以君子恶居下流，天下之恶皆归焉。”

21 子贡曰：“君子之过也，如日月之食焉。过也，人皆见之；更也，人皆仰之。”

【翻译】

子贡说：“纣王的不善，不像传说那样严重。因此君子厌恶处在下流之处，天下的恶都归到他那里。”

子贡说：“君子的过错，好比日月之蚀。他犯了过错，人们都看得见；他改正了，人们都仰望着他。”

【说解】

1. 殷纣王是殷王帝乙之子，名辛，字受，因暴虐无道，武王伐之，终而灭了商朝。今人称之为纣，纣是谥号，依据《谥法》，“残义损善，曰纣”。

2. 君子上流，小人下流。上流依其觉性而发，逆觉而升，日趋高明。下流顺其自然本能而发，又绞缠以人之欲望，日趋下流，天下众恶皆归焉！

3. 过错总会有的，但要坦然认错，认错而能改。不贵无过，贵在能改。华夏民族传统没有原罪观念，也没有苦业观念，而是性善的肯定，肯定人的本性有一定向之善的生长；而过错就是个转化的学习，应该是坦然明白的，应该是善意盎然的。

4. 君子之过，如日月之蚀。日月之蚀，是一时的，其机已发，不得不蚀。但过了，日月之明，仍不碍其为日月之明也。华夏族群的人性观是充实饱满的，是光明照彻的。

22 卫公孙朝问于子贡曰：“仲尼焉学？”子贡曰：“文、武之道，未坠于地，在人。贤者识其大者，不贤者识其小者，莫不有文、武之道焉！夫子焉不学，而亦何常师之有？”

【翻译】

卫国的公孙朝向子贡请问说：“仲尼之学是从哪儿学来的？”子贡说：“文王、武王的道，还没有坠落到地啊，还留在人间。贤德之人可以识其大，不贤之人只识其小。没有什么地方无文王、武王之道啊！夫子何处不学，又何必要有固定的老师教导呢？”

【说解】

1. 此章可见仲尼夫子所学甚广，其必当下，由末返本，通于本源。当时虽已动乱，但文、武之道，仍然处处可见，须感之、味之、体之，自外至内，契乎其中，方可有得也。

2. “贤者识其大者，不贤者识其小者，莫不有文、武之道焉！”这里隐含着一套完整的诠释与转化的方法论，就如此，便知孔子如何为学了。

3. 为何要识其大者，因为识其大，其小者也就不可夺，这是何等重要啊！识其大者，在诠释学上来说，是要有总体性、根源性的掌握。

4. “夫子焉不学，而亦何常师之有？”无处不学，无处不师，这是切近生活、连结经典、契入生命、通达本源的学习与实践。

23 叔孙武叔语大夫于朝曰：“子贡贤于仲尼。”子服景伯以告子贡。子贡曰：“譬之宫墙，赐之墙也及肩，窥见室家之好。夫子之墙数仞，不得其门而入，不见宗

庙之美，百官之富。得其门者，或寡矣！夫子之云，不亦宜乎？”

24 **叔孙武叔毁仲尼。子贡曰：“无以为也！仲尼不可毁也。他人之贤者，丘陵也，犹可逾也；仲尼，日月也，无得而逾焉。人虽欲自绝，其何伤于日月乎？多见其不知量也。”**

【翻译】

叔孙武叔在朝廷上对大夫们说：“子贡贤达过于仲尼。”子服景伯把这一番话告诉了子贡。子贡说：“就拿宫墙作比喻吧，我端木赐的墙啊，大概及得上肩高，可以窥见我家室中种种美好。夫子家的墙却有好几仞高，如果不得其门，没法进入，你就看不见宗庙的富丽堂皇，和朝中百官的济济一堂。能得其门而入的，或许很少吧！叔孙武叔的讲论，不也就很容易理解吗？”

叔孙武叔毁谤仲尼。子贡说：“这样做是无用的！仲尼是毁谤不了的。别人的贤德好比丘陵，还可迈越过去；仲尼的贤德好比日月，是无法迈越过去的。虽然有些人要自绝于日月，对日月又有什么损害呢？这只是表明他不自量力而已。”

【说解】

1. 叔孙武叔先是捧子贡，后是毁孔子，这两段话，我们都可以看出子贡对夫子的敬重，也看出他真了解夫子。

2. 用宫墙作譬喻，对比自己与孔子，恰当极了。子贡果真是言语科的高足，盖“修辞立其诚”也。

3. 料想这两章，应出于孔子殁后，子贡仍健在，与四方诸侯大夫多所交往，其善言谈，善交游，且多金，当然很多人说他好，但子贡真能轻描淡写，化尴尬于无形也，真乃善言谈也。

4. 说“仲尼不可毁也。他人之贤者，丘陵也，犹可逾也；仲尼，日月也，无得而逾焉”。子贡大贤，故可有此譬喻也。世人纵不知有日月，日月依旧照临他；不知有仲尼，仲尼之学依旧照耀他。儒学之为常道，其如日月焉！

25 陈子禽谓子贡曰："子为恭也，仲尼岂贤于子乎？"子贡曰："君子一言以为知，一言以为不知，言不可不慎也。夫子之不可及也，犹天之不可阶而升也。夫子之得邦家者，所谓立之斯立，道之斯行，绥之斯来，动之斯和。其生也荣，其死也哀。如之何其可及也？"

【翻译】

陈子禽对子贡说："你如此谦恭，仲尼岂能比你更贤德呢？"子贡说："君子一句话就可以表现他的智慧，一句话也可以表现他的不智，所以说话不可以不谨慎。夫子之高，世所难及，正像天是不能够顺着梯子攀爬上去的。夫子如果得国而为诸侯，或得邑而为卿大夫，真所谓教百姓立于礼，百姓就会立于礼；引导百姓，百姓就会跟着行进；安抚百姓，百姓就会来归顺；动员百姓，百姓就会齐心协力。夫子活着是荣耀的，过世了是令人哀惜的。怎可能赶得上他呢？"

【说解】

1. 陈亢，字子禽，鲁国人，也是孔老夫子的弟子，但就《论语》所载，陈亢一直未能契入夫子之道。

2.《论语·学而篇》，有如是之记载：子禽问于子贡曰："夫子至于是邦也，必闻其政。求之与？抑与之与？"子贡曰："夫子温、良、恭、俭、让以得之。夫子之求之也，其诸异乎人之求之与！"

3.《论语·季氏篇》，有如是之记载：陈亢问于伯鱼曰："子亦有异闻乎？"对曰："未也。尝独立，鲤趋而过庭。曰：'学诗乎？'对曰：'未也。''不学诗，无以言。'鲤退而学诗。他日，又独立，鲤趋而过庭。曰：'学礼乎？'对曰：'未也。''不学礼，无以立。'鲤退而学礼。闻斯二者。"陈亢退而喜曰："问一得三：闻诗，闻礼，又闻君子之远其子也。"

4. 就以上所列，可以看出陈亢为什么会有这些问题，其于大道之学、圣人之学，未有契入也。其所学仍是口耳之间的，是世俗势利的，十分可惜。夫子已殁，子贡犹谆谆教诲之也。

5. 子贡说夫子得邦家的话，“立之斯立，道之斯行，绥之斯来，动之斯和”，这可以说是圣王境界了。盖圣者尽伦，王者尽制，尽伦尽制，其为圣王乎！

丁酉（2017）之夏七月一日于台北象山居

尧曰第二十：允执其中、知命君子

1 **尧曰："咨！尔舜！天之历数在尔躬，允执其中。四海困穷，天禄永终。"舜亦以命禹。曰："予小子履，敢用玄牡，敢昭告于皇皇后帝：有罪不敢赦，帝臣不蔽，简在帝心。朕躬有罪，无以万方；万方有罪，罪在朕躬。"周有大赉，善人是富。"虽有周亲，不如仁人；百姓有过，在予一人。"谨权量，审法度，修废官，四方之政行焉。兴灭国，继绝世，举逸民，天下之民归心焉。所重：民、食、丧、祭。宽则得众，信则民任焉，敏则有功，公则说。**

【翻译】

尧说："噫！你舜啊！上天的天命就落在你的身上啊，诚实地信守着那中道吧。要是四海百姓困苦和贫穷，那上天赐给你的禄命也就永远终止了。"舜也这样告诫过禹。到了商汤时说："我小子履，诚谨地用黑色的公牛来祭祀，诚谨地向皇皇天帝祷告：有罪的人我不敢擅自赦免，天帝的臣仆我不敢遮蔽，都由天帝之心来简别、分辨。我本人有罪，不要牵连天下万方；天下万方若有罪，都归我一人承担。"到了周朝，大封诸侯，使善人富贵起来。周武王说："我虽然有至亲，不如有仁德之人。百姓有过错，都在我一人身上。"谨严检查度量衡，审慎地制定法度，修治废弛的官纪，四方的政令就此通行了。复兴被灭亡了的国家，接续已经断绝的家族，举用被遗落的人才，天下百姓就会真心归服了。所重视的四件事：人民、粮食、丧礼、祭祀。宽厚能得到众人的拥护，诚信能得到人民的信任，勤敏能取得成效，公平就会使百姓心悦诚服。

【说解】

1.《论语》以《学而》开篇，而以《尧曰》终篇，有深意也。《学而》说的是教育权、学习权的解放，游士的兴起，友朋的交往，君子人格的自我完善。《尧曰》说的是尧舜咨命之言，汤武誓师之意，再谈如何治理政事，讲明内圣外王之道，充实而饱满，人伦以兴，国家以立，大道之行，天下为公。

2.《尧曰》所言，隐含着一道德理想王国，“大道之行也，天下为公”的理想，可以说是一永久和平论的宣告。这宣告为的是天下苍生，主要说的是天命、民本、德行、中道。

3. 这是儒家形态的道德理想国，是儒家形态的永久和平论，它强调的是人伦共同体、氏族共同体、文化共同体，交相参赞为不可分的总体。这与当前建立于个体性的权力基础的政治社会共同体，显然不同。

4. 这样的民本思想，与天命、德行、中道，当然最后是与领导者（天子）息息相关的。“天视自我民视，天听自我民听”，天子要听受到万民百姓及上天两边的嘱咐，好好行事。这与现代民主的制衡机制是迥然不同的。

5. 民本为重，推而行之，亦可以有民主，但这是“为民作主”，不是“人民作主”。如此一来，民有、民治、民享，也就顺理成章。但这不是一法权的问题，而是一内容的体会问题。

6.“谨权量，审法度，修废官，四方之政行焉”，说的是四方之政的践行。“兴灭国，继绝世，举逸民，天下之民归心焉”，说的是民心的归附。其所重在：“民、食、丧、祭。”处置方法要：“宽则得众，信则民任焉，敏则有功，公则说。”都在治理者如何治理好上用工夫。儒家重视的是如何治理好，它不重视权力的合法性、正当性的问题，或者说治理好了，就有正当性、合法性了。

7. 简单来说，儒家仍然是在“作之君、作之师”的理念下，思考如何亲亲、仁民，仁民爱物，如何亲其亲、长其长，而天下平。基本上，它没有思考到每一个公民是一不可化约的法权拥有者、参与者、践行者。

2 **子张问于孔子曰："何如斯可以从政矣？"子曰："尊五美，屏四恶，斯可以从政矣。"子张曰："何谓五美？"子曰："君子惠而不费；劳而不怨；欲而不贪；泰而不骄；威而不猛。"子张曰："何谓惠而不费？"子曰："因民之所利而利之，斯不亦惠而不费乎？择可劳而劳之，又谁怨？欲仁而得仁，又焉贪？君子无众寡，无小大，无敢慢，斯不亦泰而不骄乎？君子正其衣冠，尊其瞻视，俨然人望而畏之，斯不亦威而不猛乎？"子张曰："何谓四恶？"子曰："不教而杀谓之虐；不戒视成谓之暴；慢令致期谓之贼；犹之与人也，出纳之吝，谓之有司。"**

【翻译】

子张向孔子请教说："怎么样就可以从政了呢？"孔子说："尊崇五种美德，摒弃四种恶政，这样就可以从政了。"子张问："何谓五种美德？"孔子说："君子给百姓恩惠而不耗费；使百姓劳作而没有怨恨；有所追求而不陷入贪欲；通达而不骄慢；威严而不凶猛。"子张说："何谓给百姓以恩惠而不耗费呢？"孔子说："顺着百姓之利而去做对他们有利的事，这岂不就是给百姓恩惠而不耗费吗？选择百姓可劳作的时间和事情，让百姓去劳作，又有谁会怨恨呢？去追求仁德便得到了仁德，又还有什么可贪的呢？君子对人，无论多少，势力大小，都不敢心生怠慢，这岂不就是通达而不骄慢吗？君子端正其衣冠，尊贵其瞻视，人见了就生出敬畏之心，这岂不就是威严而不凶猛吗？"子张问："何谓四种恶政呢？"孔子说："不经教化便加以杀戮叫作虐；不加告诫便要求成功叫作暴；不加监督而突然限期叫作贼；同样是给人财物，却出手吝啬，这简直是管库小吏。"

【说解】

1. 上章重在尧舜咨命之言，汤武誓师之意，旨在点示出承天命、继道统、立人伦、传斯文，要四方之政能行，民心能归服，并指出原则方针及践行之态度。

2. 此章则回应子张之问，点示出如何“尊五美、屏四恶”，这是更为具体落实的从政问题。或者，我们可以说此章更能重视政治社会人伦共同体的客观具体问题，是儒家从政者应有的践行态度与方法。

3.“尊五美、屏四恶”说的是要尊崇五种好的为政方式，要摒弃四种不好的为政方式。所论的主角都在为政者上，重视的是政治治理的有效性，及老百姓的可接受性。

4. 显然，若以权能区分的理论来看，人民应该有权，为政者应该有能；但传统儒家并不作这样的区分，统治者、治理者，要有能，也要有权，更重要的是要有德，而整个氛围是要有道。也就是说作为治理者的君子，面对作为被治者的小民，要有道、有德、有权、有能，这样才能成为一个成功的治理者。道是根源，德是本性，权是权力，能是才能。这是君子儒学的治理之道。

3 子曰：“不知命，无以为君子也；不知礼，无以立也；不知言，无以知人也。”

【翻译】

孔子说：“不懂得天命，就不能成为君子；不知道礼义，就不能立身于世；不能分辨话语的正确与否，就不能真正了解人。”

【说解】

1. 此章作为《论语·尧曰》的终章，有深意也。说“人人皆有士君子之行”，则天下太平、世界大同矣！何如斯可以为君子，以“知命、知礼、知言”三者为论。

2.“知命”说的是“知天命”，“天命”一指自然气命之限制，一指天命造化之无穷，君子当知自然气命之限制，进而知天命造化之无穷。这样才能即此天命性道之贯通，以立其天地之义也。

3.“知礼”说的是“知礼义”，礼为分寸节度，义为客观法则，有此礼义才能在人伦的共同体里立定脚跟，有了确定处，可以好好生长。

4.“知言”说的是“能分辨”，话语是人们进到世间的构造，是一切分辨的起点，知言才能辨析清楚，才能寻得客观性的规律，也才能缔造良善的政治社会共同体。

5.“知命”为的是自然共同体的确立，“知礼”为的是人伦共同体的确立，“知言”为的是政治社会共同体的确立。当然这三者都通同于天道。这里隐含着神圣的理想共同体之向往。

丁酉（2017）之夏七月一日于台北象山居

主要参考书目

皇　侃《论语集解义疏》，台北：广文书局，1991 年版

邢　昺《论语注疏》，北京：北京大学出版社，1999 年版

朱　熹《四书章句集注》，台北：鹅湖月刊社，2003 年版

朱　熹《朱子语类》，北京：中华书局，1986 年版

陈荣捷《王阳明传习录详注集评》，台北：台湾学生书局，1983 年版

陈荣捷《近思录详注集评》，台北：台湾学生书局，1992 年版

王夫之《读四书大全说》，北京：中华书局，2009 年版

刘宝楠《论语正义》，北京：中华书局，1990 年版

钱　穆《论语新解》，台北：东大图书公司，1988 年版

谢冰莹等《新译四书读本》，台北：东大图书公司，1987 年版

甯　昌《四书通释》，台北：中华伦理教育学会，1986 年版

李炳南《论语讲要》，台中：台中莲社，2013 年版

马一浮《复性书院讲录》，台北：广文书局，1964 年版

熊十力《读经示要》，台北：明文书局，1987 年版

蒋伯潜《四书广解》，台北：启明书局，2007 年版

杨伯峻《论语译注》，北京：中华书局，2009 年版

李泽厚《论语今读》，北京：中华书局，2015 年版

王天恨《四书白话句解》，台北：国学出版社，1972 年版

林安梧《论语：走向生活世界的儒学》，台北：明文书局，1995 年版